Günter Ullrich

DAS ENDE EINER RIVALITÄT?

Perspektiven zur deutsch-französischen Verständigung

Günter Ullrich

Das Ende einer Rivalität?

Perspektiven zur deutsch-französischen Verständigung

AskAniA

ISBN 3-921 730-18-X
© 1986 ASKANIA Verlagsgesellschaft mbH, 3067 Lindhorst
Herstellung: Druckerei LIPP, München

Meinem 1940 bei Sedan gefallenen Vater gewidmet
und allen deutschen und französischen Soldaten der Weltkriege,
die uns zu Frieden und Verständigung mahnen.

Inhaltsverzeichnis

Vorwort

Das Fragezeichen am Ende des Buchtitels sagt dem, der mit der Geschichte der französisch-deutschen Beziehungen vertraut ist, deutlich genug: es ist eine rhetorische Frage, die nicht mit einem eindeutigen Ja beantwortet werden kann.

Die Grundlagen der Rivalität, die sich aus der direkten Nachbarschaft, dem Nebeneinanderleben zweier großer Staaten in Mitteleuropa und dem Unterschied zwischen germanischem und romanischem Volkstum ergeben, sind nach wie vor gültig. Die Rivalität im eigentlichen Sinn des Wortes ist daher unaufhebbar. Wollte man diese Tatsachen mit Formulierungen, wie sie bei einer feierlichen deutsch-französischen Veranstaltung gesprochen werden mögen *»aus jahrhundertelanger Rivalität ist Freundschaft geworden«*, übergehen, so müßte man doch bei anderer Gelegenheit hinzufügen, daß eben auch unter Freunden Rivalität, d. h. Meinungsverschiedenheit und gelegentliche Auseinandersetzungen bis zum offenen Streit etwas durchaus Natürliches sind.

Man würde es sich auch zu einfach machen zu behaupten, die im Laufe der geschichtlichen Entwicklung entstandenen Hypotheken des Mißtrauens und Mißverständnisses seien nun ganz getilgt, denn solche Hypotheken führen im Gedächtnis der Nationen ihr eigenes Leben, das sich den Reden und Wünschen der Politiker nicht immer fügt. Sie melden sich dann zu Wort, wenn es Spannungen und Gegensätze gibt, und erinnern das eigene Volk daran, daß den Nachbarn, *»den Deutschen, den Franzosen«*, eben doch nicht zu trauen sei.

Und die Versuchung liegt dann nahe, in bekannter unerfreulicher Politikermanier, wie sie so häufig im Fernsehen zu beobachten ist, aus einem Gegensatz, einer Meinungsverschiedenheit ein gewolltes Mißverstehen und absichtliches Verkennen der Absicht des anderen zu machen, um ihn dann mit geheuchelter Entrüstung umso besser anklagen und angreifen zu können.

Ein gemeinsames Bemühen um die einverständliche Schilderung vergangener Zeit, ein anerkennendes Werten des geistigen und wirtschaftlichen Austausches in Zeiten des Friedens verlieren für die Massenmedien und ihre Hörer, Leser und Zuschauer in dem Moment sehr rasch an Interesse, wenn es um irgendeine aktuelle Streitfrage geht, bei der keine Übereinstimmung in Sicht ist. Wie von selbst melden sich dann die alten Vorurteile und »*Schuldfragen*« mit Parallelbeispielen, mögen sie auch lange zurückliegen.

Erst wenn es gelungen ist, die Auseinandersetzung durch irgendeinen Kompromiß oder eine Nachgiebigkeit beizulegen, tritt auch bei den Politikern, Journalisten und Kommentatoren die Neigung wieder in den Hintergrund, sich der alten Gegensätze und Schuldzuweisungen zur Einflechtung in die aktuelle Argumentation zu bedienen. Die Geschichte bleibt dann wieder den Historikern überlassen, die gerade in den letzten Jahrzehnten mit geduldiger Forschung in internationaler Zusammenarbeit mehr für die Verständigung Deutschlands und Frankreichs tun konnten als die Historiker früherer Generationen, die oft dem Zwang zu nationalistischer Betrachtungsweise unterlagen oder zumindest von ihm beeinflußt wurden.

Wenn also von einer Aufhebung der Rivalität keine Rede sein kann und wir am Schluß unseres Buches noch einmal bestätigen müssen, daß auch in einem enger zusammenarbeitenden Europa die nationalen Machtinteressen stets ihren Rang behaupten werden, so wäre jetzt mit Erich Kästner zu fragen, wo denn das Positive bleibe. Es liegt in der erfreulichen und für unsere Völker im wahrsten Sinne des Wortes befriedigenden Feststellung, daß bei allen naturgegebenen und sonstigen, durch nationales Interesse begünstigten Gegensätzen kein nationaler Haß und kein Krieg unserer Völker gegeneinander mehr möglich ist, soweit man das heute bei sorgfältiger Beobachtung und Beurteilung unserer Epoche sagen kann.

Ein gelegentliches Aufflackern nationaler Erregung oder Empfindlichkeit und mißmutige Äußerungen, wie sie vielleicht bei internationalen Wettkämpfen und Fußballspielen vorgekommen sind und auch weiter vorkommen werden, mit Unterstützung durch eine Presse, die an solchen »*Frontberichten*« verdient, sind heute nur noch belanglose Mißtöne im Akkord des friedlichen und einträglichen Zusammenlebens.

Die Bilanz deutsch-französischer Beziehungen zeigt eindeutig, daß auf beiden Seiten das Bemühen um Verständigung und freundschaftliche Zusammenarbeit im Vordergrund steht. Und jeder Bürger in Frankreich und Deutschland weiß, daß nicht nur unsere Nation, sondern ganz Europa auf diese Zusammenarbeit gar nicht mehr verzichten kann, wenn wir uns als Erben des christlichen Abendlandes in der Welt noch behaupten wollen.

„Meine Deutschen und meine Franzosen, die auserwählten Völker der Humanität“, so schrieb Heinrich Heine 1844 im Vorwort zum

»*Wintermärchen*«, ohne zu ahnen, was sie sich in den folgenden hundert Jahren im Namen des Nationalismus antun sollten.

Wenn Deutsche und Franzosen sich heute zum Ziel setzen, den Worten Heines gerecht zu werden, so darf jede Darstellung über dieses Thema davon ausgehen oder damit schließen, daß heute eine gute Grundlage für ein solches Streben geschaffen worden ist.

Das Buch geleitet den Leser nach einem einführenden Überblick über einzelne Aspekte der Entwicklung des französisch-deutschen Gegensatzes im Mittelalter und der Neuzeit zunächst bis in das neunzehnte Jahrhundert, in dem sich das Nationalgefühl endgültig ausprägt.

Eine längere Betrachtung über die geschichtliche Entwicklung Elsaß-Lothringens zwischen beiden Staaten und beiden Nationen lädt dann dazu ein, an dieser Nahtstelle deutsch-französischer Beziehungen die französische und preußisch-deutsche Politik als Grundlage der das Land betreffenden Entscheidungen kennenzulernen und die Reaktion der Grenzbevölkerung darauf zu beobachten.

Welche äußere Form die Verbindung der Völker Europas eines Tages auch haben mag, sie wird sicherlich von dem westmitteleuropäischen Kern Frankreich-Deutschland-Benelux-Staaten ausgehen, und wir dürfen mit den französisch-deutsch-europäischen Bürgern des alten fränkischen Lotharingien darauf hoffen, daß aus ihren Provinzen und ihrer Hauptstadt Straßburg entscheidende Impulse durch die Tätigkeit des Parlamentes der freien Europäer kommen werden.

Nach dieser in die Zukunft weisenden Betrachtung geht es darum, mit der Schilderung des nationalen Egoismus, der in Frankreich und bald darauf auch in Deutschland die Schwelle zum uneingeschränkten Nationalismus überschreitet, nachzuweisen, daß diese zugleich schöpferische und zerstörende geistige Kraft zunächst die führenden Schichten des Bürgertums erfaßt und sich schließlich ab 1870 auf die Gesamtbevölkerung überträgt. Machtpolitik und die Kriege stehen deshalb bis 1945 im Vordergrund der Schilderung deutsch-französischer Beziehungen, weil sie für die betroffenen Generationen die Hauptsache waren.

Die Zeiten zwischen den Kriegen ermöglichten ja nur einem kleinen Teil der Bevölkerung in beiden Staaten die geistige und kulturelle Begegnung und Annäherung. Die Masse der Bürger verharrte in vordergründigem Nationalbewußtsein. Skepsis und Mißtrauen gegenüber »*den Deutschen*«, »*den Franzosen*«, blieben das grundlegende Verhaltensmuster, das sie auch an ihre Kinder weitergaben. Da die Politik der Regierungen nicht auf eine grundsätzliche Änderung der Beziehungen abzielte, sondern die Machtpolitik alten Stils Grundlage deutscher und französischer Politik — vor allem nach 1919 — blieb, wie hätte sich da der naive Patriotismus in beiden Ländern anders verhalten sollen?

Heute wissen wir, daß die französische Politik der Stärke nach 1919 eigentlich eine auf Einsicht in die eigene Schwäche begründete Haltung war. Aber die Realität der französischen Politik in den 20er Jahren und die Lage der davon betroffenen Bürger in Deutschland hätten wohl auch dann nicht anders sein können, wenn diese Erkenntnis damals auf beiden Seiten des Rheines Allgemeingut gewesen wäre.
Es blieb Hitler vorbehalten, beiden Völkern eine solche fürchterliche Lektion über Machtpolitik und den Krieg als bewegendes Mittel, ja als Lebenselement geschichtlicher Entwicklung zu geben, daß heute alle Deutschen und Franzosen wissen, daß in Europa Kriege als Mittel der Machtpolitik keine sinnvollen und dauernden Lösungen mehr bringen können; eine Lektion, die die jungen Nationen in anderen Erdteilen noch lernen müssen, wobei — wie üblich — die unschuldigen Menschen als Objekt der Machtpolitik den Preis werden bezahlen müssen.
Der Zeitabschnitt nach 1945, der den Denkprozeß über die gegenseitigen Beziehungen bis zum gemeinsamen Aufbau einer tragfähigen Grundlage für unsere Zukunft umfaßt, ist am Ende des Buches mit einigen das Thema umgreifenden Bemerkungen beschrieben, eine ausführliche Behandlung dieses noch nicht abgeschlossenen Prozesses würde die Betrachtung zu sehr ausweiten.
Die Schlußfolgerung, daß die Franzosen und die Deutschen im eigenen Interesse und im Interesse Europas sich als Nation nicht aufgeben und aufheben dürfen und, im Falle unseres deutschen Volkes, die Wiedervereinigung der deutschen Nation mit aller Kraft anzustreben ist, wird für den einen oder anderen Leser ein Gedanke sein, dem er nur zögernd zustimmen mag, wenn er vom Prinzip der derzeitigen Stabilität der Grenzen in Europa ausgeht und geneigt ist, Nationalbewußtsein und Selbstbestimmungsrecht nur noch als störende Faktoren zu registrieren.
Läßt man aber die Entwicklung unserer Völker noch einmal an sich vorüberziehen und durchlebt in Gedanken die entscheidenden Epo-

chen der Nationenbildung, so wird man die Tatsache nicht leicht abtun können, daß die freundschaftliche Zusammenarbeit zweier hervorragender europäischer Nationen sich nicht nur auf deren Freiheit, sondern auch auf deren staatliche Einheit stützen muß, weil beides der Abschluß eines langen Weges vom Spätmittelalter bis in unsere Zeit war.

Jede Antwort, wie sich die Beziehungen unserer Länder in Zukunft gestalten werden und welche Bedeutung das für unseren Kontinent haben wird, kann nur im Lichte ihrer historischen Entwicklung richtig gegeben werden. Ein Beitrag zu solchen Überlegungen will auch diese Schrift sein.

Zur Auswahl der im Anhang abgedruckten Quellen ist noch eine Anmerkung zu machen. Der Schwerpunkt liegt auf solchen Dokumenten, Briefen und Zitaten, die sich mit der französischen Politik gegenüber Deutschland beziehungsweise mit der Reaktion in Deutschland auf diese Politik befassen. Das soll keine bewußte Einseitigkeit sein. Einmal möchte ich damit an die Tatsache erinnern, daß Deutschland bzw. die deutschen Staaten im Laufe der Jahrhunderte in stärkerem Maße Objekt französischer Machtpolitik waren als umgekehrt. Zum anderen wird jeder Leser ohne Mühe zahlreiche Dokumente vor allem aus der Zeit nach 1890 finden, die das Vorhandensein eines aggressiven frankreichfeindlichen Nationalismus in Deutschland belegen. In solchen, teils tiefgründig-philosophischen, teils derb polternden Äußerungen drückt sich aber weniger ein Überlegenheitsgefühl aus als ein Nachholbedürfnis an Gegnerschaft, Selbstbewußtsein und trotziger Abrechnung mit dem besiegten oder siegreichen Feind, wobei es an deutscher Gründlichkeit nicht fehlte.

Die Emser Depesche, die Kriegszielprogramme des 1. Weltkrieges, die Hauptartikel des Versailler Vertrages und ähnliche hervorragende Dokumente sind dem historisch interessierten Leser bekannt, die Zeugnisse der imperialistischen Politik Frankreichs doch wohl weniger. Ich denke daher, daß gerade sie nicht nur informieren, sondern zu weiterem Quellen- und Dokumentenstudium anregen werden, damit vor allem der deutsche Leser die Handlungen der Politiker beider Länder und die nationale Einstellung der Bevölkerung unseres Nachbarlandes in Geschichte und Gegenwart immer besser verstehen wird.

I Der Ursprung der Rivalität — das Zwischenreich

1. DAS ENDE DES FRÄNKISCHEN GROSSREICHES

Deutschland und Frankreich sind stets Rivalen (1) im Doppelsinn dieses Wortes gewesen — zwei Völker, die sich rechts und links des Rheines nacheinander zu Flächen- und Nationalstaaten entwickelten, und dieser zeitliche Abstand sollte von entscheidender Bedeutung für ihre Beziehung zueinander werden.

Zu Beginn des 9. Jahrhunderts, nach den ersten Teilungen des karolingischen Imperiums, mit denen Kaiser Ludwig der Fromme die Erbordnung für seine Söhne und zugleich die einheitliche weltliche und kirchliche Verwaltung des Gesamtreiches sichern wollte, war die Zentrifugalkraft der Ost- und Westterritorien zum bestimmenden Merkmal geworden.

Das Mittelreich (Lotharingien), das die Länder von der Nordseeküste bis zur Rhonemündung umfaßte und sich weiter bis in die Lombardei fortsetzte, war in seinem Mittelteil nach Osten und Westen in etwa abgegrenzt durch die Flußläufe der Schelde, den Oberlauf der Maas, durch die Saône, die Aare und den Lauf des Rheines.

Diese Gebiete waren dem ältesten Sohn des Kaisers, Lothar, zugesprochen worden, der auch zum Träger der Kaiserkrone bestimmt worden war.

Als Oberhaupt des Gesamtreiches sollte er mit Hilfe seiner Brüder die Tradition der weltlichen Herrschaft der Karolinger über die Christenheit des Abendlandes fortsetzen. Dieser engere Herrschaftsbereich des Kaisers, das Mittelreich, konnte zu jener Zeit aber nicht mehr als in sich geschlossenes Kernland eines aus mehreren Königreichen bestehenden Gesamtstaates betrachtet werden. Er war zwar wirtschaftlich und kulturell der fortgeschrittenste Teil des Imperiums, aber ihm fehlte eine völkische Einheitlichkeit oder wenigstens die lockere Verbindung mehrerer miteinander verwandter Volksstämme, die, durch einen kraftvollen Herrscher zur Vereinigung geführt, zu einem Volksganzen zusammenwachsen konnten.

---

(1) rivus = Wasserlauf; Fluß — rivale — derjenige, der mit anderen gemeinsam an diesem Wasserlauf wohnt und mit dem man sich um Wohnrecht und Nutzungsrecht des Wassers auseinandersetzen muß.

Es herrschte dort ein buntes Nebeneinander, das weder durch weltliche Gewalt, noch durch die geistliche Macht der Reichskirche auf die Dauer zusammenzuhalten war.

Der westliche und besonders der östliche Teil des fränkischen Imperiums waren dagegen durch völkische Einheit gekennzeichnet, und das gab ihren Herrschern einen entscheidenden Vorteil gegenüber dem Mittelreich. Die immer deutlicher wahrnehmbare Schwäche der Position des Kaisers Lothar, sein vergebliches Bemühen, seinen ausgedehnten Besitz zusammenzuhalten und die Oberherrschaft über seine Brüder zu sichern, führte schließlich zum ersten Bruderkrieg der drei Söhne Kaiser Ludwigs. Bald darauf kam es zu einer engeren Verbindung der Herrscher im Westen (Karl der Kahle) und im Osten (Ludwig der Deutsche) gegen Kaiser Lothar. Dieses neue, gegen das Mittelreich gerichtete Bündnis wurde durch die *»Straßburger Eide«* (2) besiegelt. Der folgende Teilungsvertrag zu Verdun (843), der allen drei Herrschern völlige Gleichheit und Souveränität in ihrem Herrschaftsbereich zusicherte, bestätigte zwar noch einmal die Kaiserwürde Lothars und die staatliche Existenz des Mittelreiches, d. h. Lotharingiens, er schuf aber zugleich die Voraussetzung für die endgültige Aufteilung dieses Gebietes nach dem Tode des Kaisers.

Im Vertrag von Meerssen 870 wurde Lotharingien, das nun vom ältesten Sohn Lothars, Ludwig II., regiert wurde, zwischen Karl dem Kahlen und Ludwig dem Deutschen aufgeteilt.

Die Grenzen des künftigen Frankreich und künftigen Deutschland bewegten sich aufeinander zu. Der in mehreren Abschnitten vollzogene Prozeß dieser Teilung verlief allerdings durchaus nicht einfach und friedlich. Es gab Auseinandersetzungen und Kämpfe um den Besitz Ost- und Westlothringens zwischen Ludwig III., dem Sohn Ludwigs des Deutschen, und Karl dem Kahlen und dann zwischen deren Nachfolgern, die schließlich mit den Verträgen von Verdun und Ribemont 879 beendet wurden.

Diese Verträge wiesen das Herzogtum Friesland und das Herzogtum Lothringen dem Ostreich zu, während die romanisch sprechenden Gebiete des Mittelreiches, Burgund und die Provence von nun

---

(2) Straßburger Eide — die feierliche Bekräftigung des Bündnisses, öffentlich vor den Heeren Karls und Ludwigs ausgesprochen. Dabei wurden die Volkssprachen des Ostens und Westens — Althochdeutsch und Altfranzösisch verwandt. Es gab zwar noch die verbindende lateinische Sprache, aber keinen germanischen Dialekt mehr, der von den Bewohnern des Ost- und Westreiches gemeinsam gesprochen und verstanden wurde.

an zum westfränkischen Reich gehörten. Maas und Schelde waren jetzt die Grenzflüsse zwischen Ost und West geworden.

Diese politische Grenze folgte in etwa auch der Sprachgrenze zwischen germanischer und romanischer Volkssprache, ohne indessen eindeutige Trennungslinie der Sprachen und des Volkstums zu sein. In den westlichen Gebieten des Herzogtums Lothringen wohnte auch romanisch sprechende Bevölkerung, und die wirtschaftliche und kulturelle Verbindung mit den angrenzenden westfränkischen Territorien war sehr rege. Das galt vor allem auch für den Adel des gesamten Rheinlandes.

Die Grenzen hatten keine trennende Funktion. Auch die Macht der jeweiligen Könige des west- und ostfränkischen Reichsteiles war begrenzt. Gegen Ende des 9. Jahrhunderts konnten alle Grafen und Stammesherzöge in Ost und West nahezu unabhängig regieren, und sie führten für ihren kleineren Herrschaftsbereich oft sogar einen Königstitel.

Im ehemaligen Mittelreich Lotharingien war diese Unabhängigkeit nahezu vollkommen.

Das änderte sich nach einigen Jahrzehnten, als es dem Erneuerer und eigentlichen Begründer des ostfränkisch-deutschen Reiches, Heinrich I. (919—36), durch beharrliche, kluge Politik gelungen war, die Herzöge seines Gebietes zur Anerkennung seiner Königsherrschaft zu bewegen. Mit diplomatischem Geschick brachte er schließlich auch als letzten den Herzog Giselher von Lothringen dazu, ihm den Lehnseid zu schwören und sein Land formell in das ostfränkische Reich einzugliedern (925). Bis dahin hatte der Herzog von Lothringen in loser Anlehnung an das westfränkische Reich eine selbständige Herrschaft über das ganze linksrheinische Gebiet ausgeübt und war gewissermaßen noch einmal König eines kleineren Mittelreiches gewesen, da es weder im Osten noch im Westen eine starke, übergreifende Gewalt gab, die ihm die Herrschaft hätte streitig machen können.

Aber auch durch diesen Erfolg Heinrichs I. war noch nicht endgültig entschieden, welchen Weg Lothringen gehen würde. Es kam einige Jahrzehnte später noch einmal zum Kampf zwischen West und Ost um den nördlichen Teil des Herzogtums, das sogenannte Niederlothringen. König Lothar von Frankreich überfiel mit einem Heer die Residenz Kaiser Ottos II. in Aachen.

Der deutsche Herrscher konnte mit knapper Not entkommen und führte bald darauf in einem Vergeltungsfeldzug sein Heer nach Paris gegen König Lothar, ohne aber einen entscheidenden Sieg erringen zu können. Schließlich wurde zwischen beiden Herrschern 980 in Ivois ein neuer Vertrag geschlossen, in dem der französische König für sein Land endgültig auf den Besitz Lothringens verzichtete.

Diese sich über ein Jahrhundert hinziehende Auseinandersetzung um den Grenzverlauf zwischen beiden »Rivalen« ist durchaus verständlich, wenn man noch einmal einen Blick auf die Geschichtskarte wirft. Der Besitz eines so großen, verhältnismäßig volkreichen und wirtschaftlich blühenden Gebietes mußte dem Reich, zu dem ganz Lothringen schließlich gehörte, ein Übergewicht über den Nachbarn verleihen. Dabei ist nicht die Rede vom Gebiet des Elsaß, das früher auch zum fränkischen Kaiserreich Lotharingien gehört hatte.

Das Elsaß gehörte im 10. Jahrhundert bereits zum Herrschaftsbereich der Herzöge von Schwaben und war dadurch von Anfang an ein Teil des von Heinrich I. 919 gegründeten ostfränkisch-deutschen Reiches.

Der Rhein bildete nun für fast ein halbes Jahrtausend in seiner ganzen Länge die geographische Achse des römisch-deutschen Kaiserreiches. Auf dem Höhepunkt der Macht der Herrscher aus den Geschlechtern der Salier und Staufer kam noch die zeitweilige Ausdehnung nach Südwesten durch die Angliederung des Königreiches Hochburgund hinzu, das später noch einmal, nach der Episode des burgundischen Zwischenreiches gegen Ende des 15. Jahrhunderts, an das Haus Habsburg fiel und erneut mit dem Römischen Reich politisch vereinigt wurde.

2. DIE EXPANSION FRANKREICHS NACH OSTEN

Nach diesem Blick auf die Vorgeschichte Frankreichs und Deutschlands wird es klar, warum vom Beginn einer neuen französischen Außenpolitik an, hinter der die Kraft des geeinten Königreiches stand, die Gewinnung nicht nur der französisch sprechenden Grenzbereiche Nieder- und Oberlothringens, sonders darüber hinaus der noch spürbar von römisch-karolingischem Einfluß geprägten linksrheinischen Gebiete des deutschen Reiches eines der Hauptziele wurde.

Es ging darum, die Grenze Frankreichs bis zur Ostgrenze des alten Lotharingien vorzuschieben. Der Rhein wurde damit in den Wünschen und Plänen französischer Könige und ihrer Berater im Spätmittelalter eine — von Frankreich aus gesehen — *»fließende Grenze«*.

Eine aktive Politik, die die ersten Schritte zur Erreichung dieses ehrgeizigen Zieles tun konnte, war allerdings erst möglich, als Frankreich sich um die Wende zum sechzehnten Jahrhundert aus der habsburgisch-spanischen Umfassung gelöst hatte.

Von diesem Zeitraum ab bis in das zwanzigste Jahrhundert hinein datiert Frankreichs Expansion nach Norden und nach Osten mit dem Maximalziel, das Rheinland an beiden Ufern für sich zu gewinnen.

Der Vorteil, den die verhältnismäßig frühe Entwicklung des Landes zum politisch einheitlichen und militärisch starken Flächenstaat gegenüber der Vielfalt der Länder des deutschen Reiches bot, ließ sich erstmalig 1552 für das Königreich Frankreich ausnutzen. (3) Die gelegentliche Bundesgenossenschaft eines oder mehrerer deutscher Fürsten mit Frankreich erleichterte diesen Erfolg und weitere Eroberungen. Die schwierige Aufgabe kaiserlich-habsburgischer Macht oder vielmehr Ohnmacht, in der Zeit der Reformation und Gegenreformation das Vordringen der Türken auf dem Balkan aufzuhalten und die österreichischen Erblande zu verteidigen, machte eine planmäßige Verteidigung der Reichsgrenzen im Westen unmöglich.

Das siebzehnte Jahrhundert und die folgende Zeit bis zum Frieden von Utrecht 1713 standen daher ganz besonders im Zeichen des französischen Ausgreifens nach Norden und Osten.

Das Wort vom *»Rhein, der natürlichen Ostgrenze des Königreiches«*, blieb stets auf dem Programm der Außenpolitik unseres Nachbarlandes. Diese gleichbleibende, von der Revolution von 1789 an „nationale" Aufgabe, stellten sich auch die Außenpolitik der ersten Republik, die imperialistische Planung Napoleons I., der noch weit über dieses Ziel hinausgriff, dann wieder die Revolution von 1848 Napoleons III. und schließlich nach 1918 die dritte Republik.

---

(3) Der Reichsfeldherr und Führer der Fürstenopposition gegen Kaiser Karl V., Kurfürst Moritz von Sachsen, verhandelte in Koalitionsgesprächen eigenmächtig mit König Heinrich II von Frankreich. Er übertrug ihm in den Verträgen von Lochau (bei Halle) 1551 das Reichsvikariat über die Bistümer Toul, Metz, Verdun und Cambrai. Dieser verstand das als Besitzrecht über die genannten Städte und Gebiete und ließ sie 1552 mit militärischer Macht besetzen. In einem Krieg des Kaisers gegen Frankreich 1552—1556 konnte sich der französische König im Besitz dieser Gebiete behaupten.
(zitiert nach Ploetz — Auszug aus der Geschichte)

Die deutschen Staaten verharrten dagegen noch jahrhundertelang in Abgrenzung und häufigem Streit in ihrer partikularistischen Schwäche. Erst zu Beginn des neunzehnten Jahrhunderts, unter dem Druck der Fremdherrschaft Napoleons I., traten eine Anzahl von Staatsmännern und viele gebildete deutsche Patrioten dafür ein, daß ein künftiger deutscher „Nationalstaat" den Rhein nicht als Grenze, sondern als „deutschen Strom" erhalten und sichern müsse. Die mit der romantischen Bewegung in Deutschland verstärkt einsetzende Beschäftigung mit der Geschichte des Früh- und Hochmittelalters führte naturgemäß auch dazu, daß man nun, tausend Jahre nach dem Ende des karolingischen Imperiums, begann, das ostfränkische Reich in den Geschichtsbüchern als Deutsches Reich bzw. Deutschland zu bezeichnen und die Begriffe *»germanisch«* und *»fränkisch«* oft recht unbekümmert durch *»deutsch«* ersetzte. Damit trug man eine deutsch-nationale Sicht in die Betrachtung eines anderen Zeitalters hinein, die das richtige Verständnis der Geschichte und damit auch der deutsch-französischen Beziehungen eher erschwerte als erleichterte. Das Wort *»deutsch«* (theodicus, (lat.) theotonicus) war zunächst ja eine von Italien und den führenden lateinisch sprechenden Gelehrten ausgehende Bezeichnung für die nichtlateinisch bzw. nichtromanisch sprechende Bevölkerung des karolingischen Reiches gewesen, ein Wort ohne klaren politischen Inhalt. Die ersten ostfränkischen Könige (Konrad I., Heinrich I.) bezeichneten sich selbst ja noch als Könige der Franken, und selbst Kaiser Otto, der ja Herrscher über alle diutisk — deutsch-sprechenden Stämme war, wird offiziell in einer Urkunde lediglich als König der Sachsen und Franken bezeichnet. (4)
Es ist müßig zu sagen, daß eine entsprechende Sicht der Dinge in den französischen Geschichtsdarstellungen zu beobachten ist, und für die naiven Gemüter in beiden Ländern konnte sich das auf die Frage zuspitzen, ob denn nun Charlemagne — Karl der Große — überwiegend der Geschichte des deutschen oder des französischen Volkes zugerechnet werden müsse.
Dieses eben erwähnte erwachende Nationalbewußtsein in Deutschland konnte selbstverständlich den Rhein, der die Achse des fränkisch-deutschen Reiches gewesen war, niemals als Grenze gegen den mächtigen Nachbarn im Westen ansehen, vor allem, da es nun ja im 19. Jahrhundert um die Neugründung des Reiches ging, das in alter Macht und Größe wiedererstehen sollte.

---

(4) Arthur Nitschke — Frühe christliche Reiche, Propyläen Weltgeschichte 1963 Bd. V. S. 323

Dem Annexionsdogma des französischen Nationalismus »*der Rhein — die natürliche Grenze Frankreichs*«, trat nun der auf nationalem deutschem Geschichtsverständnis begründete Ruf gegenüber »*der Rhein Deutschlands Strom, nicht Deutschlands Grenze*«. In der Zeit drohender Kriegsgefahr zwischen Frankreich und dem Deutschen Bund um 1840/41 wurden über den »*deutschen Rhein*« zahlreiche patriotische Gedichte und Lieder geschrieben, von denen eines den Charakter einer bewußt antifranzösischen Nationalhymne hatte: „*Es braust ein Ruf wie Donnerhall, wie Schwertgeklirr und Wogenprall, — zum Rhein, zum Rhein, zum Deutschen Rhein! Wer will des Stromes Hüter sein?*" (5)
Ein weiteres Lied, wenn auch weniger berühmt, sagte es der französischen Nation ebenso unmißverständlich: „*Sie sollen ihn nicht haben, den freien deutschen Rhein . . .*"; und das um die gleiche Zeit gedichtete Deutschlandlied rief ebenfalls zur gemeinsamen Abwehr französischer Annexionspolitik auf, denn die Zeile „*wenn es stets zum Schutz und Trutze brüderlich zusammenhält*" war damals gar nicht anders zu verstehen.
Diese auftrumpfenden Kampfgesänge, die das Nationalgefühl der Deutschen gegen echte und vermeintliche Bedrohung durch Frankreich wecken sollten, darf man wohl auch als eine späte Antwort auf die entsprechenden Verse in der französischen Nationalhymne, der Marseillaise, ansehen, in der ja ebenfalls in drastischer Weise der Feind deutlich bezeichnet worden war, nämlich die Soldaten des preußisch-österreichischen Koalitionsheeres. Die Bevölkerung der deutschen Staaten hatte die Marseillaise ja vor allem als Begleitmusik zu den Kriegszügen französischer Soldaten durch Mitteleuropa kennengelernt und nicht nur als Hymne der Freiheit.

Der Rhein als deutscher Strom? So genau nahm man es mit der Geographie nun auch wieder nicht. Die Tatsache, daß der Rhein von seinen Quellen bis Basel durch das Gebiet der Schweizer Eidgenossenschaft floß und daß die Niederländer die Mündungsarme des Stromes beherrschten, wurde von den Patrioten in Deutschland mit anderem Maß gemessen. Diese Länder waren Kleinstaaten, und man neigte dazu, in den Schweizern und Niederländern noch immer die stammesverwandten Bürger ehemaliger Gebiete des alten

---

(5) Dies von Nikolaus Becker 1840 gedichtete Lied wurde erstmals öffentlich bei der Begrüßung Friedrich Wilhelms IV. von Preußen in Köln gesungen. Das Bürgerkomitee von Köln schlug damals vor, das Lied unter dem Namen «*Colognaise*» als Nationalhymne einzuführen. Noch im Brockhaus Lexikon 1922 stand es unter dem Stichwort »*Nationalhymnen*«.

Reiches zu sehen, die damals sprachlich und kulturell ja tatsächlich noch stärker mit den deutschen Nachbarstämmen verbunden waren als mit Frankreich. Der große, mächtige Nachbar, nicht die kleineren Länder, bedrohte den »*deutschen Rhein*«.

Heinrich Heine hatte zwar mit geistreicher Ironie zu dieser großzügischen Interpretation der durch die Geographie gegebenen Tatsachen geschrieben: *„Der freie Rhein, der Brutus der Flüsse, er wird uns nimmermehr geraubt; die Holländer binden ihm die Füße, die Schwyzer halten fest sein Haupt."*

Schiller dagegen ließ in seinen »*Distichen*« über die Flüsse den Rhein sagen: *„Treu, wie's dem Schweizer gebührt, bewach ich Germaniens Grenze; aber der Gallier hüpft über den duldenden Strom."* Und für den naiven deutschen Patriotismus, den Hurrahpatriotismus, der der Vaterlandsliebe der beiden Dichter so gar nicht entsprach, war die Sache ganz eindeutig; Frankreich war der Feind, der das Rheinland bedrohte, der den Strom so oft überschritten und in den Kriegen vom 17. bis zum 19. Jahrhundert so viele Städte, Dörfer, Schlösser zerstört und niedergebrannt hatte.

Es ging also auch im 19. Jahrhundert weiter um den Anspruch Frankreichs und Deutschlands auf die Herrschaft über das Land am Mittelrhein und um das Elsaß am Oberlauf des Stromes sowie um das deutschsprachige Nordlothringen.

Geschichtsauffassung stand gegen Geschichtsauffassung, nationales Rechtsempfinden gegen das Rechtsempfinden der anderen Nation, das wirtschaftliche Interesse des einen Landes gegen das des Nachbarn und schließlich, als es zur Entscheidung kam, stand wieder Macht gegen Macht, wie seinerzeit zu Beginn des neunten Jahrhunderts.

Die Ereignisse des Dreißigjährigen Krieges und der Kriege Ludwigs XIV. bis zum spanischen Erbfolgekrieg, dann der französisch-deutsche Krieg von 1870/71 und schließlich der erste und zweite Weltkrieg sind Beweis genug dafür, daß die Festsetzung des Verlaufes der deutsch-französischen Grenze immer nur eine Machtfrage und niemals eine Rechtsfrage gewesen ist.

Zur Rechtsfrage wurde die Grenze immer nur von dem jeweils Unterlegenen erklärt, so von Frankreich 1871, als man wider Erwarten nicht das linksrheinische Deutschland erobern konnte, sondern Elsaß-Lothringen verlor, so von Deutschland, als man eigene Annexionspläne französischen Gebietes fahren lassen mußte und 1919,

als es zu spät war, eine freie Volksabstimmung für die Bewohner Elsaß-Lothringens forderte. (6)
Die unversöhnlichen Standpunkte des deutschen und französischen Nationalismus im neunzehnten Jahrhundert beruhten nicht zuletzt auch auf dem naturgegebenen Konkurrenzdenken aneinandergrenzender Staaten: Wer ist reicher, mächtiger, überlegener?
Dieses Konkurrenzdenken der Staaten, das zunächst die Fürsten beschäftigte, Nachbarn = Nebenbuhler, teilte sich schließlich auch den Völkern mit und wurde mit der Festigung des bürgerlichen Nationalstaates im neunzehnten Jahrhundert in beiden Ländern ein Teil ihrer nationalen Identität. Nachbarschaft — Gegnerschaft — Erbfeindschaft!

3. NATIONALE GESCHICHTSSCHREIBUNG UND DIE VON DER RIVALITÄT BETROFFENEN MENSCHEN

Die Darstellung der Nationalgeschichte in den französischen und deutschen Schulbüchern bis zum zweiten Weltkrieg benutzte naturgemäß Formulierungen, die im anderen Land nicht nur nicht gebraucht, sondern als eine falsche Darstellung der historischen Entwicklung angesehen wurden.
Für einen französischen Patrioten war das Streben Ludwigs XIV. nach Abrundung seines Königreiches, die Politik der »natürlichen Grenzen«, durch Staatsnotwendigkeiten geboten. Frankreich war damals in der Tat als fertige Staatsnation im 17. und zu Beginn des 18. Jahrhunderts eine europäische Ordnungsmacht, die aus ihrer materiellen und politischen Überlegenheit ein Recht auf Hegemonie ableiten konnte und den Versuch wagen mußte, diese imperiale Stellung auf Dauer durchzusetzen und zu festigen. (6a)
So hatten vor Ludwig XIII. und Ludwig XIV. Karl V. und Philipp II. gehandelt, so plante Napoleon I. sein durch Frankreich neu geordnetes und auf Frankreich zugeordnetes modernes Imperium, und so lautete folgerichtig auch der Anspruch des Nationalsozialismus 1941 und 1942, daß nur das Dritte Reich die neue europäische Ordnungsmacht sein könne.
Für die nationale deutsche Geschichtsschreibung im neunzehnten und zwanzigsten Jahrhundert war die Politik Ludwigs XIV. da-

---

(6) Mantelnote und deutsche Gegenvorschläge gegen den Friedenvertragsentwurf der Alliierten von Versailles.
(6a) Vgl. dazu Pierre de Pringet: Die Kollaboration, Tübingen 1981 S. 7—12.

gegen ein durch nichts gerechtfertigter Angriff auf deutsches Reichsgebiet bzw. niederländisches Staatsgebiet. Man sah es als gewaltsame Annexion an, die sich mit einer Scheinrechtfertigung ihres Vorgehens durch die Einsetzung und Tätigkeit der »*Reunionskammern*« (7) als machiavellistische Machtpolitik entlarvte.

Die Belagerung, Besetzung und Einverleibung Straßburgs 1681 und weiterer Gebiete des Elsaß in das französische Staatsgebiet wurden entsprechend als Raub wehrloser Städte und Territorien bezeichnet. Kaiser und Reich hatten ihnen nicht zu Hilfe kommen können, weil die Abwehr der Türkenheere, die erneut den Balkan überflutet hatten und Wien bedrohten, alle Kräfte in Anspruch nahm.

Als besonders verwerflich galt dabei, daß Ludwig XIV., der sich »*allerchristlicher König*« titulieren ließ, Verbündeter des heidnischen türkischen Sultans war.

Wenn man also um 1900 mit innerer Anteilnahme die Geschichte der Entwicklung der deutschen Stämme zum geeinten Deutschland von 1871 schilderte, lehrte und las, dann identifizierte man sich naturgemäß mit diesem ohnmächtigen, zerrissenen Gebilde des Reiches, das vom Dreißigjährigen Krieg an zum Objekt schwedischer, spanischer, vor allem aber französischer Machtpolitik geworden war.

Der Ausbau fremder Machtpositionen an Rhein, Oder und Elbe auf Kosten der machtlosen deutschen Kleinstaaten, denen die starke Zentralgewalt eines deutschen Königs fehlte, war aus patriotischer Sicht selbstverständlich Unterdrückung, Erniedrigung und Kennzeichen des Verfalls der Macht des Reiches, das noch im Hoch- und Spätmittelalter die stärkste politische Kraft in Europa gewesen war.

Was in den Augen der Franzosen offensive Politik zur Verbesserung und Sicherung der Ostgrenze war, was für Schweden den Ausbau und die Stabilisierung der Seeherrschaft in der Ostsee und Gewinnung einer festen Position an der Nordseeküste bedeutete, war für Deutschland die Zeit der tiefsten Erniedrigung und Gefährdung der staatlichen Existenz des Reiches.

---

(7) Reunionskammern, (Reunion = Wiedervereinigung) frz. Sondergerichtshöfe, die aufgrund zweifelhafter historischer Ansprüche die von frz. Truppen besetzten Städte und Dörfer im Elsaß, in Lothringen und der Pfalz der frz. Krone zusprachen. Kaiser und Reich, durch die mit Frankreich verbündeten Türken an der Südostfront gebunden, erkannten im »*Regensburger Stillstand*« diese Reunionen auf 20 Jahre an.
(zitiert nach Ploetz — Auszug aus der Geschichte)

Wenn wir noch einmal weit in die Geschichte zurückgehen, können wir hier eine interessante Parallele finden, wenn wir die staufisch-kaiserliche Politik in Italien mit dem gleichen Maßstab messen. Es ist leicht zu erkennen, daß manche deutschen Geschichtsbücher bis 1945 hier ebenso selbstverständlich den Standpunkt vertraten, daß diese Machtpolitik deutscher Herrscher im Interesse des Reiches und der Erhaltung der Einheit des ganzen christlichen Imperiums gerechtfertigt war. Die Belagerung, Plünderung und Zerstörung Mailands durch das Heer Barbarossas 1162, die Unterdrückung des nach Unabhängigkeit strebenden lombardischen Städtebundes, das war eine grausame Angelegenheit — unerfreulich, aber notwendig für die Behauptung und Durchsetzung kaiserlicher Gewalt in Italien. Die nationale deutsche Geschichtsschreibung wollte das nicht mit den Augen der italienischen Historiker des neunzehnten Jahrhunderts betrachtet wissen.

Dieser Vergleich Ludwigs XIV. mit Barbarossa trifft jedoch nur bedingt zu, denn zweifellos muß man einen Unterschied zwischen der christlich-universalen Auffassung imperialer Politik im Zeitalter der Salier und Staufer und der schon stärker dynastisch-absolutistisch geprägten Machtpolitik der Herrscher im siebzehnten und achtzehnten Jahrhundert machen.

Für einen anderen Aspekt, nämlich die Bewertung dieser Politik aus der Sicht der sie erlebenden und erleidenden Bevölkerung, sind solche Unterschiede allerdings unerheblich.

Zwar war im siebzehnten Jahrhundert in den europäischen Ländern der Gedanke kaiserlicher Universalherrschaft bedeutungslos geworden, aber von der Bildung moderner Nationalstaaten mit durch das Volkstum eindeutig bestimmten Grenzen war man noch ebenso weit entfernt.

Es war für die »Untertanen« in jener Epoche noch völlig normal, daß absolutistische Herrscher in Verfolgung ihrer Staatsinteressen über die Volks- und Sprachgrenzen hinausgreifen und fremdsprachige Gebiete der Nachbarländer in ihr eigenes Reich eingliedern durften. Es war daher auch nichts Außergewöhnliches, wenn im Wege der Erbteilung oder mit einem durch Erbauseinandersetzung bewirkten Tausch ganze Provinzen oder Länder den Herrscher wechselten und sich an eine andere Dynastie gewöhnen mußten.

Solche Veränderungen brauchten nicht in jedem Fall ein Nachteil zu sein. Es ist auch gar nicht zu bestreiten, daß im 17. Jahrhundert Frankreich, die wirtschaftlich und kulturell am weitesten entwickelte Großmacht Europas, mit ihrer nach Norden und Osten ausgreifenden Expansionspolitik den eroberten und einverleibten Grenzgebieten zugleich auch bessere Möglichkeit wirtschaftlicher Entwicklung und kulturellen Fortschritt brachte.

Selbst Napoleon I., als Vertreter einer neuen rationalistisch-imperialistischen Staatsordnung, konnte dieses Argument für seine Politik der Eroberung und Neugestaltung Europas noch geltend machen. Aber sein Versuch, ein zu weit über die Grenzen des französischen Volkstums hinausgehendes Großreich zu schaffen, mußte daran scheitern, daß er für dieses Imperium als dauerhafte Grundlage den französischen Patriotismus und Nationalismus brauchte. Je stärker er sich auf diese geistigen Kräfte stützten mußte, desto sicherer rief er damit die Gegenkräfte hervor, zunächst in Spanien, wo die französische Herrschaft ein heftiges Aufflammen des Nationalgefühls bewirkte, dann in allen deutschsprachigen Ländern, in denen gerade die Fremdherrschaft den Prozeß der nationalen Besinnung auf die Grundlagen deutscher Sprache, Kultur und Geschichte vor allem beim gebildeten Bürgertum und der studierenden Jugend nachhaltig förderte.

Noch fünfzig Jahre vorher war der Masse der Bürger und Bauern in Europa eine nationale Sicht der Kriege, die ihre Herrscher führten, keineswegs geläufig gewesen. Sie hatten nie eine andere Wahl gehabt, als sich dem jeweiligen Herrscher zu unterwerfen und freiwillig oder gezwungen seine Kriege zu führen, die dem einzelnen Untertan keinen Nutzen und Gewinn bringen konnten. Ihr Bestreben war vielmehr, wenn irgend möglich, ihre alten ständischen Rechte und Freiheiten zu sichern oder gar zu erweitern. Wenn das gelang und wenn sich die Besteuerung in erträglichen Grenzen hielt, Brauchtum und Lebensweise sich nach alter Tradition entwickeln konnten, so war die Frage, wessen Untertanen sie waren, noch nicht von entscheidender Bedeutung.

In dem uns besonders interessierenden Bereich des alten fränkischen Mittelreiches Lotharingien galt das allerdings nicht mehr für das Bürgertum der freien Niederlande und der Schweizer Eidgenossenschaft. Und was die bäuerliche Bevölkerung des bis 1795 zum römischen Reich gehörigen Rheinlandes anging, so galt auch für sie die »*deutsche Treue*«, das heißt, eine stärkere Anhänglichkeit als anderswo an die gewohnte Dynastie als die »*von Gott gegebene Obrigkeit*«.

II. Das Objekt der Rivalität — Elsaß-Lothringen

1. ZWISCHEN DEUTSCHLAND UND FRANKREICH

Die Geschichte des Elsaß und des deutschsprachigen Nordlothringen vom 17. Jahrhundert bis in unsere Zeit ist ein Beispiel dafür, wie die mehrfache Verschiebung von Staatsgrenzen zum Schicksal der Bevölkerung in einem zwischen den Völkern und Kulturen liegenden Grenzland werden und darüber hinaus die Beziehungen der benachbarten Völker zueinander zu ihrem Nachteil beeinflussen kann.

Die Tatsache, daß in der ganzen Geschichte dieses Landes die Bevölkerung niemals in eigener Entscheidungsfreiheit über ihre nationale Zugehörigkeit zu Deutschland oder Frankreich bestimmen konnte, sondern stets nur reagierend auf das Schicksal Einfluß zu nehmen versuchte, ist das wesentlichste politische Merkmal, das das Land und seine Bewohner geprägt hat.

Deshalb wissen auch die Bürger dieses Grenzlandes am besten, daß der Weg Elsaß-Lothringens noch nicht an das Ziel gelangt ist, das seiner geschichtlichen Bestimmung wohl am ehesten entspricht: In einem föderalistischen Europa eine sich selbst in Freiheit verwaltende Region Frankreichs zu sein, die bewußt ihr eigenes Volkstum mit seiner kulturellen Vielfalt und Mehrsprachigkeit bewahren und pflegen kann, offen für die Nachbarn im Westen und Osten und für die Zukunft Europas.

Die Entscheidung Ludwigs XIV., die im Dreißigjährigen Krieg begonnene Expansion nach Westen zur Erreichung der Rheingrenze mit allen Mitteln der Diplomatie einschließlich des Krieges und der Eroberung fortzusetzen, wurde 1681 zum Schicksal Straßburgs und des Elsaß. Die Bürger der freien Stadt Straßburg konnten das Ultimatum des französischen Königs nicht ablehnen. Sie waren ohne fremde Hilfe nicht in der Lage, ihre Reichsfreiheit zu verteidigen, und zogen die Kapitulation der Eroberung, Plünderung und Zerstörung ihrer Stadt durch das vor ihren Toren liegende Heer vor. Damit wurden sie Untertanen des mächtigen Königs Ludwig XIV. mit allen Pflichten und zugleich mit der königlichen Zusage, daß die Stadt und das ganze Elsaß nunmehr unter seinem Schutz stehe und der Fürsorge des Königs sicher sein dürfe. Diese Garantie der Sicherheit machte vor allem der katholischen Geistlichkeit in Stadt und Land die neue Herrschaft annehmbar.

Was bedeuteten die geänderten Machtverhältnisse für die Lebensbedingungen der Bürger, Bauern und Handwerker in den auf die Einverleibung folgenden Generationen?

Von Straßburg und Schlettstadt, den französischen Garnisonsstädten, ging in den folgenden Jahrzehnten ein stärkerer Einfluß französischer Sprache, Kultur und Lebensgewohnheiten aus, der, noch vertieft durch den Eindruck glanzvoller Hofhaltung mit Mode, Kunst und französischer Literatur in den Salons der Fürstbischöfe in Straßburg, einen großen Eindruck auf das wohlhabende elsässische Bürgertum machte. Das erschien ebenso werbend und nachahmenswert wie das Familienleben der eingewanderten Franzosen. Es bedeutete jedoch keineswegs eine Aufgabe der deutsch geprägten kulturellen und gesellschaftlichen Traditionen des Landes, schon gar nicht in den kleineren Städten und Dörfern, wo noch über hundert Jahre nach der Annexion durch Frankreich der alemannische beziehungsweise im Nord-Elsaß und Lothringen fränkische Volkscharakter gewahrt blieb. (8)

Auch verschiedene Maßnahmen der französischen Regierungen zur Romanisierung ihrer neuen deutschsprachigen Gebiete konnten das nicht ändern, ob es nun Dekrete Ludwigs XIV. gegen den amtlichen Gebrauch der deutschen Sprache waren oder das Verbot, die alemannische Volkstracht zu tragen.

Weitere Versuche einer Entdeutschung unternahm in der Revolutionszeit der Konvent, das heißt, vor allem die Jakobiner zur Zeit ihrer unbeschränkten Herrschaft. Später, zur Zeit des Königs Ludwig Philipp nach 1830 und während der letzten stark expansionistischen Phase des Kaiserreiches unter Napoleon III., gab es häufigere, gezielte Angriffe gegen die deutsche Sprache im Schrifttum, in der Schule, gegen deutschsprachige Lehrbücher. (9)

Alle genannten Maßnahmen und Verbote entsprachen insgesamt aber niemals dem Charakter einer planmäßigen und systematischen Romanisierungspolitik, wie sie dann nach dem 1. Weltkrieg betrieben wurde.

---

(8) Karl-Heinz Rothenberger: Die elsaß-lothr. Heimat- und Autonomiebewegung zwischen den beiden Weltkriegen S. 17 (Europ. Hochschulschriften).

(9) Wolfgang Menzel: Geschichte des französischen Krieges, Stuttgart 1871 Bd. 1 u. 2.

Das Land, das die preußischen und bayrischen Soldaten 1870 im Krieg gegen Frankreich betraten, sprach die deutsche Sprache, atmete deutsches Volkstum und lebte in alten Stammestraditionen, zu denen freilich auch ein gehöriges Maß an Selbstbewußtsein sowie ein eingewurzeltes Rivalitäts- und Überlegenheitsgefühl gegenüber den benachbarten alemannischen Badensern, den »*Schwoben*« (10), gehörte.

Geistig und politisch waren aber große Teile der Bevölkerung in den Städten und teilweise auch in den Dörfern schon sehr stark auf Frankreich, das heißt auf Paris hin, orientiert.

Die französische Hauptstadt war ihnen nicht nur räumlich näher als Berlin oder Wien, und wenn im Laufe des 19. Jahrhunderts Paris in vieler Hinsicht tonangebend in Europa war, wenn der europäische Adel und das gebildete Bürgertum französisch sprachen und sich am französischen Geschmack und »*Fortschritt*« orientierten, mußte das natürlich umso mehr für die deutschen Departements Frankreichs gelten.

Dieser langsam und stetig verlaufende Gewöhnungsprozeß an Frankreich und die französische Lebensart waren wirtschaftlicher und geistiger Natur zugleich. Der Sieg des Bürgertums in der Revolution von 1789, die Errichtung eines modernen zentralistischen Staates mit einer für die damaligen Verhältnisse fortschrittlichen Verwaltung, einem funktionierenden liberal-demokratischen Rechtswesen und eine liberale Wirtschaftsordnung zum Nutzen des Bürgers festigten die Bindung Elsaß-Lothringens an Frankreich.

Die Verehrung Napoleons I., der Ruhm des Kaisers und der Anteil, den Soldaten und Offiziere aus Elsaß-Lothringen an seinen Siegen hatten, waren weitere Elemente der Hinwendung zu Frankreich, dessen Größe und Ausdehnung auf dem Höhepunkt der Macht Napoleons I. das alte Imperium Karls des Großen ja bereits übertroffen hatte.

Die Empfänglichkeit der Menschen für Ruhm und Heldentaten, die in der Errichtung von Statuen und der Benennung von Plätzen und Straßen ihren sichtbaren Ausdruck findet, läßt in allen Bevölkerungsschichten das Gefühl für das Ansehen und die Bedeutung des eigenen Volksstammes, der an den großen Ereignissen hervorragenden Anteil hat, wachsen.

Das gilt für die Elsässer und Lothringer ebenso wie für die anderen deutschen oder französischen Volksstämme.

---

(10) Später auch Bezeichnung für die Reichsdeutschen allgemein, mit Ausnahme der Preußen.

Es war eine Empfindung, die nicht einem entwickelten Nationalbewußtsein gleichzusetzen war, die sich aber in Elsaß-Lothringen in
jenen Jahren des »Empire« mit der Bewunderung Napoleons ver-
band und insofern instinktiv profranzösisch war.

Die ursprünglicheren Gefühle, die Heimattreue, die Anhänglichkeit
an die Muttersprache, an den vertrauten Dialekt, die alten dörfli-
chen und kleinstädtischen Gebräuche und Volksfeste blieben neben
diesen sich rasch entwickelnden französischen Elementen stets lebendig.

Das Nebeneinander deutsch-alemannischer Wesensart und »fortschrittlicher« französischer Kultur und Lebensart brachte nach einigen Generationen in Stadt und Land den Verschmelzungsprozeß
von Wesenszügen beider Nationalitäten in Gang.

Diese Entwicklung wurde schon gegen Ende des 18. Jahrhunderts
auch zum Gegenstand des Interesses gebildeter Besucher. Sie ver-
mittelte ihnen vielfältige und anregende Eindrücke, wie das in anderen Landschaften Deutschlands und Frankreichs nicht der Fall
war.

Nach der großen Revolution und dann wieder nach 1850 boten die
Republik und das erste und zweite Kaiserreich in Frankreich der
deutschen Bevölkerung Elsaß-Lothringens die günstigsten Aussichten wirtschaftlicher und gesellschaftlicher Entwicklung. Es gab in
den Staaten des Deutschen Bundes kein vergleichbares Land, keine
vergleichbare Stadt wie Paris, die eine ähnlich starke Anziehungskraft ausüben konnte.

Deshalb nahmen gerade im 19. Jahrhundert viele begabte und un-
ternehmungslustige Elsässer ihren Weg nach Frankreich, und dort
hatten sie, vor allem in Paris, mehr Erfolg als die aus anderen
Landschaften zuwandernden Franzosen.

Der Schriftsteller Lujo Brentano beschreibt diese in Deutschland
oft zu wenig beachtete Tatsache in seinen „Elsässer Erinnerungen"
und bemerkt unter anderem dazu, daß auch Bismarck darüber sehr
genau unterrichtet gewesen sei: *„Die Elsässer sind begeisterte Anhänger der Prinzipien von 1789 geworden. Und kein Wunder! Ein
großes, verhältnismäßig unterbevölkertes Gebiet öffnete sich ihrer
Tüchtigkeit.*

*Sie waren die Konkurrenten, die nun allenthalben neben die Fran-
zosen traten, von den bescheidensten Stellen angefangen bis zu den
höchsten. Wir finden sie fortan an den Geschicken des französischen Volkes auf allen Gebieten beteiligt. — Paris ist mein! konnten, wie Bismarck es gesagt hat, die Elsässer und Lothringer sagen.*

Sie bildeten eine Art Aristokratie in Frankreich; sie waren befähigter zu Ämtern, zuverlässiger im Dienst, — die Stellvertreter im Militär, die Gendarmen, die Beamten; im Staatsdienst befanden sich Elsässer und Lothringer in einem die Proportionen der Bevölkerung weit überragendem Verhältnis; es waren die eineinhalb Millionen Deutsche, die alle Vorzüge des Deutschen in einem Volke, das andere Vorzüge, aber gerade nicht diese, zu verwerten imstande war und tatsächlich verwertete." (11)

Es ist eindeutig, daß am Ende dieser Entwicklung, die durch die Kriegserklärung Frankreichs an Preußen unterbrochen wurde, der Prozeß der politischen Eingliederung des im 17. Jahrhundert annektierten Landes in den französischen Staat nahezu vollzogen war. Anders als noch ein Jahrhundert zuvor durfte sich die Bevölkerung nun als völlig gleichberechtigter Teil Frankreichs betrachten. Wie weit aber nun die Bewohner dieses Grenzlandes sich als Deutsche oder Franzosen im Sinne des Volkstums- oder des Nationalitätsbegriffes angesehen haben mögen, läßt sich nicht genau sagen. Sie waren französische Staatsbürger mit allen Rechten und Pflichten — und doch nach Sprache und Wesensart nicht Franzosen in dem Sinne, daß sie sich mit Normannen, Burgundern und den Bewohnern der Ile de France als »*Landsleute*« hätten vergleichen können.

Eine umfassende Befragung der Bevölkerung über ihr Nationalitätsbewußtsein und ihre innere Einstellung gegenüber Frankreich und Deutschland, wobei vor allem noch zwischen Süddeutschland und Preußen zu unterscheiden gewesen wäre, gab es nicht.

Auch für eine Abstimmung gemäß dem »*Selbstbestimmungsrecht der Völker*« gab es kein Bedürfnis. Wer hätte so etwas auch beantragen sollen?

1813/1814 auf dem Wiener Kongreß waren zwar die Stimmen einzelner deutscher Patrioten vernehmbar geworden, die die Abtrennung des im 17. Jahrhundert von den Bourbonen geraubten Landes forderten, aber für die verantwortlich handelnden Politiker waren solche nationalen Standpunkte völlig indiskutabel.

Auch 1848/49, als die Gründung des Großdeutschen Reiches greifbar nahe schien, wurde keine Entscheidung und Abstimmung über Elsaß-Lothringen verlangt, weder von den Elsässern und Lothringern, die ihre Vernunftehe mit Frankreich ganz sicher nicht zugunsten einer völlig unklaren und unsicheren Bindung an ein ver-

---

(11) Lujo Brentano: Elsässer Erinnerungen, Berlin 1912, S. 9 f.

einigtes Deutschland aufgelöst sehen wollten, noch von den Abgeordneten des deutschen Parlamentes in Frankfurt.

Für das neugegründete Kaiserreich Frankreich und den vom Volk gewählten Herrscher Napoleon III., gab es nicht den geringsten Anlaß, die Bewohner seiner östlichsten Departements zu befragen, ob sie damit einverstanden seien, dem französischen Staat auch weiterhin anzugehören.

Denn die französische Nation, das waren gemäß absolutistischem und später in der Revolution immer stärker ausgeprägtem zentralistischem Staatsverständnis ganz einfach alle Menschen, die innerhalb der Grenzen Frankreichs wohnten.

Nach 1849, als die Einheit von deutschem Volk, deutschen Staaten und dem aus ihnen zu bildenden Reich in der Verfassung der Paulskirche festgelegt worden war, galt für die deutschen Patrioten aller Stände als unumstößliche Wahrheit, daß die Nation sich nur auf dem Volkstum gründen könne. Nein, nicht das Volkstum, sondern die Staatsangehörigkeit entscheide über die Nationalität, so lautete es in Frankreich noch nach dem zweiten Weltkrieg, und das hätte bei einem anderen, für Frankreich erfolgreichen Ausgang des Krieges 1870/71 auch gegolten.

Die 1866 durch Napoleon III. im Namen Frankreichs erhobenen Ansprüche auf Teile des deutschen Rheinlandes als „Kompensation" für den Sieg Preußens über Österreich und die mit ihm verbündeten deutschen Staaten entsprachen ganz und gar dieser Gleichsetzung von Staatsbürger und Nationalität, die den Interessen einer auf äußere Machterweiterung ausgerichtete Staatsräson so nützlich war. Napoleon III. und seine verantwortlichen Minister und Berater wären nicht im Traum auf die Idee gekommen, nach einer etwaigen Abtretung deutschen Landes an Frankreich oder einer Eroberung der bayrischen Pfalz, des Saarlandes oder Rheinhessens dort eine Volksabstimmung durchzuführen und die Bevölkerung darüber abstimmen zu lassen, ob sie damit einverstanden sei, zu Frankreich zu gehören.

Das hieß aber keineswegs, daß man in Paris den propagandistischen Wert einer Volksbefragung im Zusammenhang mit der Einverleibung fremden Territoriums nicht erkannt hätte, und es ist interessant, in diesem Zusammenhang das Vorgehen der französischen Politik bei der Angliederung von Nizza und Teilen von Savoyen zu betrachten. Napoleon konnte und wollte sich in diesem Fall die liberale Geste einer Volksabstimmung leisten.

Er hatte diese Gebiete als Preis für seine Unterstützung des Königreiches Sardinien-Piemont im Krieg 1859 gegen Österreich gefordert, und König Viktor Emanuel konnte das nicht gut verweigern. Aus zwei Gründen mußte eine Abstimmung für Frankreich günstig ausfallen, was vermutlich auch zum Entschluß für einen solchen Schritt in Paris geführt hat.

Zum ersten war ein beträchtlicher Teil der neu erworbenen Gebiete von französisch sprechender Bevölkerung bewohnt. Zweitens versprach die Aussicht, zum Kaiserreich Frankreich zu gehören, bessere wirtschaftliche Möglichkeiten, weil sich Aussichten auf einen wesentlich höheren Lebensstandard eröffneten, als ihm das neue, noch unentwickelte Königreich Italien bieten konnte. (12)

2. ELSASS-LOTHRINGEN ALS REICHSLAND

Als 1871 der Wille der preußischen Regierung bekannt wurde, das Elsaß und Nordlothringen zu annektieren, legten die neugewählten Vertreter des Landes bei der französischen Nationalversammlung in Bordeaux feierlichen Protest gegen diese Absicht ein und erklärten, es sei der Wille der Bevölkerung, daß das Land für immer bei Frankreich bleiben solle.

Noch am 17.2.1871 stellte der elsässische Abgeordnete Keller vor der Nationalversammlung den Antrag, daß diese Departements in keinem Fall abgetreten werden dürften. Der Präsident Thiers sagte zwar dazu, er teile vollkommen die Gefühle der elsässischen Abgeordneten, wenn aber der Antrag angenommen würde, so hieße das soviel, als den Frieden geradezu auszuschlagen. (13)

Dem heutigen Betrachter der Ereignisse wie auch den damaligen französischen Nationalisten und Feinden Deutschlands muß es unbegreiflich erscheinen, daß es ausgerechnet eine streng formalrechtlich denkende und handelnde preußische Militärverwaltung war, die diesen Antrag ermöglicht hatte.

Als die republikanische Regierung 1870 in Paris die Wahlen zur neuen Nationalversammlung ausgeschrieben hatte, war über die

---

(12) Es ist allerdings bemerkenswert, daß es bei einem Teil der Bevölkerung in Nizza und Umgegend während des französisch-deutschen Krieges von 1870 zu antifranzösischen Kundgebungen kam. — Die neue republikanische Regierung in Paris verbot daraufhin die proitalienisch gesinnte Zeitung »Diretto«. — In der Folge entwickelte sich ein Aufstand, in dem die Lostrennung von Frankreich gefordert wurde. Dieser Aufstand wurde erst nach heftigen Straßenkämpfen durch rasch herbeigeführte Truppen und durch die Beschießung der Stadt durch Kriegsschiffe niedergeschlagen.
S. Menzel Bd. II a. a. O. S. 12.
(13) Menzel a.a.O., Bd. II S. 263.

Zukunft Elsaß-Lothringens in Berlin noch keineswegs entschieden worden, und zum Zeitpunkt der Wahlen war das Land offiziell noch nicht Bestandteil des Deutschen Reiches geworden.

Die das Land tatsächlich beherrschenden preußischen und bayrischen Militärbehörden gestatteten den unter ihrer Kontrolle noch weiter amtierenden französischen Zivilbehörden ohne jegliche Einmischung die ordnungsgemäße Durchführung der Wahlen, das heißt, die Aufstellung der Kandidaten, die Stimmabgabe der Wähler und die Stimmauszählung.

Daß einige zeitgenössische französische Zeitungen dazu bemerkten, die preußischen Militärbehörden hätten es aus Angst vor dem Zorn der Bevölkerung nicht gewagt, diese Wahlen in Elsaß-Lothringen zu verhindern, ist wohl nur aus der verzweifelten Stimmung des französischen Nationalismus jener Tage zu erklären, für den die Illusion und der Selbstbetrug letzte Waffen im Kampf gegen den übermächtigen Gegner waren.

Die Einstellung der Wähler war natürlich durch den Krieg und die Kriegsereignisse bestimmt; durch die Kämpfe, die sich im Lande abgespielt hatten, durch die Beschießung bei der Belagerung der Städte, durch Zerstörungen, Beschlagnahme und Einquartierungen. Daß bei den Wahlen eine prodeutsche beziehungsweise propreußische Richtung hätte auftreten können, war unter diesen Umständen unmöglich. Die Frage, über die die Bürger in Elsaß-Lothringen zu entscheiden hatten, war vielmehr die, ob man die neue republikanische Regierung in Paris anerkennen solle oder nicht und von welchen politischen Kräften das neue Frankreich nach dem Sturz des Kaisers getragen werden sollte.

In den Augen der französischen Regierung und der Bevölkerung Frankreichs galt selbstverständlich diese noch vor den Friedensverhandlungen durchgeführte Wahl und die Beteiligung der Bevölkerung daran als Volksentscheid gegen die von der deutschen Regierung geplante Annexion.

Formell und völkerrechtlich konnte das aber gar nicht möglich sein, da man erst nach Abschluß des Friedens durch ein entsprechendes Abkommen zwischen den vertragschließenden Parteien nach angemessener Frist der Bevölkerung diese Frage für Deutschland — für Frankreich zur Abstimmung hätte vorlegen können, eventuell unter der Leitung und Kontrolle durch eine neutrale Kommission. Zu einem solchen Verfahren war aber Frankreich nicht bereit und die neue deutsche Reichsregierung ebenfalls nicht, für die die Annexion ja schon eine beschlossene Sache war.

Eine liberale Geste der Befragung der Bevölkerung mochte auch der Reichskanzler von Bismarck nicht in Erwägung ziehen. Er war ursprünglich gegen die Annexion gewesen, hatte sich dann aber dem Standpunkt der militärischen Fachleute angeschlossen, daß eine Rückgliederung dieser ehemals zum Reich gehörenden Gebiete vor allem eine militärische Notwendigkeit sei.

Nur der dauernde Besitz dieses Landes, seiner Festungen und der natürlichen Sperren gegen das Land westlich der Vogesen bot nach dieser Meinung hinreichend Sicherheit vor künftigen französischen Revanche- beziehungsweise Eroberungsgelüsten.

„Elsaß-Lothringen war stets das Ausfalltor Frankreichs nach Deutschland gewesen. Insbesondere für Süddeutschland war Straßburg im französischen Besitz eine ständige Drohung und als solche ein Hindernis für die deutsche Einheit.

Der alte König Wilhelm von Württemberg hatte dies zu Bismarck lange vor dem Krieg ganz offen gesagt. Er beteuerte zwar seine eigene Bündnistreue, aber er bekannte auch, solange Straßburg ein Ausfalltor für die Franzosen sei, müsse er befürchten, daß sein Land von französischen Truppen überschwemmt werde, bevor ihnen der Deutsche Bund zu Hilfe kommen könne ...

Der Keil, sagte Bismarck, den die Ecke des Elsaß bei Weißenburg nach Deutschland hineinschob, trennte Süddeutschland wirksamer von Norddeutschland als die politische Mainlinie.

Bismarck wies darauf hin, daß Frankreich in dieser überlegenen Stellung jederzeit bereit war, der Versuchung zu einem Einfall in Deutschland zu erliegen, wann immer die politischen Verhältnisse eine Ableitung nach außen notwendig und nützlich machten. Noch am 6. August 1866 sei der französische Botschafter an ihn herangetreten, um ihm mit kurzen Worten das Ultimatum zu stellen, Mainz an Frankreich abzutreten oder die sofortige Kriegserklärung zu gewärtigen. ...

Somit bleibe nichts anders übrig, als diese Landstriche (das heißt Elsaß-Lothringen) mit ihren Festungen in deutsche Gewalt zu bringen, um sie selbst als Glacis (14) Deutschlands gegen Frankreich zu verteidigen und um den Ausgangspunkt etwaiger französischer Angriffe um eine Anzahl von Tagesmärschen weiter zurückzuverlegen". (15)

---

(14) Glacis — hier ein auf eine Landschaft übertragener Begriff aus dem Festungswesen. Das Glacis ist der äußere, übersehbare Teil der Festung einschließlich des Vorfeldes, das der Feind beim Angriff überqueren muß, wobei er schon frühzeitig bekämpft und aufgehalten werden kann.

(15) Brentano a.a.O., S. 134/135

Elsaß-Lothringen als Glacis, das war genau die gleiche Begründung, die die Republik Frankreich 1918 nach der Besetzung des Landes verbrachte. Diese Glacispolitik ist später auch zur Grundlage für die Planung des Baues der Maginotlinie geworden. Eine solche Politik, gleich, ob von Deutschland oder von Frankreich betrieben, war aber das Gegenteil der natürlichen Brückenfunktion des Landes zwischen den Völkern und schadete nicht nur Elsaß-Lothringens wirtschaftlicher und geistiger Entwicklung, sie schadete letzten Endes auch Deutschland und Frankreich in nationaler Hinsicht.

Daß es eine nationale Pflicht sei, diese dem Reich geraubten Gebiete zurückzugewinnen, war ein großdeutsch-nationaler Gedanke, der dem preußisch-aristokratischen Geist Bismarcks ebenso fern lag wie die Überlegung, die dort wohnende Bevölkerung über eine Frage entscheiden zu lassen, die in den Bereich der Staatsräson gehörte.

Mit einem für Deutschland positiven Ausgang einer Volksabstimmung war unmittelbar nach dem Krieg ohnehin nicht zu rechnen, allenfalls hätte Bismarck es als propagandistisch nützlich empfunden, wenn sich ein erheblicher Teil der Elsaß-Lothringer für einen Anschluß an das Reich ausgesprochen hätte.

Die Vorteile einer Eingliederung in das Reich überwogen nach der Ansicht der preußischen Politik die Schwierigkeiten, die sich aus der Frage ergaben, was denn nach der Einverleibung mit diesem Gebiet zu geschehen habe und wie es zu behandeln sei. (s. Anhang Nr. 1)

Nun ist der Gedanke dennoch erwägenswert, wie eine Volksabstimmung im Elsaß und deutschsprachigen Nordlothringen etwa 1873 oder 1874 ausgefallen wäre. Ähnlich wie nach 1683 würde die Berücksichtigung der Machtverhältnisse für viele Bürger ein gewichtiges Argument gewesen sein, das heißt die Überlegung, ob man nicht mit dem siegreichen und offensichtlich auch wirtschaftlich überlegenem Land gehen solle.

Eine solche pragmatische Entscheidung wäre auch ohne große innere Widerstände zu vollziehen gewesen, da man ja mit den Menschen in Deutschland durch Sprache, Kultur und Geschichte verbunden gewesen und geblieben war.

Der größte Teil der Bevölkerung, vor allem wohl die Mehrheit in den Städten, voran katholische Geistliche und die geistig und wirtschaftlich führenden Kreise des Bürgertums hätten sich wohl für einen Verbleib bei Frankreich ausgesprochen.

Für diese Menschen kam es neben der antipreußischen — das heißt zugleich auch antiprotestantischen — Einstellung auf die Bewahrung der geistigen und kulturellen Verbindung mit Frankreich und seinem politischen und wirtschaftlichen Liberalismus an. Sie konnten deshalb keinen Vorteil in einem Anschluß an Deutschland sehen, für sie war das lediglich eine Unterwerfung unter die preußische Herrschaft. Es war nur folgerichtig, daß viele bewußt französisch denkende Patrioten zu Tausenden das Land verließen, um in Frankreich, das bisher ihre geistige Heimat gewesen war, eine neue Heimat zu suchen. (16)

Das Verhalten der Mehrheit der Bevölkerung in Elsaß-Lothringen in den folgenden Jahrzehnten bestätigt die Annahme, daß es wohl bei einer Abstimmung im ersten Jahrzehnt nach dem Krieg eine klare Mehrheit profranzösischer Stimmen gegeben hätte.

Aber wieviel Prozent der Bevölkerung es genau gewesen wären, läßt sich eben nicht sagen, weil weder Deutschland noch Frankreich bereit waren, diese Probe auf das Exempel zuzulassen beziehungsweise zu fordern.

Wir müssen aber darauf hinweisen, daß die geschilderte profranzösische Haltung weiter Kreise nicht ohne weiteres auch als Bekenntnis der Zugehörigkeit zum französischen Volkstum zu werten ist oder als eine Absage an das Deutschtum und an die deutsche Nation.

Zu einer solchen Abstimmung, ob man sich im völkischen Sinn zur deutschen oder französischen Nation zähle, unabhängig von der tatsächlichen Staatsbürgerschaft, sind die Bürger des Landes aber niemals aufgerufen worden.

Wer 1871 gegen die Annexion durch das Deutsche Reich war, war, wie gesagt, in erster Linie für die Beibehaltung der gewohnten Verhältnisse im Land. Es war ein Bekenntnis zur gewohnten Lebensart, zur Heimat und eine Mißtrauenserklärung gegenüber all dem, was eine neue »*preußisch-protestantische Regierung*« dem Lande bringen mochte. (17)

---

(16) S. Lujo Brentano a.a.O., S. 26 f.

(17) Wie weit dieses Mißtrauen und der naive religiöse Fanatismus im Krieg gingen, sei noch einmal mit einer Bemerkung des schon mehrfach zitierten zeitgenössischen Historikers Wolfgang Menzel unterstrichen: „*Groß ist der Frevel dieser Zeloten (Eiferer). Nicht nur haben sie in Elsaß und Lothringen die Bauern dadurch zu fanatisieren versucht, daß sie überall verbreiteten: die Preußen kämen, um sie lutherisch zu machen, — ‚ditsch werden wir ja gerne, aber katholisch möchten wir doch schon bleiben', — jammerten mir die Leute in Reigny de la Salle vor — ich habe selbst das Dorf gesehen, in welchem die deutschen Verwundeten von den Schulkindern mißhandelt wurden, und auf erhobene Nachforschung, wer ihnen das eingegeben, antworteten die Knaben und Mädchen: der Schullehrer und der Pfarrer!*“ — Menzel a.a.O. Bd. 1 S. 176/77

Es war sicherlich eine falsche Auslegung der Tatsachen, wenn man in Paris den Standpunkt vertrat, die antipreußische Einstellung vieler Elsässer und Lothringer sei eben auch eine ablehnende Haltung gegenüber Deutschland und seiner Bevölkerung.

Auch von einer anderen Lösung wurde damals gesprochen, nämlich von der Möglichkeit, dem Land eine Autonomie zu gewähren, die es zu einem selbständigen europäischen Staat gemacht hätte. Das Beispiel der Schweiz und des erst seit wenigen Jahren neutralisierten Luxemburg wäre vielleicht von vielen Einwohnern begrüßt worden, wenn dieser Ausweg von Deutschland und Frankreich gemeinsam beschlossen und garantiert worden wäre.

Die Folge wäre die Entstehung eines von der Nordsee bis zu den Alpen reichenden Gürtels von Kleinstaaten gewesen, der, was die französisch-deutsche Rivalität betraf, trennend und mäßigend gewirkt hätte und zugleich durch Wirtschaft, Verkehr und lebendige kulturelle Ausstrahlung nach West und Ost zu einer wirklichen Brücke und Verbindung zwischen germanischen und romanischen Stämmen geworden wäre — eine selbständige freie Entwicklung des alten Lotharingien, ähnlich dem Burgunderreich im 15. Jahrhundert, offen nach Ost und West für beide Kulturen.

In der bereits zitierten Schrift *»Elsässer Erinnerungen«* macht Lujo Brentano einige Anmerkungen, die erkennen lassen, daß in der katholischen Geistlichkeit, die stets die deutsche Muttersprache, die Sitten und Bräuche alemannisch-fränkischen Volkstums gegenüber französischer nationalistischer Überfremdung verteidigt hatte, ein politisch selbständiges Elsaß-Lothringen eine starke Stütze gefunden hätte. (18)

Selbständigkeit zwischen Deutschland und Frankreich, das hätte wohl auch im Bewußtsein vieler Brüger den Traditionen des Landes und ihrem Selbstbewußtsein durchaus entsprochen.

Mit einer solchen Lösung war aber weder Frankreich einverstanden, das niemals in eine Trennung einzuwilligen bereit war, auch dann nicht, wenn die Bevölkerung es gewollt hätte, noch das siegreiche Preußen-Deutschland. Bismarck und seine politischen Berater hatten sich zwar mit dieser Idee eines elsaß-lothringischen *»Pufferstaates«* beschäftigt, waren aber zu dem Schluß gekommen, daß es ein *„für Deutschland schädliches, für Frankreich nützliches Truggebilde"* werden müsse, *„denn die starken, in Elsaß-Lothrin-*

(18) Brentano a.a.O., S. 38/39

gen verbleibenden französischen Elemente, die mit ihren Interessen, Sympathien und Erinnerungen an Frankreich hingen, würden diesen neutralen Staat, wer immer sein Souverän sein möchte, bei einem neuen französisch-deutschen Krieg bestimmen, sich Frankreich wieder anzuschließen." (19)

Die grundsätzlich feindliche Einstellung des französischen Nationalismus gegen das neue Deutsche Reich hätte sich aber auch bei einer Neutralisierung der abgetretenen Departements nicht entscheidend geändert. Allenfalls wären die Revancherufe in der französischen Presse etwas weniger laut gewesen, wovon später noch zu reden sein wird.

3. DER AUSGANG DES ERSTEN WELTKRIEGES ENTSCHEIDET ÜBER DIE ZUKUNFT DES LANDES

Eine Generation später, nach der Jahrhundertwende, war zwar in Frankreich der Ruf nach Rückgewinnung Elsaß-Lothringens schwächer geworden, und auch die Bevölkerung des Landes hatte sich daran gewöhnt, ein Teil des Deutschen Reiches zu sein, aber die Erinnerung an die Zugehörigkeit zu Frankreich, an seine Kultur und Lebensart blieb bei den Elsässern und Lothringern ebenso lebendig wie die Erinnerung an diese ehemals französischen Departements bei den französischen Nachbarn. Es genügten dann schon einzelne, für die Nationen unwesentliche Ereignisse, wie die »Zaberner Affäre«, (20) daß durch die Presse und vielfältige Agitation und Stellungnahme bis in den Deutschen Reichstag und das französische Parlament die Frage nach dem Schicksal Elsaß-Lothringens wieder für einige Zeit in den Blickpunkt der Betrachtung gerückt wurde.

---

(19) Brentano a.a.O., S. 135.
    Das bestätigt auch der autonomistisch gesinnte elsässische Politiker August Schneegans, der von diesen Bismarck'schen Autonomieplänen wußte. Er erwähnt aber auch, daß vor allem die profranzösische Bourgeoisie eine solche Lösung vereitelte. Entsprechend reagierte die französische Regierung, weil sie sehr wohl ahnte, daß die Elsaß-Lothringer auf die Dauer stärker und fester an das Reich gebunden werden würden, wenn man ihnen ein eigenes Staatswesen zubilligte, mochte es auch formal unabhängig sein.
(20) 1913 kam es in der Garnisonstadt Zabern zu Unruhen und Demonstrationen, meist jugendlicher Bürger, gegen das preußische Militär, als Reaktion auf eine taktlos — beleidigende Äußerung über die Elsässer, die ein junger Leutnant in einer Instruktionsstunde seinen Soldaten gegenüber getan hatte. Die Lust der Jugend am Krawall, die Gelegenheit für die Erwachsenen die *»Arroganz und Überheblichkeit«* preußischer Offiziere zu kritisieren, die unsichere Reaktion der Militärbehörden ließen eine Lage entstehen, in der es überhaupt nicht mehr möglich war, das Richtige zu tun. Die Agitation in Politik und Presse in Frankreich und Deutschland benutzte diesen Vorfall und machte ihn überhaupt erst zu einer *»Affäre«*.

Die Regierung, von Preußen im »*Reichsland*« Elsaß-Lothringen zunächst durch einen Gouverneur ausgeübt, versuchte vor allem bei den Schichten der Bevölkerung Unterstützung zu finden, die noch sehr selbstbewußt und eindeutig ihre Bindung an Frankreich betonten — bei dem Adel, der höheren Geistlichkeit und dem gebildeten Bürgertum. Das entsprach dem preußischen Regierungsstil, sich auf die oberen Klassen im Staat zu stützen und nicht auf die breite Schicht der Bauern, Arbeiter und Handwerker.

Aber gerade diese Schicht der Bevölkerung war in Sprache, Lebensart und Kleidung noch weitgehend deutsch im Sinne des Volkstums. Sie hätte man zu allererst für das deutsche Nationalbewußtsein gewinnen müssen. Eine Regierung von oben nach unten, das hatte es im Kaiserreich Napoleons III. und vorher ja auch gegeben. Aber gerade in diesem Fall konnte die Kontinuität des Regierungsstils keinen Erfolg haben, da, wie gesagt, eben die Kreise, um die man sich bemühte, innerlich eine Zusammenarbeit mit den neuen deutschen Behörden ablehnten und sich den eingewanderten »*preußischen Kolonisatoren*« an Kultur und Geschmack überlegen fühlten.

1875 gab es eine Änderung der Regierungsform. Man ließ eine gewählte Landesvertretung aller Stände bei der Regierung in Straßburg zu, aber dieser sogenannte Landesausschuß hatte nur eine beratende Stimme. Von einer größeren Selbständigkeit im Rahmen der Bundesverfassung, wie sie die anderen Staaten des Reiches hatten, konnte keine Rede sein.

Erst 1911 erhielt das Land eine völlig neue Verfassung. Jetzt war es offiziell ein Bundesstaat innerhalb des Reiches geworden mit Stimmrecht im Bundesrat. An der Spitze der Regierung stand ein Statthalter, vom Kaiser unter Gegenzeichnung des Reichskanzlers ernannt. Er war dem elsaß-lothringischen Landtag auskunfts- und rechenschaftspflichtig. Er konnte von den Abgeordneten kritisiert, aber nicht abgesetzt werden. In der Landesgerichtsbarkeit und Landesgesetzgebung dagegen hatte die Bevölkerung Elsaß-Lothringens bereits die volle Autonomie erreicht. *„Das Land befand sich in einer Zwitterstellung zwischen Reichsland und Bundesland, wohl auf dem Wege dorthin, ein Fortschritt gegenüber 1879."* (21) Man hatte jetzt zwar mehr Rechte und Freiheiten als in der Zeit, in der das Land zu Frankreich gehört hatte, aber man war mit den Verhältnissen nach wie vor nicht völlig zufrieden.

---

(21) Karl-Heinz Rothenberger in „Die els.-lothr. Heimat- und Autonomiebewegung zwischen den beiden Weltkriegen." S. 23/24

Der Prozeß der Eindeutschung war fortgeschritten, aber noch keineswegs beendet. Es ist jedoch sicher, daß Elsaß-Lothringen über kurz oder lang wohl eine rechtliche und tatsächliche Gleichrangigkeit mit den deutschen Nachbarländern wie Baden und Württemberg erhalten hätte. Das wäre eine gute Grundlage für eine auf die Zwangsheirat folgende Vernunftehe mit Deutschland geworden, die sich bei der nachwachsenden Generation zum Nutzen des Landes weiter gefestigt hätte. Die außenpolitische Entwicklung nach 1911 ließ diese Ansätze aber nicht mehr zur Reife gelangen.

Gemäß den Richtlinien der Außenpolitik Frankreichs blieb die Wiedergewinnung der 1871 abgetretenen Departements nach wie vor eines der Hauptziele. Während der Verhandlungen mit Rußland über eine Militärkonvention (1893—94) sprach der Journalist und Politiker Clemenceau es mit schonungsloser Offenheit aus, daß der Sinn eines solchen Bündnisses für Frankreich vor allem in der Möglichkeit liege, Deutschland mit Hilfe Rußlands zu besiegen und Elsaß-Lothringen zurückzuerobern: *„Der Friede des status quo, den man uns als die Grundlage des Bündnisses (d. h. Frankreich — Rußland) nennt, ist der Friede unserer Verstümmelung (d. h. der Abtretung Elsaß-Lothringens), ist der deutsche Friede. Wir wollten, daß Rußland, nachdem es der Spießgeselle unserer Niederlage war, (22) das Werkzeug unserer vollständigen Wiederaufrichtung, das heißt — um die Dinge bei ihrem Namen zu nennen —, unserer Revanche werde. Wenn wir das Gegenteil sagen würden, würde uns niemand glauben. Es ist daher einfacher, es zuzugeben.* (23)
Der Krieg, der dann 1914 ausbrach und zu dem auch der genannte Vertrag mit beigetragen hatte, war kostspieliger, fürchterlicher und dauerte länger, als man vermutet und befürchtet hatte.
Er verlangte der französischen Nation so große Opfer ab, daß es für jeden patriotischen Franzosen keiner langen Kriegszieldiskussion bedurfte. Elsaß-Lothringen mußte wieder zu Frankreich kommen, wenn die furchtbaren Opfer und Anstrengungen überhaupt einen Sinn für die Nation haben sollten.
Es gab wohl Stimmen in den sozialistischen Fraktionen in Großbritannien und Frankreich, die 1915 und 1916 auch auf internationa-

---

(22) Rußland war 1871 nicht bereit gewesen, den Wünschen Frankreichs zu entsprechen, statt neutral zu bleiben, Preußen den Krieg zu erklären.

(23) Zeitungsartikel Clemenceaus, zitiert nach: Geschichte in Quellen Bd. IV, S. 567 München 1980 (Bayerischer Schulbachverlag)

len Sozialistenkongressen den Grundsatz bekräftigten, daß man bei einem Sieg der Alliierten über Deutschland die Bevölkerung von Elsaß-Lothringen über ihre Zukunft abstimmen lassen und selbst entscheiden lassen müsse, ob ihr Land deutsch bleiben oder wieder französisch werden sollte. (24)

Aber die französischen Sozialisten, die diesen Standpunkt des Rechtes der Bevölkerung auf Selbstbestimmung vertraten, waren eine sehr geringe Zahl, und ihre Äußerungen riefen keinen großen Widerhall in Frankreich hervor.

Je länger der Krieg dauerte, desto weniger Mengen in Frankreich waren bereit, das Kriegsziel Elsaß-Lothringen aufzugeben.

Im Juni 1918, als nach der Niederlage Rußlands die neue Sowjetregierung einen Frieden ohne Annexionen gefordert hatte und der Kernsatz der Politik des Präsidenten Wilson, das Selbstbestimmungsrecht der Völker müsse die Grundlage des Friedens sein, überall in der Welt erörtert wurde, verkündete die französische Regierung noch einmal offiziell als Hauptziel ihren Anspruch auf Elsaß-Lothringen.

Sie erklärte, man werde Elsaß-Lothringen im Sinne einer »desannexion« einfach von Deutschland zurücknehmen, das heißt den entsprechenden Paragraphen des Friedensvertrages von Frankfurt, in dem Frankreich 1871 diese Gebiete abgetreten hatte, als ungültig erklären.

Diese »Rückgängigmachung« der deutschen Annexion von 1871 war somit nach der amtlichen französischen Darstellung keine Annexion deutschen Gebietes, und das Selbstbestimmungsrecht der Völker habe damit nichts zu tun, außerdem habe sich Elsaß-Lothringen damals durch die Erklärung seiner gewählten Vertreter für den Verbleib bei Frankreich ausgesprochen.

Es war selbstverständlich, daß die deutsche Regierung dieser Rechtsauffassung entgegentrat und sie als völlig falsch zurückwies. Selbst als eine so hochstehende und unparteiische Persönlichkeit wie der damalige Papst Benedikt IX unmißverständlich darauf hinwies, daß man bei allen territorialen Streitfragen der kriegführenden Parteien im Interesse der Bevölkerung den Weg einer Verständigung gehen möge, sah die französische Regierung keinen Anlaß, von ihrem Grundsatz, Desannexion sei keine Annexion, abzuweichen. In seiner Friedensnote vom 1.8.1917 an die kriegführenden Mächte forderte der Papst dazu auf: . . . „die zwischen Österreich

---

(24) Gerhard Ritter — Staatskunst und Kriegshandwerk, Bd. IV S. 444, München 1960

und Italien (25) *und Deutschland und Frankreich strittigen Fragen
zu prüfen, mit versöhnlichen Richtlinien — nach Maßgabe des Gerechten und Möglichen den Wünschen der Völkerschaften Rechnung zu tragen."* (26)
Das starre Festhalten an ihrem Ziel ist nur zu verständlich, weil die
französische Regierung noch im Herbst 1917 nicht voll und ganz
auf die Unterstützung durch ihre Verbündeten in der Frage Elsaß-Lothringen rechnen konnte.
Vor allem die Regierung der USA hatte sich in ihrer Antwort auf
die Frage, was mit diesem Land zu geschehen habe, nicht eindeutig
festgelegt. Man darf annehmen, daß dies erst unter dem Eindruck
der deutschen Ostpolitik gegenüber Rußland geschah, deren
Grundsatz der uneingeschränkte Siegfrieden war, der Deutschlands
Stellung im Westen stärken und es zum militärischen Sieg auch an
dieser Front befähigen sollte.
*„Bei Wilson und seinen Beratern waren die moralischen Hemmungen (d. h. in bezug auf Elsaß-Lothringen ohne Volksabstimmung
zu entscheiden) noch im Januar 1918 so stark, daß sie im ersten
Entwurf der berühmten Kongreßbotschaft vom 8. Januar 1918, des
‚14-Punkte Programms' stillschweigend übergangen wurden; im
zweiten Entwurf hieß es: ‚falls Elsaß-Lothringen Frankreich wieder
zugeteilt wird, sollte Deutschland eine gleiche Vergünstigung zuteil
werden.' Erst im letzten Moment hat der Präsident das gestrichen
und die Formulierung gefunden ‚das Unrecht, das Frankreich 1781
von Preußen angetan wurde und das den Frieden der Welt fast fünfzig Jahre lang gestört hat, sollte (nicht: muß) ausgeglichen werden'
— eine Wendung, die immer noch offenließ, ob und in welcher
Form das geschehen und ob dazu etwa eine Befragung der Bevölkerung gehören sollte."* (27)
Die Politik Deutschlands gegenüber Elsaß-Lothringen mußte, bedingt durch die Kriegsereignisse, zu einer Verhärtung und Verschlechterung in den Beziehungen der Regierung zur Bevölkerung
führen. Zu Beginn des Krieges ging auch im Reichsland die Mobilmachung reibungslos vor sich, es gab auch einige Tausend Kriegsfreiwillige, aber viele antideutsche Politiker, unter ihnen der bekannte Publizist Abbé Wetterle, verließen das Land, etwa 3000 junge Leute entzogen sich dem Wehrdienst durch Flucht. (28) Dazu

(25) D. h. der Anspruch Italiens auf ganz Südtirol und das Kanaltal in den Karnischen Alpen.
(26) Wolfgang Schieder (Hrsg.): Friedensappell Benedikts XV, Wiesbaden 1970.
(27) Gerhard Ritter: Staatskunst und Kriegshandwerk, Bd. IV. S. 173/74, München 1860
(28) Ritter a.a.O., S. 163/64.

kam die Tatsache, daß in der französischen Armee viele der nach 1871 nach Frankreich ausgewanderten Bürger beziehungsweise deren Söhne kämpften. (29)

Für das Land zwischen den großen Nationen war der Krieg damit in gewisser Weise eine Art Bruderkrieg geworden, da es Freunde und Verwandte auf beiden Seiten der Front gab.

Mit der Stabilisierung der Westfront im Winter 1914 wurde ganz Elsaß-Lothringen zum Kriegs- und Etappengebiet. Zu Beginn der Kämpfe hatten französische Truppen einige Ortschaften im südlichen Elsaß besetzt. Sie waren zwar wieder bis dicht an die Grenze zurückgedrängt worden, aber die deutschen Behörden hatten beobachten müssen, daß die französischen Soldaten dort von einem Teil der Bevölkerung freudig begrüßt worden waren.

Wachsamkeit und strenge Kontrolle schienen geboten. Die deutschen Militärbehörden im Land handelten entsprechend den Grundsätzen der militärischen Sicherheit, man kontrollierte, verhaftete, bestrafte, oft ohne wirklich zureichenden Grund, und die Atmosphäre des Mißvergnügens und des Mißtrauens gegenüber der Regierung wuchs rasch an.

Um der französischen Propaganda zu begegnen, die immer wieder behauptete, daß das Land innerlich auf der Seite Frankreichs stehe und Deutschland es nicht wagen könne, die Bevölkerung öffentlich über ihre Haltung zum Reich zu befragen, war es dringend geboten, eine politische und nicht nur militärische Antwort zu geben. Diese hätte eigentlich nur in der Gewährung der uneingeschränkten Rechte eines Staates innerhalb des Reichsverbandes bestehen können, gleichgültig für welche Regierungsform sich dann der elsaßlothringische Landtag nach eigenem Ermessen entschieden hätte oder wem er die Krone dieses neuen selbständigen Herzogtums angetragen hätte. Es war zu erwarten, daß der Landtag eine solche Entscheidung freudig begrüßt und ohne weiteres auch ein öffentliches Loyalitätsbekenntnis zur Bindung an Deutschland abgegeben hätte.

Bis dat — qui cito dat, wer schnell gibt, gibt doppelt! Darauf kam es jetzt an, um vor aller Welt die Einigkeit Deutschlands mit Elsaß-Lothringen zu beweisen. Aber gerade eine solche rasche und eindeutige Entscheidung wurde nicht getroffen, obwohl jetzt im Krieg die Zeit drängte, gerade nach der von Frankreich 1917 abgegebenen Desannexionserklärung. Die Reichstagsmehrheit, bestehend aus

---

(29) Ritter a.a.O. S. 164 — Nicht weniger als 300 Generäle und Stabsoffiziere der damaligen französischen Armee waren geborene Elsässer.

Abgeordneten des Zentrums, der Sozialdemokraten und Liberalen, war dafür. Größtmögliche Freiheit für Elsaß-Lothringen, auch wenn der französische Einfluß noch eine Generation lang spürbar und wirksam bleiben sollte; — denn — haben wir den Krieg verloren, haben wir Elsaß-Lothringen sowieso verloren. Diesem Entschluß konnte die Reichsregierung nur teilweise zustimmen, das politische Risiko einer umfassenden Autonomie war ihr zu groß, und für die Oberste Heeresleitung war eine solche Politik gerade jetzt im Krieg eine Gefährdung der Sicherheit des ganzen Reiches. General Ludendorff erwartete diese Sicherheit für die Oberrheingrenze nur von einer Politik der Härte und Strenge gegenüber den unsicheren Kantonisten, die die Elsässer in seinen Augen waren.

Auf Anordnung der OHL waren die elsaß-lothringischen Divisionen daher auch vorwiegend an der Ostfront eingesetzt. Das war zwar eine sinnvolle Entscheidung, was die bereits erwähnte Bruderkriegssituation betraf, aber andererseits war sie eine Mißtrauenserklärung gegenüber den Soldaten aus dem Reichsland, die doch in ihrer überwältigenden Mehrheit als deutsche Soldaten bereit waren, ihrem Eid getreu tapfer ihre Pflicht zu tun, egal an welcher Front. Daß der französische Nationalismus nach einer Rückeroberung des Landes für sie und auch für das Schicksal ihrer Hinterbliebenen wenig Verständnis haben würde, war ihnen ohnehin klar.

Eine weitere entscheidende Schwierigkeit, sich auf deutscher Seite rasch und öffentlich zugunsten des Reichslandes zu äußern, bestand darin, daß sich im Herbst und Winter 1917/18 die Frage des Besitzes des Landes mit den Winkelzügen monarchisch-fürstlicher Politik verknüpfte. So war schon bald nach Beginn des Krieges erwogen worden, Elsaß-Lothringen zwischen Preußen und Bayern zu teilen, um das Land zu beruhigen und besser beherrschen zu können. Diese Kabinettspolitik im Stile des 19. Jahrhunderts wurde nun fortgesetzt, als sich 1917 und im Frühjahr 1918 auch das badische und württembergische Herrscherhaus mit Ansprüchen auf die Herrschaft über das Land oder Teile des Landes meldeten. Das hing zusammen mit den Plänen, in den baltischen Ländern, die sich unter deutschem Schutz und Einfluß von Rußland getrennt hatten, Herrscher aus dem preußischen, bayrischen oder württembergischen Haus einzusetzen. Für den, der bei diesen ehrgeizigen Plänen zu kurz kam, war der Anspruch auf Elsaß-Lothringen nun gewissermaßen ein Kompensationsobjekt.

Mit der Verschlechterung der militärischen Lage Deutschlands im Sommer 1918 wurde die tatsächliche Militärdiktatur im Lande als immer drückender empfunden. Das klare Wort über die Zukunft Elsaß-Lothringens wurde in Berlin nicht gesprochen, und die Bürger spürten, daß unter den Umständen der Regierungs- und Verfassungsänderungen im Reich eine Entscheidung über den Status Elsaß-Lothringens auch nicht von heute auf morgen herbeizuführen war. Das Schicksal des Reichslandes blieb in der Schwebe, und so konnte sich in den letzten Kriegsmonaten ganz sicher keine Mehrheit des durch die Kriegsverhältnisse in seinen Rechten ohnehin stark beschränkten Landtages finden, die freiwillig eine bindende Erklärung abgegeben hätte, für immer und unter allen Umständen ein Gliedstaat des Deutschen Reiches zu bleiben.

Je mehr mit einem Sieg Frankreichs und seiner Verbündeten zu rechnen war, desto mehr trieb das Land gleichsam instinktiv von Deutschland fort, auf Frankreich zu, denn jeder wußte, daß bei einer eindeutigen Niederlage Deutschlands Frankreich keinerlei Verhandlung über Elsaß-Lothringen zu führen bereit war und daß man gut daran tat, sich in das kommende Schicksal zu fügen, das dem Land bestimmt sein mochte.

Als schließlich die Armeen des deutschen Kaiserreiches 1918 vor der feindlichen Übermacht kapitulieren mußten, war für die französischen Truppen die Stunde des Einmarsches in das Reichsland Elsaß-Lothringen gekommen. War es die Befreiung nach langer Fremdherrschaft?

Im Verhalten der Bewohner spiegelten sich unterschiedliche Empfindungen wider: Die Freude über das Ende des Krieges mit seiner Not und seinen Entbehrungen (30), dazu eine gewisse Genugtuung, daß man die Preußen los war, die Gewißheit, daß das Land wieder französisch werden würde, die immer noch bei vielen Bürgern lebendige Sympathie für die französische Kultur und Lebensart. Man war sich aber auch, vor allem bei vielen Menschen der mittleren und jüngeren Generation bewußt, daß diese zu erwartende Trennung von Deutschland auch den Verlust der Heimat im weiteren Sinne bedeutete und die Frage aufwarf, ob es gelingen werde, sich in die neuen Verhältnisse zu fügen.

---

(30) Der keineswegs reichs- und preußenfreundliche Elsässer Abbé Wetterle, der stets eine profranzösische Richtung vertreten hatte, sprach das einige Jahre nach 1918 offen aus: *„Die Elsässer hätten im November 1918 die Chinesen ebenso begeistert begrüßt, wie die Franzosen, wenn sie als Befreier von Krieg, Hunger und Not einmarschiert wären."* Robert Ernst: Rechenschaftsbericht eines Elsässers, S. 113/114.

Daß man fast fünfzig Jahre aus der Geschichte des Landes nicht einfach übergehen und aus dem Leben der Menschen streichen konnte, war jedem Einsichtigen klar, auch den einmarschierenden Siegern, aber die ersten Wochen nach Kriegsende mit ihrer Fülle von Ereignissen drängten diese Überlegungen zunächst in den Hintergrund. Für die vordergründig agierende und argumentierende französische Propaganda war die Sache recht einfach. Die Tatsache, daß sehr viele Bürger in Stadt und Land, aus welchen Gründen auch immer, französische Fahnen aus den Fenstern hängten, daß die Menschen auf die Straßen gingen, teils aus Neugier, teils aus Freude, teils als abwartende Beobachter, um den Einmarsch und die Paraden mit Militärmusik in Metz, Straßburg, Mülhausen, Colmar, Schlettstadt und in anderen Orten zu betrachten, das reichte vollkommen für die Pariser Presse, um Frankreich und der Welt mitzuteilen, daß die »verlorenen Departements« glücklich waren, in den Schoß der großen französischen Mutternation, der »mère patrie« zurückgekehrt zu sein. Falls es noch weiterer Beweise bedurfte, konnte man die Begrüßungsadressen und Reden zitieren, mit denen die Bürgermeister der elsässischen und lothringischen Städte und Gemeinden die einziehenden Franzosen willkommen hießen — was hätten sie auch sonst sagen sollen, wenn sie nicht als verdächtig gelten, ihrer Ämter enthoben und wie so viele eingewanderte Preußen und Süddeutsche sofort des Landes verwiesen werden wollten?

Diejenigen Bürger, die zuhause blieben, abwartend, skeptisch bis feindlich, wurden nicht gezählt, und ihre Stimmen erschienen nicht in der Presse. Aber das alles entsprach ja dem Lauf der Welt und dem üblichen Verhalten der Menschen, ob unbedeutend oder mächtig bei solchen Ereignissen. Es ist wohl eine zutreffende Beobachtung, die die Mehrzahl der zeitgenössischen Historiker in beiden Ländern teilt, daß die politisch durch ihr wechselvolles Schicksal gereifte Bevölkerung dieses Grenzlandes bereit war und bereit sein mußte, sich in die durch den Ausgang des Krieges entstandene neue Lage zu schicken und sich wieder in die Republik Frankreich eingliedern zu lassen. Sie konnte das auch deshalb akzeptieren, weil damit der wirtschaftliche Vorteil gegeben war, an der Seite des Siegers den drückenden Lasten zu entgehen, die die nahe Zukunft den deutschen Landsleuten im Reich unvermeidlich bringen würde. Zudem nahm man an, als Grenzland auch weiter die nützliche Verbindung mit Deutschland, seiner Sprache und Kultur aufrechterhalten und die alten Verbindungen mit den pfäl-

zischen und badischen Nachbarn weiter pflegen zu können.
Insgesamt schien dieser erneute Wechsel der Staatsbürgerschaft
auch für diejenigen, die ihn nicht begrüßten, erträglich zu sein.
Ganz sicher war er weniger tiefgreifend, als es die politische Trennung der deutschsprachigen Bevölkerung in den Sudetengebieten,
in Westpreußen, Oberschlesien, Memelland, Kärnten und Südtirol
war, die nach 1918 ganz und gar gegen ihren Willen zu tschechischen, polnischen, litauischen, jugoslawischen und italienischen
Staatsbürgern gemacht wurden.

4. WAS ZU FRANKREICH GEHÖRT MUSS FRANZÖSISCH SEIN!

Der äußere Prozeß der von der Republik Frankreich vorgenomme-
nen „Desannexion" Elsaß-Lothringens war verhältnismäßig ruhig
abgelaufen. Die Nachkriegsregierungen in Paris waren sich aber
durchaus im klaren, daß bei einer freien Volksabstimmung ein bis
zwei Jahre nach dem Krieg im ehemaligen Reichsland doch wohl
eine beachtliche Zahl von Bürgern für den Verbleib bei einem neu-
en republikanisch-demokratischen Deutschland gestimmt haben
würde. Das Land hätte sich dann gleichberechtigt mit den anderen
im Reichsrat vertretenen Ländern, gestützt auf die Weimarer Verfassung, in föderalistischem Sinn entwickeln können. Wieviele
Menschen es sein mochten, die so dachten und so abgestimmt hätten, das ließ sich natürlich nicht sagen, und eine Probe aufs Exempel hatte das siegreiche Frankreich nicht nötig. Wozu hätte man ein
solches Abstimmungsrisiko eingehen sollen? Antifranzösische
Stimmen hätte es gegeben, das konnte politisch nur nachteilig wirken. Bei den »alemannischen Dickschädeln« — das waren die Bewohner des Landes in den Augen der Franzosen nach wie vor —
waren unerwünschte Trotzreaktionen immer möglich.
Bei genauer Betrachtung hatten sie sich ohnehin, abgesehen von
den »patriotischen« Kundgebungen der ersten Wochen nach dem
Waffenstillstand, keineswegs als so glücklich und dankbar für die
»Befreiung« gezeigt, wie die französische Presse es sich und ihren
in- und ausländischen Lesern eingeredet hatte.
Die Erfahrungen, die die Regierung in Berlin nach 1871 mit den Elsässern und Lothringern gemacht hatte, wurden auch bei den wirklich sachverständigen Politikern in Paris keineswegs übersehen. Mit
der »Befreiung« fingen ja die Schwierigkeiten erst an.

Wie war nun dieses Land zu behandeln? Waren die Bürger allesamt echte Franzosen im Sinne des Nationalbegriffes oder nur nominell französische Staatsbürger, die man erst mit politischen und kulturellen Maßnahmen wieder zu echten französisch denkenden und fühlenden Patrioten machen mußte?

Sollte Frankreich damit beginnen, die alten alemannischen Wurzeln und Traditionen anzugreifen und vor allem die deutsche Mundart, die ja zugleich die Verbindung der Einwohner mit den deutschen Nachbarstämmen im Reich und in der Schweiz erleichterte, einzuschränken, um sie langsam oder mit Hilfe drastischer Verordnungen und Verbote rasch absterben zu lassen?

Oder sollte man sich systematischer Romanisierungsversuche enthalten und den Charakter des Landes bewahren und sich entwickeln lassen wie zur Zeit der Bourbonenkönige, voller Vertrauen auf die Anziehungskraft Frankreichs?

Genügte es zu wissen, daß das Land wieder ein Teil Frankreichs war, daß die Bevölkerung genötigt war, sich gemäß dem französischen Zentralismus nach Paris zu orientieren und daß sie ohnehin genötigt war, die französische Sprache im Verkehr mit den mittleren und oberen Behörden anzuwenden?

Wie war der Standpunkt der Staatsräson im Fall Elsaß-Lothringens? Frankreich hat gesiegt, wir haben das Land zurückgewonnen, nun muß es für alle Zeiten französisch bleiben!

Vielleicht werden wir bald das Saarland und etwas später das linksrheinische Deutschland vom Reich abtrennen und Frankreich einverleiben. Wenn wir dann auf Dauer die neue Grenze behalten wollen, ist das Elsaß kein Grenzland, kein Glacis mehr.

Es muß also ein echter Bestandteil des französischen Kernlandes werden, um Ausstrahlungs- und Integrationskraft für die künftige französische Rheinprovinz zu besitzen. Daher ist es notwendig, unverzüglich mit einem umfassenden Romanisierungsprogramm in diesen deutschsprachigen Departements zu beginnen. Es ist eine ganz andere und viel dringendere Sache als die Frage der Behandlungen der anderen sprachlichen Minderheiten wie z. B. im französischen Flandern oder den baskischen Gebieten an der Grenze zu Spanien.

Hier, an der deutschen Grenze, ist keine Zeit zu verlieren.

Im Schulwesen, in der Presse, im kulturellen und gesellschaftlichen Leben sollen die französische Sprache und französischer Stil vorherrschend sein und den Charakter des Landes und vor allem der jungen, nachwachsenden Generation deutlich prägen. Es wäre daher auch völlig verfehlt, die Bevölkerung über solche Pläne und Maßnahmen mit entscheiden zu lassen; es wäre geradezu eine Beleidigung der im Krieg für Frankreich und damit für die Befreiung Elsaß-Lothringens gefallenen französischen Soldaten. Gegenüber der französischen Nation, gegenüber den Wählern, gegenüber der nationalgesinnten Presse und dem nationalen Block der Kammerdeputierten konnte es also in den ersten Nachkriegsjahren keine andere Politik geben. Das Schicksal Elsaß-Lothringens mußte in Paris beschlossen und von dort gelenkt werden, an Föderalismus und Regionalisierung und der Mitwirkung einer elsässischen Volksvertretung war nicht zu denken.

Die gewählten Abgeordneten der elsässischen und lothringischen Bevölkerung konnten zwar in der Kammer in Paris zu diesen Fragen Stellung nehmen und Anträge einbringen, aber gegen die politische Richtung, die die Staatsräson gebot, konnte sie nicht angehen.

In einer klaren und schlüssigen Analyse legt der Historiker Karl-Heinz Rothenberger die Schwierigkeiten dar, die sich für Frankreich aus einer solchen, lediglich am Staatsinteresse orientierten Politik ergeben mußten, weil eine nüchterne, sachliche Prüfung der Voraussetzungen und der tatsächlichen Verhältnisse nicht vorgenommen worden war.

„Es muß von der Tatsache ausgegangen werden, daß die Sieger des Ersten Weltkrieges Elsaß-Lothringen nicht das Selbstbestimmungsrecht gewährt haben, das sie als politisch-ideologisches Postulat zu ihrem Grundsatz erhoben hatten, sondern sich mit der einfachen ‚désannexion‘ begnügten, das heißt, einer bedingungslosen und vorbehaltlosen Rückgabe des Landes an Frankreich.

Dies war um so folgenreicher, als das Land 1871—1918 einen tiefen Wandel durchgemacht hatte und nicht mehr mit jenen ostfranzösischen Departements zu vergleichen war, die Frankreich 1871 abgetreten hatte.

Die von französischen Nationalisten vielfach vertretene Ansicht, daß Elsaß-Lothringen die deutsche Zeit der ‚occupation‘ in einem Dornröschenschlaf überdauert und sein französisches Denken und Empfinden, seine französischen Traditionen und Institutionen treu und unversehrt bewahrt habe, war schon vor 1914 von manchem Franzosen angezweifelt worden und entpuppte sich dann später endgültig als nationalistische Wunschvorstellung.

Frankreich und Elsaß-Lothringen hatten in den 48 Jahren der Trennung eine völlig verschiedenartige Entwicklung genommen: Frank-

reich — Unitarismus — Staatsnationalismus — kulturelle Einheit
der Nation — etatistisches Denken — Laizismus (strikte Trennung
von Staat und Kirche) — frühkapitalistische Sozialgesetzgebung;
Elsaß-Lothringen — Partikularismus — Kulturnationalismus, kul-
turelle Vielfalt der Provinzen — volkliches Denken — Klerikalis-
mus — fortschrittliche Sozialgesetzgebung; hinzu kam, daß der
ganz überwiegende Teil der elsaß-lothringischen Bevölkerung dem
deutschen Sprachraum angehörte. . . .
Und was bedeutete Treue zu Frankreich für die Bevölkerung Elsaß-
Lothringens nach 1918?
Bezog sich die Treue auf den Staat oder auf die französische
Nation?
Ist unter Nation eine politische Willensgemeinschaft oder eine
Volks- und Wesensgemeinschaft zu verstehen, wie man in Deutsch-
land vielfach Nation definierte?
Welcher Nation gehörten demnach die Elsaß-Lothringer nach 1918
an: der französischen, der deutschen oder beiden?" (31)

Es war aber, wie gesagt, den Politikern in ganz Frankreich damals
kaum möglich, in so sachlich abwägender Weise an die elsaß-
lothringische Frage heranzugehen. Weil nicht sein kann, was nicht
sein darf, wurden diese schwierigen psychologischen Fragen nicht
erörtert und berücksichtigt, was zur Folge hatte, daß diese offiziell
als nicht existent betrachteten Fragen dann sehr bald zum Problem,
zur »*malaise alsacien*« wurden.
Das von der Regierung vorgesehene Programm für die wiederge-
wonnenen Departements sah zunächst eine „Säuberung" vor, das
heißt, die Ausweisung aller Deutschen, die nach 1871 in das Land
eingewandert waren, vor allem der Verwaltungs- und Justizbeam-
ten und Pädagogen, sowie die Internierung und nach Prüfung vor-
zunehmende Ausweisung von unzuverlässigen Personen. Die radikale Art und Weise der Ausführung dieser Bestimmungen mußte
aber bald selbst bei vielen antideutsch eingestellten Bürgern Miß-
fallen hervorrufen.

---

(31) Rothenberger a.a.O., S. 11/12.
    Man sollte bei dieser Streitfrage nicht übersehen, daß beide Länder von grundverschiede-
    nen Staatsrechtsnormen ausgingen, nämlich Frankreich vom Bodenrecht (jus solis), wel-
    ches alles als Franzosen ansieht, was auf französischem Territorium geboren wurde,
    Deutschland hingegen vom Blutrecht (jus sanguinis), welches als deutsche Staatsbürger an-
    erkennt, was von deutschen Eltern abstammt. Das Bodenrecht Frankreichs ermöglichte es
    mithin, auch Menschen nicht-französischer Abstammung und Sprache zu Franzosen zu
    machen, was das Blutrecht Deutschlands ausschloß.

Die Zentralisierung und Anpassung des Landes an das von Paris aus gelenkte Regierungssystem war der nächste Schritt. Auch hier konnten selbst eifrige Befürworter der französischen Politik nicht umhin, Vergleiche zwischen der korrekten, zuverlässigen Arbeit der preußischen Verwaltung und der lange entbehrten »*großzügiger*« arbeitenden französischen Bürokratie anzustellen, die nicht sehr schmeichelhaft für das neue Vaterland ausfielen.

Das ergab zwar noch keine wesentliche Änderung in der Bereitschaft der Bevölkerung, sich loyal zu Frankreich zu bekennen und sich angesichts der veränderten Verhältnisse ein- und umzugewöhnen, aber für die vielen Bürger in mittlerem Alter und für die junge Generation war das sicher nicht leicht.

Erst mit der dritten Stufe, mit dem Programm der Assimilierung, das heißt der völligen Angleichung, wurde in breiten Schichten ein tiefes Unbehagen ausgelöst, das in die Autonomiebewegung der zwanziger Jahre mündete. — Wer Franzose ist, muß französisch sprechen! —

Deutsch wurde zur Fremdsprache; in den Schulen, im Religionsunterricht, selbst in den Dörfern. Das wurde vor allem von der katholischen Geistlichkeit des Landes übel vermerkt, da die Kinder den Katechismus, das Gesangbuch, die Bibeltexte und Schriften zur religiösen Unterweisung nur in ihrer Muttersprache, aber nicht in französischer Sprache lesen und verstehen konnten.

Die ganze Ausbildung, die Qualität der Prüfungen bis zum Niveau der Universität litten unter dieser rigorosen Sprachenpolitik.

Französisch war die Verwaltungs- und Gerichtssprache. Es war ein großer Unterschied, ob der einfache Bürger während der »*deutschen*« Zeit etwas französisch sprach und schrieb, eben um zu »*parlieren*« und gerne die vertrauten französischen Grußformeln und Redewendungen des Alltags beibehalten wollte oder ob es nun um eine umfassende Beherrschung der französischen Sprache in Wort und Schrift ging, die jetzt für die amtlichen Geschäfte und Verhandlungen nötig war. Das war zuviel verlangt. Hätte er wieder zur Schule gehen sollen? Mit einigen französischen Sprachbrocken war ihm jetzt nicht mehr geholfen.

Andererseits, der deutsche Dialekt, das »*Elsasserditsch*« war vor allem für die neu ins Land strömenden französischen Angestellten, Beamten, Juristen, Pädagogen, völlig unverständlich, selbst wenn sie etwas deutsch beherrschten. Alle Zeitungen, vom kleinen Lokalblatt bis zu den in Straßburg erscheinenden Tageszeitungen wurden nach wie vor in deutscher Sprache gedruckt.

Vergleichsweise harmlos bei dieser Politik der Assimilation war die teils gewünschte, teils geforderte Romanisierung der Vornamen und französische Aussprache der Namen einschließlich der Bezeichnung der Straßen und öffentlichen Plätze. 1871 von Jean zu Johannes und nun wieder zurück zu Jean, von Jakob zu Jacques, von Maurer zu Mourer, von Becker zu Beckè, das bereitete der Anpassungsfähigkeit der Elsässer und Lothringer, die wie vorher die deutschen Methoden jetzt auch diese Forderungen der französischen Kulturmissionare nicht besonders ernst nahmen, keine Sorgen.

Das Schlimme war vielmehr, daß es genügend unduldsame französische Nationalisten gab, die das Loyalitätsbekenntnis der Elsässer und Lothringer an ihrer Haltung zur französischen Sprache maßen und aus der Bereitschaft, französisch zu sprechen und zu lernen, eine Gesinnungsfrage machten. Von da war es nämlich nur ein Schritt bis zu der Einstellung, daß jede Kritik und jeder Protest gegen irgendwelche Maßnahmen der neuen französischen Behörden als antinationale Haltung angesehen werden konnten — *„wer protestiert, ist ein ‚boche‘, wem es nicht paßt, der gehe über den Rhein!"* (32)

Mit der Sprachenfrage hatte sich die französische Politik festgelegt und sie konnte nicht mehr zurück, was diesen Bereich der Assimiliationspolitik anging. Die Alternative des Föderalismus, vor allem im kulturellen und sprachlichen Bereich, kam nicht in Betracht. Warum wollte man mit Hilfe der Assimilationspolitik möglichst rasch Ergebnisse im gewünschten Sinn der völligen Integrierung des Landes in den französischen Staat erzwingen?

Letzten Endes war es doch wohl die Furcht vor der Wirksamkeit der Parole des Selbstbestimmungsrechtes der Völker. Die Existenz einer Nation ist eine ständige Volksabstimmung, hatte der französische Schriftsteller und Philosoph Ernest Renan gesagt. Wenn das besiegte Deutschland dieses Wort und die Forderung auf ein Selbstbestimmungsrecht als Waffe gegen Frankreichs Politik gebrauchte und auf die deutschsprachige Bevölkerung in Elsaß-Lothringen hinwies, konnte man sich zunächst 1919 als Siegermacht gegen solche Äußerungen verwahren und dem Besiegten das Recht absprechen, sich in dieser Frage über Angelegenheiten Frankreichs zu äußern. (33)

(32) Rothenberger a.a.O., S. 44/45.
(33) Aus den deutschen Gegenvorschlägen vom 29.5.1919 auf den Friedensvertragsentwurf der Alliierten in Versailles: In territorialen Fragen stellt sich Deutschland rückhaltlos auf den Boden des Wilsonprogrammes. Es verzichtet auf seine Staatshoheit in Elsaß-Lothringen, wünscht dort aber eine freie Volksabstimmung.

Wenn aber objektive Beobachter aus der Schweiz, Großbritannien und den USA Elsaß-Lothringen bereisten und über das Land schrieben, daß es doch eigentlich mehr deutsch als französisch sei, war das schon wesentlich unangenehmer für das französische Selbstbewußtsein. Das eigentliche Problem mußte aber dann entstehen, wenn sich als Reaktion auf die Assimiliationspolitik eine Volksbewegung im Lande bildete, die von sich aus im Namen des Selbstbestimmungsrechts eine Abstimmung forderte, um einen mehr oder weniger umfassenden Grad von Autonomie zu erreichen, der bis zur tatsächlichen Loslösung von Frankreich gehen konnte.

1918 hatte das alles noch recht einfach ausgesehen. Auf der großen Kundgebung in Straßburg, auf der Staatspräsident Poincaré in Begleitung von Premierminister Clemenceau die Rückkehr Elsaß-Lothringens nach Frankreich feierte, und von der Volksmenge, die begeistert die Marseillaise sang, begrüßt wurde, hatte er das von einem elsässischen Politiker ausgesprochene Wort *»le plebiscite est fait!«* aufgegriffen und laut vor der Menge und der Weltpresse verkündet. Das Wort mochte unter dem Eindruck der aufgewühlten Stimmung, der Feiern und Paraden die damalige Situation beschreiben, so wie sie auf den ersten Blick zu sein schien.

Eine wirkliche Volksabstimmung war eine solche *»patriotische«* Kundgebung eben doch nicht. Jedoch das Wort Plebiszit war nicht mehr zurückzunehmen und nun, mehrere Jahre danach, wer wollte es den Bürgern Elsaß-Lothringens verargen, wenn sie sich auf Poincarés Ausspruch beriefen und eine wirkliche Abstimmung forderten?

Die Antwort darauf konnte im Interesse der Einheit des Staates nur mit den Mitteln staatlicher Gewalt gegeben werden.

Ein weiteres Element, das die Unruhe in weiten Kreisen der Bevölkerung verstärkte, war die laizistische Politik, die besonders von den sozialistisch-liberalen Regierungen Frankreichs um die Mitte der zwanziger Jahre strikt eingehalten wurde und die gesellschaftlichen Verhältnisse des Elsaß beeinflußte. Die Gesetze über die Trennung von Staat und Kirche, die Einstellung derjenigen Politiker, die sich in besonderem Maße als Erben der Aufklärung und der großen Revolution betrachteten und nicht müde wurden, zu betonen, daß Religion Privatsache sei, beunruhigte den Klerus und die kirchentreue Bevölkerung noch mehr als die Assimilationspolitik. Wenn die Konfessionsschulen, und das waren nahezu alle Volksschulen, nicht mehr staatlich finanziert und privilegiert wurden, wenn der Einfluß der katholischen Kirche, vom Deutschen Reich bis 1918 im Land völlig unbehelligt gelassen, ja sogar gefördert, nunmehr bedroht war, wenn der Klerus nicht mehr von der bäuerlichen Bevölkerung als Führungsschicht anerkannt wurde, so war das eine Entwicklung, die auf die Dauer den Charakter des Landes verändern würde.

So lief die Romanisierungspolitik in Elsaß-Lothringen schließlich auf eine Entwicklung hinaus, die dem Selbstverständnis der heimat- und traditionsbewußten Bürger widersprach und es ihnen versagte, ihrer eigentlichen Aufgabe gerecht zu werden, *"jener Aufgabe, zu der uns Natur und Geschichte bestimmt haben, Vermittler zwischen deutscher und französischer Kultur zu sein."* (34)

Der elsässische Schriftsteller René Schickele sagte dazu 1924 in einem Gespräch, *„ daß das Elsaß ein Recht auf seine deutsche Muttersprache und den unbehinderten Zusammenhang mit dem deutschen Kulturleben haben müsse. Selber losgelöst von einseitiger nationaler Einstellung im politischen Sinn, den Werten der deutschen wie der französischen Kultur ohne jedes Vorurteil zugewandt, befürchtet er eine Verkümmerung der schöpferischen Kräfte der Elsässer durch eine Loslösung aus dem Nährboden ihrer alemannischen Herkunft."* (35)

Was verstanden die Bürger des Landes, die sich zur Autonomiebewegung bekannten und sie unterstützten, unter diesem Begriff?

Die Erläuterung, die der ehemalige Präsident der zweiten Kammer des elsaß-lothringischen Heimatbundes Dr. Eugen Ricklin am 21.1.1926 in einem offenen Brief an die Zeitung »Echo de Paris« sandte, dürfte wohl weitgehend den Gedanken und Empfindungen der meisten Bürger entsprochen haben: *„Wir verlangen dieselbe Autonomie, die wir uns im offenen Kampf errungen hatten, im Rahmen Deutschlands, nunmehr auch im Rahmen Frankreichs. Also fordern wir nicht die Loslösung von Frankreich oder eine Neutralität . . ., sondern zum wenigsten!, unsere frühere Autonomie, so wie die Franzosen sie im November 1918 vorgefunden hatten, die aber vom First bis auf den Grund abzureißen sie sich beeilt haben. . . . Wir verlangen, daß der Sitz unserer Regierung Straßburg ist, in der Hauptstadt unseres Landes. Wir verlangen, daß wir uns*

---

(34) Rothenberger a.a.O., S. 57
(35) Zitiert nach Robert Ernst a.a.O., S. 168

selbst regieren, so wie wir es getan haben vor unserer Rückkehr zu Frankreich." (36)

Das war im Kern die Reaktion eines großen Teiles der Bevölkerung Elsaß-Lothringens auf die Assimilationspolitik, mehr oder weniger laut und standhaft vorgetragen, begleitet von der Unsicherheit und Unentschlossenheit anderer Bürger, die teils zustimmten, teils abwarteten, ähnlich wie bei den damaligen profranzösischen Kundgebungen von 1918/19. Aber es war jedem sachverständigen Besucher des Landes klar, daß jetzt, um die Mitte der zwanziger Jahre von allgemeiner Freude und Genugtuung, wieder zu Frankreich zu gehören, keine Rede mehr sein konnte. Es war vielmehr der Zustand einer Vernunftehe wie 20 Jahre vorher, diesmal mit der mächtigen Republik im Westen. Es ist auch nach allen Äußerungen aus jenen Jahren nicht zu bezweifeln, daß die überwältigende Mehrheit der Autonomisten und aller Mitglieder und Freunde des elsaß-lothringischen Heimatbundes schon aus pragmatischen Gründen es mit dieser Loyalität gegenüber Frankreich aufrichtig meinten. Sich wieder von Frankreich zu lösen und erneut Deutschland anzuschließen — selbst wenn das möglich gewesen wäre, ein solcher neuer Umsturz mit unwägbaren politischen und wirtschaftlichen Folgen, eine nochmalige Umgewöhnung, widersprach dem nüchternen Sinn der Bevölkerung.

Mit dieser Haltung hätte man sich in Paris zufriedengeben können und sollen, vorausgesetzt, daß man dem Heimatbewußtsein und den daraus erwachsenden föderalistischen Wünschen entgegenzukommen bereit war.

Am Rande dieser Volksbewegung gab es allerdings auch schärfer ausgeprägte Konturen. Es gab sowohl Volkstums- als auch Parteipolitiker, von den nach völliger Unabhängigkeit und eigener Republik nach Schweizer Muster verlangenden Neutralisten, die durch Kundgebungen, Presseartikel und mit Wissen und Billigung der Kirche organisierten Schulstreiks sehr viel Aufmerksamkeit auf sich lenkten, bis hin zur kommunistischen Partei des Landes, die die ganze Entwicklung unter dem Aspekt des Klassenkampfes der Proletarier und Bauern gegen eine Unterdrückung sahen, die zugleich kapitalistisch und französisch-nationalistisch war. Diese extremen Gruppen repräsentierten ganz sicher nicht die Mehrheit der nach wie vor konservativ gesinnten Bevölkerung, aber alle diese mit

(36) Karl-Heinz Rothenberger a.a.O., S. 87

Aufmerksamkeit und Anteilnahme verfolgten Äußerungen zeigen, wie groß die Unzufriedenheit im Lande war.

Das Manifest des Heimatbundes rief auf zur Abwehr gegen die Assimilationspolitik, die es *„auf Wesen, Seele und Kultur des elsässisch-lothringischen Volkes abgesehen hat."* (37)

Die Kommunistische Partei Frankreichs ging sogar noch weiter, als sie in einer Grundsatzerklärung, die von der interparlamentarischen Konferenz europäischer Kommunisten in Brüssel im November 1925 ausdrücklich gebilligt wurde, folgendes verkündete: *„Die KPF unterstützt rückhaltlos das Selbstbestimmungsrecht der Volksmassen von Elsaß-Lothringen, selbst bis zur vollständigen Lostrennung von Frankreich, wenn sie so entscheiden sollten. Die KPF verlangt daher eine solche Volksabstimmung. . . . Vorauszugehen hat die Räumung von Elsaß-Lothringen durch die französischen Zivil- und Militärbehörden.* (38)

Selbst eine anfänglich kurios anmutende antifranzösische Vereinigung, die in ihren propagandistischen Äußerungen in die Zeit des späten Mittelalters zurückzugehen schien, — deutsche Biederkeit gegen welsche Heimtücke — und die rundweg dazu aufforderte, die Franzosen aus dem Lande zu treiben, konnte für einige Zeit Tausende von Bürgern als begeisterte Zuhörer und Anhänger gewinnen, weil sie von der volkstümlichen Persönlichkeit des aus altem elsässischem Geschlecht stammenden Baron Zorn von Bulach angeführt wurde. (39)

Wie beurteilte man diese Entwicklung in Paris? In welchem Zusammenhang mußte man diese Schwierigkeiten mit den Elsässern und Lothringern dort sehen, und zu welcher, aus der Sicht der Regierung einzig möglichen Reaktion entschloß man sich in der Folgezeit?

Was die Heimatbündler nicht so deutlich sahen, weil es sie nicht unmittelbar interessierte, war die in Paris registrierte unangenehme Tatsache, daß diese Welle der Verärgerung der »deutschen Franzosen« und ihr Protest gegen die Regierungsmaßnahmen zeitlich mit den Beratungen und Abschlußverhandlungen in Locarno parallel lief.

Das Ergebnis von Locarno, das den langfristigen Plänen der nationalistischen Politiker zuwider lief, hieß ja, daß Frankreich seine Hoffnungen auf eine Annexion des linken Rheinufers endgültig

---

(37) Karl Heinz Rothenberger a.a.O., S. 97—110 mit weiteren Einzelheiten.
(38) Karl Heinz Rothenberger a.a.O., S. 97—110 mit weiteren Einzelheiten.
(39) Karl Heinz Rothenberger a.a.O., S. 97—110 mit weiteren Einzeltheiten

aufgeben mußte. In absehbarer Zeit würden auch die französischen Besatzungstruppen aus Deutschland zurückgezogen werden müssen. Das wiederum hieß, daß die Hauptaufgabe Elsaß-Lothringens von neuem darin bestehen würde, dem Gesamtstaat als Glacis zu dienen, als militärisches Vorfeld, in dem man aus Sicherheitsgründen bald nach dem Abschluß der Verträge die größte Befestigungsanlage der Welt zu bauen beschloß, gleichgültig, was das für die wirtschaftlichen Interessen des Landes bedeutete.

War also Elsaß-Lothringen für Paris wieder zum unverzichtbaren Grenzland geworden, das man zum Schutz gegen Deutschland unbedingt brauchte, dann hatte dort im Lande vor allem Ruhe zu herrschen, und jede laut vorgetragene Autonomie- und Selbstbestimmungsforderung konnte nur schaden.

Gerade weil man in den maßgebenden Kreisen der französischen Politik um die verbindende Kraft der deutschen Sprache und Kultur wußte, war die *»Brückenfunktion«* des Landes in den Augen des französischen Nationalismus eine *»Verführung«* der Menschen zur Abkehr von Frankreich, von der *»mère patrie«.* Folglich mußte man wachsam sein.

Die Äußerung des deutschen Außenministers Stresemann im Herbst 1925 gegenüber dem französischen Botschafter: *„Wir verzichten auf den Versuch, Elsaß-Lothringen politisch wiederzugewinnen und gewinnen daraus nicht nur das Recht, sondern sogar die Verpflichtung, das alemannische und fränkische Volkstum in Elsaß-Lothringen in seinem Abwehrkampf zu unterstützen«,* war für die der Staatsräson verpflichteten Politiker in Frankreich ein Orakelspruch, der eher Mißtrauen erwecken mußte als Vertrauen schaffen konnte.

Was sollte das denn heißen: Abwehrkampf!? Aus der Sicht der Regierung in Paris lag hier eine Bewegung vor, in der Elemente der Rebellion, des Aufstandes steckten! Unterstützt von einer feindlichen Macht? Trotz Locarno — nach dem Versailler Diktatfrieden, nach dem Ruhrkrieg gegen Deutschland 1923 konnte kein französischer Nationalist ernsthaft an freundschaftliche Gefühle Deutschlands für Frankreich glauben, so dumm konnten die Deutschen ja wohl nicht sein, und Locarno selbst war ja, weiß Gott, kein Freundschaftspakt geworden, von der Zuneigung der Völker zueinander getragen. Und was würde nach einem elsaß-lothringischen *»Sieg«* in diesem *»Abwehrkampf«* geschehen? Wie würde sich Deutschland dann verhalten? Und welcher Politiker würde auf Stresemann folgen und den Verzicht auf Elsaß-Lothringen widerrufen, gestützt auf den Artikel 2 der Weimarer Verfassung? (40)

Die Schlußfolgerung in Paris konnte nur lauten: Das Autonomiestreben der Elsässer und Lothringer, die Tätigkeit des Heimatbundes und verwandter Vereinigungen sind eine Gefahr für die Einheit des Staates. Da sie, wie man nachweisen wird, von Deutschland unterstützt werden, ist der Verdacht des Landesverrates gegeben, weil zugleich auch die Sicherheit der Republik Frankreich an ihrer exponiertesten Grenze gefährdet ist.

Verbote, Verhaftungen, Anklagen, Prozesse und Verurteilungen gemäß dem Interesse des Staates waren in den Jahren von 1926 bis 1930 die Folge. Bei diesen Verfahren gegen die Führer der Autonomisten, Redakteure und Zeitungsverleger im Elsaß sowie gegen die Vorsitzenden geistlicher und weltlicher Jugendorganisationen, die sich für das Elsässertum und gegen die Assimilation gewandt hatten, wurde recht summarisch der Vorwurf des Separatismus und der Verschwörung gegen die Regierung erhoben.

Gerade diese Anschuldigungen waren aber keineswegs nachzuweisen, weder durch Zeugenaussagen noch durch die Befragung der Angeklagten, die ihre Loyalität als Bürger der Republik Frankreich betonten, wenn sie auch gleichzeitig ihr Recht auf die eigene Sprache, kulturelles Leben und Pflege des alemannisch-fränkischen Brauchtums forderten. Es gab auch keine Verschwörung und keinen Separatismus im eigentlichen Sinn des Wortes, die ein klares Programm der Lostrennung von Frankreich zum Ziel gehabt hätten.

Sicher, die elsaß-lothringische Sprach- und Volkstumsbewegung wurde von den Gesinnungsfreunden in Deutschland begrüßt, besonders auch von den Elsaß-Lothringern, die 1918/19 gezwungen oder freiwillig ihre Heimat verlassen hatten.

Neben dieser ideellen Unterstützung gab es auch materielle Spenden, jedoch in weit geringerem Umfang, als die *»patriotischen«* Ankläger vermuteten. Sie stützten sich schließlich einfach auf die Tatsache, daß es Unruhe und Unzufriedenheit im Lande gab, daß diese Entwicklung mit Sympathie in Deutschland verfolgt und in gewissem Umfang unterstützt wurde, und das genügte! Nach Auffassung der Staatsanwaltschaften, die mit strikten politischen Anweisungen in die Prozesse gingen, lag Untreue gegen den Staat vor.

---

(40) „*Das Reichsgebiet besteht aus den Gebieten der deutschen Länder. Andere Gebiete können durch Reichsgesetz in das Reich aufgenommen werden, wenn es ihre Bevölkerung kraft des Selbstbestimmungsrechtes begehrt.*"

Worin bestand diese Untreue? Im Protest und heftigen, über die Grenzen des Landes hinausreichenden Kritiken gegen Assimilation und Laizismus. Sie wurden als hinreichender Beweis mangelnder staatsbürgerlicher Zuverlässigkeit angesehen.

So wurden die Prozesse, vor allem der große Autonomistenprozeß von Colmar 1928, von vornherein zur Farce und zum politischen Schauprozeß, die zwangsläufig mit Verurteilung und Bestrafung enden mußten, weil das im Staatsinteresse lag. Letztlich wurde nur die Gesinnung der Angeklagten zum Beweismittel genommen, daß sie keine »*patriotischen*« Franzosen seien. Da half kein Hinweis auf Loyalität und auf die Tatsache, daß man sich keines Gesetzesbruches schuldig gemacht habe. (41)
Ankläger und Richter erfüllten die ihnen zugewiesene Aufgabe als »*gute Franzosen*« gegenüber den von deutschem Joch befreiten Bürgern des Landes, die sich so undankbar gezeigt hatten.
Bei der Urteilsverkündung im Gerichtssaal zu Colmar kam es zu tumultuarischen Szenen, die sich bis in die Straßen der Stadt fortsetzten. Wut erfaßte die Menge, die auf das Gerichtsgelände zudrängte, das der Generalstaatsanwalt nur unter dem Schutz berittener Polizei verlassen konnte. Keine Marseillaise erklang; dafür sang die Menge »*oh Straßburg, oh Straßburg*«, das damals den Charakter einer elsässichen Nationalhymne annahm. (42)

Wider Erwarten kam es in den folgenden Jahren zu einer gewissen Beruhigung, da keine Seite den Bogen überspannen mochte.
Die Regierung in Paris, die mit den Urteilen ein Exempel hatte statuieren wollen, ließ mit Amnestie und Bewährung die Zügel etwas lockerer, die strikte Assimilationspolitik wurde, auch dank des Einflusses der Geistlichkeit, etwas gebremst, und mit Resignation und Gewöhnung an die sich wieder normalisierenden Verhältnisse schritt der Romanisierungsprozeß langsam, aber wirksam fort.

---

(41) Rothenberger a.a.O., S. 158 ff gibt eine genauere Schilderung der Prozesse und der Begleitumstände.
(42) Rothenberger a.a.O., S. 158 ff.

5. ELSASS-LOTHRINGEN UND DAS NATIONAL-SOZIALISTISCHE DEUTSCHLAND BEEINFLUSSUNG ODER ABGRENZUNG?

Wie wirkten sich die Ereignisse des Jahres 1933 und die nationalsozialistische »*Machtergreifung*« auf die Stimmung und das Verhalten der Bürger Elsaß-Lothringens aus? Es ist ganz selbstverständlich, daß sie mit größter Aufmerksamkeit verfolgt wurden, anfänglich mit unvoreingenommenem, kritischem Interesse.

Die Jahre 1933 und 1934, die revolutionäre Phase der Eroberung des Staates durch die NSDAP, fielen mit einer äußerst kritischen, ja revolutionären Phase französischer Innenpolitik zusammen, die als Folge jahrelanger Mißwirtschaft der radikalsozialistischen Partei in Frankreich entstanden war.

Diese Krise des parlamentarischen Systems, die Korruptions- und Skandalaffären, in die viele jüdische Politiker und Freimaurer verwickelt waren, hatte im Februar 1934 in Paris zum Sturm auf das Palais Bourbon, den Sitz der Kammer, geführt. Er wurde begleitet von scharfen Angriffen der militanten rechtsstehenden Ligen, die eine Erneuerung Frankreichs von Grund auf forderten. Aber wer sollte eine solche Reform der »*Dritten Republik*« bewerkstelligen? Wenn man über den Rhein nach Osten blickte, so schien es, als werde in Deutschland das große Experiment völkischer Erneuerung gelingen, und viele Elsässer und Lothringer waren daher durchaus empfänglich für die Propagandathesen der NSDAP, die von »*Ordnung und Sauberkeit*« sprachen.

Die Parole der Erneuerung der Kräfte des Volkstums, auf denen sich das gesellschaftliche und politische Leben aufbauen sollte, fand willige Hörer, vor allem im Heimatbund und den Jugendorganisationen, die ja in der kulturellen Arbeit weiter aktiv geblieben waren. »*Im Osten geht die Sonne auf, im Westen geht sie unter!*« Diese damals in Elsaß-Lothringen umlaufende politische Weisheit deutschorientierter Autonomisten hätte in jenen Jahren zur zündenden Parole werden können, wenn sie breitere Volksschichten und auch die nach wie vor einflußreiche Geistlichkeit erfaßt hätte. Aber dazu reichten solche Sprüche doch nicht aus, weil die Erregung, die Ende der zwanziger Jahre im Lande geherrscht hatte, weitgehend abgeflaut war.

Es ist anzumerken, daß auch Hitler in jener Zeit nicht besonders interessiert am Schicksal der Elsaß-Lothringer war und keinerlei Interesse und Neigung zeigte, ihre Forderung nach Autonomie im

Interesse der deutschen Politik auszunutzen. Er hatte wohl eher ähnliche Gedanken, wie sie Stresemann einmal privat geäußert hatte, daß die Elsässer ja doch keine zuverlässigen Deutschen seien und man es nun den Franzosen gönne, sich mit ihnen beschäftigen und herumärgern zu müssen. (43)

Der Antisemitismus und die ersten Demonstrationen und Ausschreitungen gegen die jüdischen Bürger in Deutschland wurden im Elsaß von der Masse der Bürger keineswegs scharf und lautstark abgelehnt. Man stand den Juden auch hier skeptisch und oft abweisend gegenüber, weil gerade viele jüdische Politiker die Assimilationspolitik und die Angriffe auf die Kirche und kirchliche Erzieher gefordert und unterstützt hatten. Hitlers erster außenpolitischer Schritt, der Abschluß des Konkordates mit dem Vatikan und die formelle Garantie für ein freies katholisches Schul- und Vereinswesen, einschließlich der Jugendorganisationen und eigener Presse, wurde in Elsaß-Lothringen wohlwollend kommentiert.
Die Berichte vieler Bürger, die 1934 voller Neugier und Spannung das neue Deutschland besucht hatten, als sie zur Ausstellung des Heiligen Rockes in Trier wallfahrteten, klangen sehr positiv. Über 100.000 Pilger aus Elsaß-Lothringen waren in Trier gewesen, hatten freundliche Aufnahme gefunden und lobten die gute Organisation der Transporte und der Unterbringung, bei denen die Organisationskomitees der Kirche sogar von uniformierten S.A.-Männern am Bahnhof und auf den Straßen und Plätzen unterstützt worden waren. (44)
Aber diese ersten, zum Teil positiven Reaktionen auf die Entwicklung im nationalsozialistischen Deutschland wichen nach und nach 1934 und 1935 der Skepsis und entrüsteten Ablehnung, als man von der wahren Haltung Hitlers gegenüber der katholischen und evangelischen Kirche erfuhr, als immer mehr bezeugte Einzelheiten über die Konzentrationslager für die Gegner des Regimes bekannt wurden und Reisende und Emigranten über die Brutalität der braunen Diktatur gegen die Andersdenkenden berichteten.
Bei aller Gegnerschaft gegen die Leitlinien der französischen Innen- und Kulturpolitik, die man kritisierte, ablehnte und sich gegen sie auflehnte, wo immer es ging — die französische Regierung im Lande war erträglicher als die Unsicherheit und Unfreiheit in Deutschland.

(43) Albert Speer — Erinnerungen, S. 135, Berlin 1969
(44) Rothenberger a.a.O., S. 170 f.

Die Vernunftehe mit Frankreich wurde allerdings weiter durch die Politik der französischen Regierungen schweren Belastungsproben ausgesetzt:

1934—1935 gab es erneute Angriffe der Verwaltungsbehörden gegen den kirchlichen Religionsunterricht in den Schulen; es erweckte größtes Mißtrauen, als die Regierung 1936 das Bündnis mit der „atheistischen" bolschewistischen Regierung abschloß; das Elsaß behauptete sich als konservativer Block beim Wahlentscheid 1936 gegen das Volksfrontbündnis der Radikalsozialisten und Sozialisten mit den Kommunisten — aber die Loyalität zur Republik Frankreich blieb stabil.

So blieben schließlich nur einige kleinere deutsch-völkisch orientierte Splittergruppen und Jugendbünde, die sich zu Hitlers Drittem Reich und seinen Ideen bekannten, jedoch auch sie traten keineswegs für einen regelrechten Anschluß Elsaß-Lothringens an das Reich ein. (45)

Eindeutig blieb aber der Wille der für die Belange der Heimat eintretenden Bürger, ihre Funktion als Brücke zwischen dem deutschen und französischen Volk nicht aufzugeben. Die Ablehnung des nationalsozialistischen Regimes bedeutete keine Feindschaft gegenüber der deutschen Bevölkerung, deren Weg man mit Interesse und Verständnis verfolgte. Die Presse Elsaß-Lothringens zeigte Verständnis für die nationalen Belange der Menschen, die sich trotz des Nationalsozialismus zu Deutschland bekannten, ob es nun die Wahlentscheidung der Saar und ihre Rückkehr nach Deutschland war, der Anschluß der Österreicher an das Reich oder der Wunsch der Sudetendeutschen nach Vereinigung mit Großdeutschland. Die Bevölkerung in Elsaß-Lothringen konnte es nachempfinden, wenn die Menschen im sudetendeutschen Gebiet den französischen Zeitungskorrespondenten versicherten, daß sie gar keine Tschechen sein wollten, und daß man sie ohne Befragen und freie Abstimmung 1918/19 gegen ihren Willen mit Gewalt in den tschechischen Staat gezwungen hatte.

Allerdings bedeutet ihr Verständnis für das nationale Verhalten der Menschen in Deutschland keineswegs eine Billigung der Außenpolitik Hitlers insgesamt.

Daß die Revisionspolitik gegen Versailles, so wie er sie betrieb, zu einer Krise und vielleicht sogar zum Krieg führen konnte, wußte man ab 1936 in Straßburg viel besser als in Marseille oder Bor-

---

(45) Rothenberger a.a.O., S. 203—210

deaux. Die Bereitschaft im Lande, diese Entwicklung geschehen zu lassen, erklärte sich dadurch, daß in Elsaß-Lothringen die Menschen aus ureigenstem Interesse einen Pazifismus um jeden zahlbaren Preis vertraten; denn, wenn Frankreich 1936 und 1938 nicht nachgab, so mußte in einem Krieg mit Deutschland vor allem ihr Land wieder zum Frontgebiet werden, weil sich ja die Hauptverteidigungslinie, die Maginotlinie, in ihrer ganzen Länge durch Elsaß-Lothringen erstreckte. Wenn also der Frieden nur durch ein Entgegenkommen Frankreichs gegenüber Deutschland bewahrt werden konnte, so mußte Frankreich diesen Preis eben zahlen. Das war die überwiegende Meinung.

Die Elsaß-Lothringer waren nicht so sehr nationalstolze französische Bürger, daß sie die Erfolge Hitlers bis 1939 als Minderung des Ruhmes und der Größe Frankreichs empfunden hätten und innerlich schmerzlich betroffen worden wären.

Gebt den Deutschen, was ihnen zukommt, vor allem aber haltet Frieden um jeden Preis! Warum sollen denn die Bewohner Elsaß-Lothringens für die Interessen Prags oder Warschaus kämpfen? Man darf als sicher annehmen, daß die Mehrheit der Menschen so gedacht hat. — *»Wir wollen vor allem bleiben was wir sind, wie wir sind und keine politischen Umwälzungen wie 1871 oder 1918 wieder erleben. Nur nicht noch einmal Streitobjekt in einem französisch-deutschen Krieg sein!«*

Als der Krieg dann doch kam und der deutsche Vormarsch 1940 Elsaß-Lothringen erreichte, betraten die Soldaten der deutschen Wehrmacht ein Grenzland, das wie 1870 fester Bestandteil der Republik Frankreich war und dessen Bürger loyale Franzosen waren, das aber zugleich wie damals immer noch seinen volkstümlich deutschen Charakter im äußeren Erscheinungsbild, in Dialekt und Brauchtum bewahrt hatte. Noch am Vorabend des Zweiten Weltkrieges gab es keine einzige große elsässische oder lothringische Zeitung in französischer Sprache, während die deutschsprachigen Zeitungen ihre Auflagen gegenüber 1918 beträchtlich vermehrt hatten. (46)

Nach Kriegsbeginn im September 1939 nahm die Bevölkerung des Landes die gleiche Haltung ein, wie sie bei der überwiegenden Mehrheit der französischen und deutschen Bevölkerung zu beobachten war.

---

(46) Rothenberger a.a.O., S. 248

Man fügte sich in die unvermeidliche Tatsache des Krieges, zwar bereit, seine Pflicht zu tun, doch voller Skepsis und Unsicherheit. Dazu kam, daß die Bewohner der im unmittelbaren Bereich der Maginotlinie liegenden Orte als erste aufs neue die Bekanntschaft mit den harten Notwendigkeiten des Krieges machten. Es bedeutete für sie die Evakuierung, die Einquartierung von französischen Soldaten in den verlassenen Dörfern mit allen unerfreulichen Erscheinungen, die solche Maßnahmen mit sich brachten. Und wenn auch in den meisten Fällen diese deutschsprachigen Franzosen in Mittel- und Südfrankreich gut aufgenommen wurden, so genügten doch die anderen Fälle, und es gab deren nicht wenige, in denen die Elsässer und Lothringer schlecht untergebracht und als schlechte Franzosen und unerwünschte ‚boches' beschimpft wurden, um ihre Lage in Gesprächen und Briefen als schwer und drückend zu schildern und die Regierung dafür verantwortlich zu machen. Die Tatsache, daß auch in mehreren Fällen französische Soldaten in den von den Einwohnern verlassenen Orten ohne Disziplin wie die Wilden hausten, stahlen und plünderten, sprach sich ebenso rasch herum. Der ganze Krieg, dessen Sinn die Menschen ohnehin nicht verstanden, wurde dadurch in Elsaß-Lothringen natürlich noch unpopulärer. Wenn im Winter 1939/40 in ganz Frankreich kaum eine Spur von Kriegsbegeisterung und Kampfbereitschaft zu entdecken war, so galt das für das Grenzland noch mehr.

Im Juni und Juli 1940 rückten die Soldaten der deutschen Wehrmacht in Elsaß-Lothringen ein, ohne daß es dabei in den Städten und Dörfern zu langandauernden Kampfhandlungen und Zerstörungen kam. Das war anders als 1870, und anders war auch die Haltung der Bevölkerung gegenüber den einziehenden Siegern. Die deutschen Soldaten begegneten zwar keineswegs freundlich gesonnenen Einwohnern, die ihren »*Befreiern*« zugejubelt hätten, aber feindselige Äußerungen und Angriffe auf die deutschen Soldaten, so wie es sie damals gegeben hatte, ereigneten sich auch nicht. Ruhe, Sachlichkeit und die inzwischen gewonnene geschichtliche Erfahrung, sich unvermeidlichen Veränderungen anzupassen, bestimmten das Verhalten der Elsaß-Lothringer gegenüber den Deutschen in den ersten Monaten nach der Kapitulation Frankreichs.

Man beobachtete und wartete ab. Die Voraussetzungen für eine Zusammenarbeit schienen zunächst auch gar nicht schlecht zu sein. Man verglich das Verhalten der deutschen Besatzungstruppen mit dem der französischen Soldaten bis zum Mai 1940 und „*viele Elsässer waren von den Erfolgen der deutschen Wehrmacht, vor allem aber von dem korrekten Auftreten der deutschen Soldaten nicht wenig beeindruckt.*" (47)

Auch die Tatsache, daß alle aus Elsaß-Lothringen stammenden Soldaten, die in deutsche Kriegsgefangenschaft geraten waren, rasch entlassen wurden und in die Heimat zurückkehrten, wurde anerkannt, ebenso wie die Hilfe der deutschen Wehrmacht, die für die Rückkehr der nach Frankreich evakuierten Familien sorgte.

Es gab wohl auch nur wenige Elsässer und Lothringer, die es den von Frankreich als politischen Häftlingen 1939 internierten ehemaligen Heimatbündlern und Autonomisten nicht gegönnt hätten, daß ihnen nun, aus der Haft befreit, Hilfe und Förderung der deutschen Behörden zuteil wurde.

Die ersten deutschen Zivilbehörden waren unmittelbar nach den Soldaten in das Land gekommen, und sie bedienten sich vor allem der Hilfe dieser »*heimattreuen*« Elsässer, um alle Verwaltungs- und Organisationsangelegenheiten zu regeln, um die sich die Besatzungsbehörden nicht kümmern konnten.

In der ersten Zeit leistete die zahlenmäßig kleine aber rasch wachsende Gruppe des »*Elsässischen Heimatdienstes*« wertvolle Vermittlungsarbeit für ihr Land. Diese Organisation war entstanden aus den Mitgliedern der elsaß-lothringischen Autonomistenvereinigungen mit ihren Jugendbünden und den traditionsbewußten »*Deutschtümlern*«, die alle sehr beeindruckt von der Volkstumspolitik des Dritten Reiches waren und zum Teil die Zukunft des Landes in einer Übernahme der nationalsozialistischen Ideen durch Elsaß-Lothringen sahen.

Besonders aktiv um die Zusammenarbeit mit Deutschland waren in den Reihen des Heimatdienstes die Elsässer und Lothringer, die ihre Heimat 1918/19 freiwillig oder gezwungen verlassen hatten und jetzt wieder zurückkehren konnten.

Sie kannten die Mentalität der Nationalsozialisten und die ihrer Landsleute und trauten sich zu, wirkungsvolle Vermittlungsarbeit zum Besten des Landes zu leisten. (48)

Diese politisch aktivste Gruppe nahm es von vornherein als gegeben und wünschenswert an, daß das Elsaß und Nordlothringen wieder zu Deutschland kommen würden. Sie sahen ihre Hauptauf-

---

(47) Lothar Kettenacker: Nationalsozialistische Volkstumspolitik im Elsaß S. 121, Stuttgart 1973
(48) Robert Ernst — Rechenschaftsbericht eines Elsässers, Berlin 1954, Kapitel »*Heimatdienst*«

gabe vor allem darin, von Anfang an der eingesessenen Bevölkerung, als deren Vertreter und Beauftragte sie sich empfanden, ein Mitsprache- und Mitwirkungsrecht zu ermöglichen, damit bei einem erneuten Übergang von einem Staat zum anderen die Interessen der Heimat gewahrt blieben. Als Mitarbeiter der deutschen Gauleiter mußten sie naturgemäß Nationalsozialisten und Parteimitglieder sein, und gerade deshalb hofften sie, als Parteigenossen und Kameraden die nationalsozialistische Zivilverwaltung mitlenken und beeinflussen zu können, damit die zu erwartenden Konflikte mit der konservativen Bevölkerung und vor allem mit der katholischen Kirche entschärft werden konnten.

Es mußte sich nach diesen ersten Übergangsmonaten erweisen, wie weit in der neu aufzubauenden Verwaltung und auch in der Parteiorganisation Bürger aus Elsaß-Lothringen, denen die Bevölkerung vertrauen würde, die entsprechenden Führungspositionen erhielten.

Kurzum, würde das Land deutsch und, wohl oder übel, auch nationalsozialistisch werden und dennoch das Maß an Autonomie erhalten, nach dem seine Einwohner seit 1871 strebten?

6. UNTER NATIONALSOZIALISTISCHER HERRSCHAFT — EIN TEIL DES DEUTSCHEN REICHES?

Das Dritte Reich war nicht vergleichbar mit Preußen und seinen deutschen Verbündeten, und das besiegte Frankreich von 1940 auch in dem von der deutschen Wehrmacht nicht besetzten Teil keineswegs zu vergleichen mit der neugegründeten dritten Republik von 1871, die politisch und wirtschaftlich lebenskräftig und selbstbewußt, damals trotz der Besetzung durch Preußen und Bayern einen starken Einfluß auf Elsaß-Lothringen ausüben konnte.

Welche Ziele hat Hitler gegenüber dem ehemaligen Reichsland verfolgt? Gab es von Anfang an eine klare Linie, die als Anweisung für die Verwaltung und Partei galt?

Die Waffenstillstandsbedingungen enthielten keinen Passus und auch keine Andeutung über das künftige Schicksal des Landes. Aus politischen und taktischen Erwägungen gegenüber dem verbündeten Italien und der neuen französischen Regierung Petain — Laval sollten diese Fragen der Annexion Elsaß-Lothringens und weiterer Gebiete in Nordfrankreich und Burgund nicht entschieden werden, solange der Krieg gegen Großbritannien noch nicht beendet war.

65

Diejenigen Elsässer und Lothringer, die völlig auf seiten des Dritten Reiches standen, forderten Hitler zwar auf, die Eingliederung ihrer Heimat in das Deutsche Reich sofort zu vollziehen, aber eine solche offizielle Erklärung aus Berlin blieb aus. Trotzdem lagen die Verhältnisse im Land natürlich ganz anders als im besetzten Frankreich, denn gemäß einer von Hitler gebilligten Sonderregelung wurde Elsaß-Lothringen aus dem Zuständigkeitsbereich der Militärverwaltung herausgenommen, und zwei deutsche Gauleiter — Wagner, Baden, und Bürckel, Saarland, wurden mit der Zivilverwaltung beauftragt. (49)

„Nach Hitlers Wunsch sollte Elsaß-Lothringen, obwohl die formelle Einverleibung noch nicht stattgefunden hatte, so behandelt werden, als ob sie bereits stattgefunden hätte." (50)

Damit war aber auch von vornherein klar, daß für das nationalsozialistische Deutschland, das sich zum germanischen Großreich in Mitteleuropa entwickeln sollte, eine Volksabstimmung in diesem Land, womöglich noch unter internationaler Kontrolle, überhaupt nicht in Frage kam.

„Von Deutschland eine Volksabstimmung in Elsaß-Lothringen zu verlangen, für oder gegen Deutschland oder Frankreich", war *„ebenso lächerlich wie unbegründet"* (Gauleiter Wagner).

Denn, *„wie käme Deutschland dazu, Deutsche zu fragen, ob sie Deutsche sind. Es kam nur darauf an, den Nachweis zu erbringen, daß das Elsaß einmal deutsch war und daß seine Bevölkerung noch deutsch sprach. Als Elsässer war man auf Grund seiner geschichtlichen Vergangenheit Deutscher, ob man wollte oder nicht. Und wehe, wenn man nicht wollte."* (51)

Mit anderen Vorzeichen war damit die Situation von 1918/19 wiedergekehrt. Was Frankreich im Sinne der Identität von Staats- und Nationenbegriff als zwingend notwendige »*Assimiliationspolitik*« unternahm, wurde nun von Deutschland aus im Sinne der nationalsozialistischen Volkstums- und Rassenpolitik unternommen.

Erziehung nach den Grundsätzen des Nationalsozialismus!

Entwelschung des Landes — äußerlich und innerlich! Vollzugsmeldung an den Führer! Die nationalsozialistische Verwaltung, die sich als Träger dieser Aufgabe verstand und mehr erziehen und führen als verwalten wollte, war sich sicher, im Sinne Adolf Hitlers zu handeln, wenn sie diesen Prozeß rasch und gründlich, und, falls

---

(49) Kettenacker a.a.O., S. 53
(50) Kettenacker a.a.O., S. 55
(51) Kettenacker a.a.O., S. 73

nötig, mit aller Energie und Härte durchführte. Die elsässischen und lothringischen Mitarbeiter konnten das weder verhindern noch ändern, sie konnten allenfalls vor Ort etwas ausgleichen und bremsen und versuchen, diese Umerziehungsmaßnahmen mit Einfühlungsvermögen und Geschick soweit zu steuern, daß man die Masse der Bevölkerung nicht vor den Kopf stieß, sondern nach und nach überzeugen und gewinnen konnte. Daß das nicht gelang, war sicher nicht ihre Schuld. (51a)

Die Menschen des Landes waren erfahrener, skeptischer und dank ihrer genauen Kenntnis der französischen und deutschen Mentalität nicht so leicht durch Propaganda und nationale Parolen zu gewinnen, wie etwa die deutschen Bewohner des Memellandes, die sich danach gesehnt hatten, wieder zu Deutschland zu gehören oder die Bevölkerung Eupen-Malmedys, die die Wiedereingliederung in das Reich als Befreiung von belgischer Herrschaft, die man niemals innerlich anerkannt hatte, begrüßte.

Die längerdauernde Trennung vom Reich und die enge politische und kulturelle Verbindung mit Frankreich waren der Grund, daß die Elsässer und Lothringer keine Volks- und Auslandsdeutschen in dem Sinne waren, wie der naive, autoritätsgläubige NS-Funktionär sie sehen wollte.

Sie sahen sich von neuem einer Politik gegenüber, die darauf abzielte, die eigene alemannische Wesensart zu verändern, obwohl das gerade im Namen einer Volkstumspolitik geschah, die Traditionen fördern und nicht unterdrücken wollte.

Aber eine Tradition, die mit ihrer Brückenfunktion eine enge Verbindung und Vermischung deutscher und französischer Kultur förderte, eine föderalistische und zugleich übernationale Komponente entwickelte, das war freilich nicht gemeint, so durfte nach nationalsozialistischer Auffassung Volkstum nicht verstanden werden. So wurde also nach Zielsetzung und Methode die »Entwelschung« — man vergleiche allein den Klang des Wortes mit dem französischen Wort »assimilation«, das gröbere Verfahren, und vor allem die Elsässer wären keine »gelernten Grenzlandbewohner« gewesen, wenn sie das nicht rasch und genau registriert hätten.

Der elsässische Schriftsteller und Publizist André Weckmann schildert die Empfindungen der von der mehrfachen Umerziehung Be-

(51a) So legte der zum Kreisleiter von Straßburg bestellte frühere Autonomistenführer Hermann Bickler 1942 aus Protest gegen das braune Jakobinertum sein Amt nieder und wurde Soldat. Hermann Bickler „Ein besonderes Land", ASKANIA 1978, Lindhorst

troffenen sehr anschaulich und drastisch: *„Elsässer, links raus! Immer wieder; 1870; 1918; 1940; 1945. Ihr Franzosenköppe, ihr sales boches! Niedergekniet und den neuen Staatsgötzen angebetet! Und hinaus mit dem welschen-teutonischen Plunder! Vier radikale Umschulungen in einem Menschenleben. Jedesmal Verstümmelung der eigenen Geschichte. Jedesmal Verdammung einer unserer Sprachen. Jedesmal Verketzerung der vorherigen Staatsloyalität. Ausweisungen, Exil! Mal ging es über den Rhein, mal über den Vogesenkamm, mal ins Gefängnis, mal ins KZ.*

Ihr habt uns das Rückgrat gebrochen, ihr Schulzes und Duponts. Daß Schulze dabei brutaler vorging als Dupont, haben wir dem Umstand zu verdanken, daß ersterer grobschlächtige Knobelbecher trug und der letztere schicke Stiefeletten. Und somit versteht man auch, warum die Elsässer die französische, die elegante Art, eine Minderheit zu knicken, der rabiaten reichsdeutschen vorziehen." (52)

Was nun kam, kannten die Erwachsenen schon. Umbenennung der Straßennamen und Plätze, selbst der alten Namen, die an die große Revolution und die Kriege Napoleons erinnerten, an die man gewöhnt war, auf die man stolz war. Der Coiffeur wurde wieder zum Friseur, Pierre zu Peter usw.

Die Namensänderungen wurden von der Partei angeordnet und kontrolliert. Widerstand dagegen, etwa mit dem Hinweis, daß es doch auch in Deutschland und vor allem in Berlin so viele Deutsche mit französischen Namen gebe, half nichts. Es kam, in deutscher Übertreibung, noch die kuriose Anordnung hinzu, mit der die eifrige NS-Gauleitung in Straßburg der elsässischen Bevölkerung sogar das Tragen von Baskenmützen untersagte, weil das eine welsche Kopfbedeckung sei.

Sich über solche Dinge unnötig zu erregen und deswegen Widerstand zu leisten, das lohnte sich einfach nicht. Bedenklicher dagegen war schon, daß das Straßburger Münster gemäß einer Verfügung Hitlers vorläufig für den katholischen Gottesdienst geschlossen wurde. Es sollte, was allerdings noch nicht offiziell bekanntgegeben wurde, als *„Nationalheiligtum der gesamten deutschen Nation — nicht der katholischen Kirche zurückgegeben, nicht der evangelischen Kirche übergeben werden."* (53)

---

(52) André Weckmann: *„Wir halten den Finger in den Wind."* Merian Heft, Straßburg und das Elsaß, 7 XXXIII IC, S. 58
(53) Kettenacker a.a.O., S. 197

Das war ein neuer Laizismus, ein Angriff auf die Kirche und die Religiosität des Volkes, diesmal nicht im Namen der Aufklärung, sondern der Volkstums- und Rassenideologie.

Die Universität Straßburg gab es doppelt: einmal in der Emigration in Clermont Ferrand im unbesetzten Frankreich und neugegründet als »*Reichsuniversität Straßburg*«, als deutsche Erziehungsstätte, ein »*Bollwerk deutschen Geistes im Westen*«. (54)

Es gab in ihr aber keine theologische Fakultät. Das war eine eindeutige Absage an die alte Tradition des Landes, das gerade durch die sehr gebildete evangelische und katholische Geistlichkeit so sehr geprägt worden war, ein weiterer Beweis, daß der Anspruch des Nationalsozialismus, die alten Traditionen des Landes zu wahren und erneuern zu wollen, eine sehr eigenartige Interpretation erfuhr. (55)

Die Presse und die »*öffentliche Meinung*« in Versammlungen, Heimatabenden usw., mußten sich in den Dienst des Staates stellen. Einflußreiche private Organisationen und Vereinigungen gab es nicht mehr und laute, öffentliche Kritik, ein Aufbegehren wie im demokratischen Frankreich nach 1918, gestützt auf politische Parteien, das war nicht mehr möglich.

Wie sollte man reagieren? Immerhin war ein sehr großer Teil der Bevölkerung bereit, die ganze Entwicklung zu ertragen und wohl auch teilweise mitzutragen, weil die politische Zukunft des Landes keine andere Aussicht bot. Die Parole hieß also: Schweigen, sich anpassen oder, anders ausgedrückt, sich zu arrangieren, so wie man es als Wort und Verhaltungsregel von den Franzosen gelernt hatte.

Doch diese Haltung änderte sich nach einiger Zeit. Die Stimmung im Lande wurde spürbar zurückhaltender und dann deutlich abweisend, als die deutschen Behörden ein Versprechen brachen, das sie 1940 als großzügige Sieger gegeben hatten: Für die deutschen Elsässer und Lothringer ist der Krieg endgültig aus, und kein Bürger des Landes wird gezwungen werden, in der deutschen Wehrmacht zu dienen!

Selbstverständlich hatte man auch schon 1940 Meldungen von Freiwilligen gern angenommen, und es gab solche Meldungen auch, wenn auch in weit geringerer Zahl als 1914. Aber 1943 wurde dann doch offiziell die Wehrpflicht für alle dienstfähigen Männer angeordnet. Der Widerspruch dagegen wäre vielleicht etwas geringer ge-

---

(54) Kettenacker a.a.O., S. 186
(55) Kettenacker a.a.O., S. 187

wesen, wenn das vor und nicht nach der Niederlage bei Stalingrad geschehen wäre, denn der Krieg gegen den Bolschewismus, der ja auch in nationalistischen Kreisen Frankreichs begrüßt worden war, wurde auch im christlich-konservativen Elsaß akzeptiert. Nur, es war eben Hitlers Krieg und nicht ihr Krieg. Daß gerade jetzt, als die militärische Entwicklung gegen Deutschland lief, die Elsässer und Lothringer eingezogen wurden und, wie im ersten Weltkrieg, wieder an die Ostfront kamen in Abwehrschlachten und Rückzüge, das machte den nachdenklichen und vorausschauenden Bürgern klar, daß das Rad der Geschichte sich für ihr Land wohl bald wieder drehen würde.

Wie im Ersten Weltkrieg reagierte auch diesmal die Regierung mit Härte und Verschärfung der Anordnungen auf die sich mit der Kriegslage und wirtschaftlichen Schwierigkeiten verschlechternde Stimmung. Diejenigen Bürger, die sich offen widersetzten, lernten die Lagerhaft und im schlimmsten Fall die Haft im Konzentrationslager kennen. Das war allerdings in den Landesteilen unterschiedlich, im Elsaß strenger und härter als in Nordlothringen, wo sich der damalige Gauleiter Bürckel äußerte, es sei *„ein Armutszeugnis, mit Hinrichtungen und Konzentrationslagern zu regieren!"* (56)

Es lag aber auch daran, daß die Zahl derjenigen im Elsaß wesentlich größer war, die Widerstand leisteten, Widerständler unterstützten, desertierten oder Deserteuren zur Flucht verhalfen. Die Volksgerichtshofprozesse 1943 in Straßburg waren, bei aller Härte der Urteile, auch eher als ein Mittel der Gegenwehr des Reiches und als Abschreckung gedacht, die es ohne die schwierige Kriegssituation wohl nicht gegeben haben würde.

Es muß an dieser Stelle auch erwähnt werden, daß es den für die Regierung und Verwaltung mitverantwortlichen gebürtigen Elsässern sehr häufig gelang, für ihr Land und seine Bevölkerung Schlimmeres zu verhüten. Es war üblich, daß diejenigen Elsässer und Lothringer, die sich verdächtig gemacht oder als »Volksgenossen« gegen die Interessen des Reiches gehandelt hatten, in das Konzentrationslager Vorbruck-Labrouse bei Schirmeck eingeliefert wurden, abgesehen von den Fällen, wo es um Spionage, Desertion oder Hochverrat ging. Dieses Lager bei Schirmeck war als Arbeits- und Erziehungslager eingerichtet, zur »Sicherungsverwahrung und Schulung«. Die Aufenthaltsdauer war begrenzt, die meisten Insas-

---

(56) Kettenacker a.a.O., S. 244

sen wurden wieder zur Bewährung entlassen. Die Verwaltung des Lagers lag zudem in den Händen der Polizei und nicht der SS. (57)

Auch das Konzentrationslager Struthof bei Natzweiler, das von der SS eingerichtet und geleitet wurde, war nicht der Typ des reichsdeutschen Lagers wie Dachau oder Buchenwald, ganz zu schweigen von den Vernichtungslagern in Polen und Weißrußland. In der Zeit von 1941—1943 wurden hier schätzungsweise 6000 Menschen umgebracht, durch mangelnde Ernährung, Erhängen, Erschießen. Es waren überwiegend Polen, Russen, Franzosen (Kriegsgefangene, entwichene Kriegsgefangene, Partisanen, Resistancekämpfer) und nur wenige deutschsprachige Elsaß-Lothringer. (58)

Das Schicksal der jüdischen Bevölkerung des Landes, die in die Hände der SS und des SD fiel, war, wie das ihrer Leidensgenossen im Reich, gnadenlos und grausam, da ihnen die Deportation in den Osten bestimmt war.

Über eines gab es am Ende des Jahres 1943 keine Zweifel mehr; es war mißlungen, mit den Mitteln der Propaganda, der ideologischen Schulung und Disziplinierung die Bevölkerung des Landes umzuerziehen und für das Dritte Reich zu gewinnen. Darüber gibt eine Denkschrift Auskunft, die von dem Stuttgarter Oberbürgermeister Karl Strölin am 3.7.1943 verfaßt wurde:

. . . *„Das wiederholte Hin und Her zwischen zwei Völkern hat den Elsässer seelisch zerrissen und mißtrauisch gemacht. . . . Er ist stark kritisch und eigenwillig geworden. In seiner wechselnden Geschichte hat er eine gute politische Schulung erhalten. . . . Dem Elsässer ist ein ausgesprochenes Gerechtigkeitsgefühl eigen und vom französischen Einfluß her ein stark formaljuristisches Denken. Der Elsässer ist religiös und heimattreu. Dabei ist er aber doch materiell eingestellt. . . . Nach der Niederwerfung Frankreichs im Jahre 1940 bestand im Elsaß als natürliche Reaktion des deutschen Blutes und aus verstandesmäßiger Haltung gegenüber dem Sieger heraus, zweifellos eine nicht unfreundliche Einstellung, sowie die Bereitschaft zur Mitarbeit. Heute steht man der Tatsache gegenüber, daß sich im Elsaß in weitesten Kreisen der Bevölkerung eine tiefe Unzufriedenheit mit den bestehenden Verhältnissen breit macht. Die Lage kann kaum eindeutiger gekennzeichnet werden, als durch den im Elsaß umlaufenden Spruch: Was die Franzosen in 20 Jahren nicht*

---

(57) Kettenacker a.a.O., S. 246
(58) Kettenacker a.a.O., S. 248

fertiggebracht haben, uns zu Franzosen zu machen, das könnten die Deutschen erreichen, wenn sie so weitermachen." (59)

Um die Jahreswende 1944/45 wurde der Einmarsch der Truppen der Alliierten wohl stärker herbeigewünscht und von vielen Menschen eher als Befreiung empfunden als gegen Ende des Ersten Weltkrieges, und auch äußerlich glichen sich die Bilder keineswegs. Es gab keine großen Szenen des Jubels und des Beifalls auf den öffentlichen Straßen und Plätzen, vergleichbar mit den spontanen und organisierten Kundgebungen der Franzosenfreunde im Jahre 1918. Unsicherheit gegenüber der eigenen Zukunft und der Zukunft des Landes war die beherrschende Stimmung. Dazu kam die Tatsache, daß der Krieg noch nicht aus war und die Männer und Söhne noch im Osten an der Front standen. Die materielle Not war, wie auch im befreiten Frankreich, keineswegs behoben und die wirtschaftliche Lage nach der langen Kriegszeit sehr schlecht. Eines war sicher: der erneute Wechsel von der deutschen zur französischen Staatsbürgerschaft stand bevor oder war er mit der Besetzung des Landes durch die alliierten Truppen schon vollzogen?

Nach dem ersten Aufatmen, daß man glimpflich ohne große Zerstörungen über die Kampfhandlungen und den Luftkrieg hinweggekommen war, mußte die Bevölkerung bald erfahren, daß man von normalen Lebensverhältnissen noch weit entfernt war, als nach dem Abmarsch der regulären amerikanischen und französischen Kampftruppen eine Übergangszeit der Rechtlosigkeit begann. Eine Welle des Mißtrauens, der Verfolgung und Verhaftungen ging über das Land. Die Regierungsgewalt wurde, vielfach unkontrolliert, von selbsternannten französischen Ordnungskräften ausgeübt, die sich überwiegend aus aktiven Resistanceangehörigen und zahlreichen Kommunisten zusammensetzten, die oft keine Elsässer waren und die Verhältnisse im Land nicht kannten.

Willkürliche Beschlagnahmungen, Gewaltakte und Morde, oft nach Denunziationen, das alles blieb ungeahndet. Der Haß auf die Nationalsozialisten, auf die deutschen Besetzer und »*Unterdrücker*« richtete sich in Frankreich nunmehr gegen alles Deutsche schlechthin. Der »*befreite*« französische Staatsbürger war in den Augen der eifrigen Patrioten besonders verdächtig, wenn er einen deutschen Dialekt sprach und des Französischen wenig mächtig war. Waren diese Leute nicht samt und sonders deutsche Agenten

(59) Zitiert nach Kettenacker a.a.O., S. 279

und anschließend Kollaborateure gewesen, die Frankreich verraten hatten? Jetzt mußte Vergeltung geübt werden, jetzt mußte sich das neue nationale Frankreich an den Deutschen insgesamt rächen dürfen, die alle Feinde und Nazis waren, darüber gab es keine Diskussion. Die »*Säuberung*« Elsaß-Lothringens ging deshalb viel radikaler und brutaler vor sich als 35 Jahre vorher. Viele, zum Teil hochangesehene Bürger blieben für längere Zeit in Haft und wurden streng bestraft wegen tatsächlicher oder vermeintlicher Zusammenarbeit mit den »*Nazis*«. Das war nicht die Befreiung, die die Bürger erhofft hatten, das war ein Los, das die Bevölkerung Elsaß-Lothringens nicht verdient hatte.

Den Bürgern, die sich geweigert hatten, mit den deutschen Behörden zusammenzuarbeiten und sich allen Anordnungen zu fügen, die es an den äußeren Zeichen der Loyalität gegenüber dem Dritten Reich hatten fehlen lassen, hatte die Haft, wenn nicht gar die Umerziehung im Lager gedroht.

Diejenigen, die, teils aus Überzeugung, teils im Bemühen, ihrem Lande zu dienen, sich den Verhältnissen angepaßt und die deutschen Behörden unterstützt hatten, kamen nun nach der »*Befreiung*« in französische Haft. Das Konzentrationslager Struthof blieb bestehen, neue Häftlinge wurden eingeliefert: der Kollaboration verdächtige Elsässer und Lothringer, deutsche Bürger aus dem Reich, die ins Elsaß versetzt worden waren, junge deutsche Soldaten der Waffen SS usw.

Die Wachmannschaften, zum großen Teil kommunistische Resistancekämpfer, gaben sich Mühe zu zeigen, daß sie, was die brutale und entwürdigende Behandlung der Häftlinge betraf, nicht hinter den »*Leistungen*« ihrer Vorgänger zurückstanden. Die Geschichte dieser Übergangszeit ist ein Kapitel, über das wohl noch in vielen Einzelheiten berichtet werden muß, wenn man das Schicksal des Landes besser verstehen will.

7. DIE NEUE INTEGRATION NACH 1945 — VERÄNDERUNG ODER BEWAHRUNG?

Nach Kriegsende, im Sommer 1945, als allmählich mit der Tätigkeit der immer besser funktionierenden Präfekturen wieder Ruhe, Normalität und Sicherheit vor Willkürakten einkehrte, ließ sich eine erste Bilanz ziehen. Sie begann mit der Feststellung, daß das Land Elsaß-Lothringen zum zweitenmal als politische Einheit aufgelöst worden war, geteilt in die Departements Oberrhein, Niederrhein und Mosel. Sie waren Bestandteil der Republik Frankreich, ohne daß es eines besonderen Rechtsverfahrens unter Hinzuziehung anderer Mächte oder einer von Deutschland geforderten Abtretungserklärung bedurft hätte.

Wie stand es mit einer Abstimmung der Bevölkerung über die Staatszugehörigkeit?

Kein Bürger des Landes war so naiv, so mutig oder von so starkem Rechtsgefühl beherrscht, daß er eine neue freie Entscheidung, eine Volksabstimmung für Frankreich oder für Deutschland zu fordern gewagt hätte.

Die Macht hatte entschieden, die Zeitgeschichte hatte diesmal wieder ein Urteil gegen Deutschland gesprochen, und die nähere Bekanntschaft mit dem diktatorisch regierten Reich hatte hingereicht, um die französische Staatsbürgerschaft aufs neue, und diesmal wohl endgültig, annehmbar zu machen.

Ein Blick auf das zerstörte und besetzte Deutschland konnte selbst bei denjenigen, die sich innerlich nach wie vor eng mit dem deutschen Volkstum verbunden fühlten, nur mehr ein Gefühl der Trauer und des Mitleids hervorrufen. Der Wunsch nach einer nochmaligen staatlichen Verbindung mit Deutschland war nach allen Ereignissen der Kriegs- und Krisenjahre erloschen. Was aber blieb, war die unbeantwortete Frage, ob man auch jetzt noch, nach dem Zweiten Weltkrieg die alemannisch-fränkische Identität, das alte Volkstum mit seiner Tradition bewahren und entwickeln könne. Aber das sollte schwieriger werden, als jemals zuvor in der Geschichte des alten Lotharingien.

Die Nachkriegsregierungen in Paris gaben zwar zu erkennen, daß man keine grundsätzlichen Zweifel mehr an der staatsbürgerlichen Loyalität der Bevölkerung habe. Es wurden auch politische Fehlurteile korrigiert, Unschuldige aus der Haft entlassen und Schuldige, die nach elsaß-lothringischem Maßstab gar keine Schuldigen waren, begnadigt. Dennoch, ein Rest von Mißtrauen blieb. Darum sollte nach dem Willen der Regierungen in Paris die Assimilationspolitik diesmal zur völligen Angleichung und Integration führen.

Der Preis, den das Land für diese zweite »Befreiung« von den Deutschen an die »mère patrie«, die »Mutter Frankreich«, zu entrichten hatte, war daher eine Romanisierung in allen Lebensbereichen, gegen die man keinen Widerspruch wagen konnte, wollte man sich nicht erneut dem Verdacht aussetzen, ein Feind Frankreichs zu sein.

74

Wenn selbst der französische Ministerpräsident und spätere Außenminister Robert Schuman von radikal-nationalistischen Kreisen als
Lothringer wegen seiner früheren Kontakte zur Autonomistenbe-
wegung angegriffen wurde und man ihm seine deutsche Aussprache des Französischen vorwarf, kann man wohl verstehen, daß diejenigen, die im Herzen an ihrer Treue zur Heimat festhielten und
zum Föderalismus neigten, sich größte Zurückhaltung auferlegen
mußten.

Die Zeit arbeitete gegen sie und für ein neues, sachliches National-
empfinden, das für die alte Heimatbewegung und ihre Gedanken
von einer eigenen Stammeskultur zwischen den Nationen keinen
Raum mehr ließ. Von der jüngeren Generation wurde dieser Prozeß
der Romanisierung vor allem durch die Wirksamkeit von Schule,
Presse, Funk und Film zugleich mit der zunehmenden Veränderung
des Lebensstils in den folgenden Jahren auch gar nicht mehr bewußt wahrgenommen und der Rückgang der deutschen Sprache
nicht mehr als so schmerzhaft empfunden wie noch 20 Jahre vorher. Was galten Traditionen, Volkstum und der alemannisch-
fränkische Dialekt gegenüber neuer Mode, Einrichtung, Auto und
Fernsehen?

Das Gefühl für den Wert des Volkstums und die in der Landschaft
und ihrer Geschichte begründeten Eigenart verblaßte ja überall im
neuen Nachkriegseuropa, dessen mittlere und junge Generation
sich dem industriellen Aufschwung und dem modernen emanzi-
pierten Zeitgeist verschrieb, der so sichtbaren Fortschritt brachte.
Wenn der Nachbar Deutschland in den fünfziger Jahren wieder für
Elsaß-Lothringen interessant wurde und eine gewisse Anziehungskraft ausübte, so lag das nicht mehr an den alten geistig-kulturellen
Bindungen, sondern an dem »deutschen Wirtschaftswunder« und
an der Stabilität der Deutschen Mark. Sie setzte einen stärkeren
Grenzverkehr in Gang und bot vielen Elsässern die Möglichkeit,
auf der anderen Seite des Rheines zu günstigen Bedingungen zu ar-
beiten. Die Kenntnis der deutschen Sprache erleichterte den Bürgern Elsaß-Lothringens diese neuen Beziehungen zu Deutschland,
und sie war auch für die vielen Geschäftsleute, Hoteliers und Gast-
wirte eine willkommene Möglichkeit, das gewinnbringende Geschäft mit den deutschen Touristen zu machen, die die Grenze
überquerten, um das Land neu kennenzulernen und in ihm einen
Hauch französischer Kultur und Lebensart zu verspüren. Daß diese
Ausflüge über die Grenze Mode wurden, konnte den Gastgebern in
Elsaß-Lothringen nur recht sein.

Der Fortgang des Assimilationsprozesses wurde durch diese Kontakte über die Grenzen hinweg keineswegs beeinflußt, und nach über 30 Jahren hat es den Anschein, daß er endgültig und unumkehrbar ist. Eine abschließende Wertung dazu kann aber nur der eingesessene Bürger des Landes geben, der die Frage nach dem Charakter Elsaß-Lothringens nach wie vor als Frage nach seiner Identität begreift.

Ist es noch das alte alemannisch-fränkische Grenzland, die Brücke zwischen den Nationen, das aus dem Bewußtsein seiner eigenständigen Kultur und wechselvollen Geschichte heraus sein Selbstverständnis entwickelt?

Das Landschaftsbild, die alten, liebevoll bewahrten und restaurierten Dörfer, die alten Marktplätze und Burgen, das alles ist unverändert und läßt dem Besucher aus ferneren Gegenden und Übersee den Rhein als Achse einer malerischen Landschaft zwischen Schwarzwald und Vogesen erscheinen, für die der Strom keine nationale Trennungslinie bedeutet.

Im Rhythmus des Alltagslebens und der Auffassung und Gestaltung von Beruf und Freizeit ist der Unterschied schon deutlicher, und die Sprache betont viel stärker als früher die Zugehörigkeit des Landes zur Republik Frankreich. Die deutsche Hochsprache ist zur Fremdsprache geworden, doch der alemannische Dialekt, das Elsässerditsch, lebt noch in den kleineren Orten und Dörfern bei der alten und mittleren Generation weiter. Wie weit in Schrift und Literatur noch eine Verbindung des Dialektes mit der Quelle, der deutschen Sprache vorhanden ist oder wiederhergestellt werden kann, läßt sich nur von Fachkundigen beantworten.

Die Zukunft dieses elsässischen und in Nordlothringen fränkischen Dialektes ist unsicher. In den Kindergärten wird französisch gesprochen, ebenso wie in den Volksschulen. Das ist der Wille staatlicher Kulturpolitik.

In den höheren Schulen ist die deutsche Sprache noch bis in die 70er Jahre erste Fremdsprache gewesen, die Tendenz geht aber jetzt dahin, daß sie nach dem Englischen zur zweiten Fremdsprache wird. Bis auf wenige Blätter erscheinen die Zeitungen, Zeitschriften und illustrierten Magazine in französischer Sprache. Wird das früher mehrsprachige Land seine Zweisprachigkeit und seinen bodenständigen Dialekt endgültig verlieren?

Kann es dann noch Elsaß Lothringen sein, wie es 1910 oder noch 1930 war?

Die Bevölkerung beginnt seit Ende der 70er Jahre sich wieder stärker für die Sprachenfrage zu interessieren, denn von deren Beantwortung hängt es vor allem ab, ob das Land weiter seine liebenswerte Anziehungskraft als lebende Brücke zwischen Deutschland und Frankreich für seine Besucher behält. Das ist wohl auch der Wunsch der neuen und alten Heimatvereine auf allen Ebenen, und es hat den Anschein, als ob auf dem Weg der Regionalisierung in den drei Departements noch vieles von dem bewahrt werden kann, was Elsaß-Lothringen früher war.

Die seit 1981 eingeschlagene Politik des Präsidenten Mitterand und der sozialistischen Regierung gibt einigen Anlaß zur Hoffnung, daß im Elsaß und im deutschsprachigen Lothringen der Entwicklung der deutschen Sprache wieder etwas Raum gegeben wird. Allerdings wird der elsässische und lothringische Dialekt in Analogie zu den in anderen Regionen Frankreichs gesprochenen nichtfranzösischen Minderheitensprachen selbst in einem offiziellen Gutachten für den französischen Kulturminister stets mit den Worten »alsacien«, bzw. »germanique« bezeichnet, und nur einmal wird beiläufig erwähnt, daß es sich um Dialekte der deutschen Sprache, »allemand«, handelt, deren schriftliche Ausdrucksform das Hochdeutsche ist. (60)

Was sich Franzosen und Deutsche in ihrem eigenen Interesse und im Interesse Europas wünschen sollten, wäre die Fortdauer einer solchen, sich vom puren Nationalitätsdenken abhebenden Region, die mit ihrer Tradition und Kultur in einem künftigen vereinten Europa am besten das Verständnis der deutschen und französischen Wesensart für einander begründen und entwickeln könnte.

Der geschichtliche Weg Elsaß-Lothringens, dieses Herzlandes des alten fränkischen Großreiches wäre dann am Ziel, wenn es diese Stellung in einem eng verbundenen Europa wieder einnehmen könnte. Damit wäre zugleich ein Beispiel gegeben, daß die Pflege der Individualität der Landschaften in der Obhut des Nationalstaates durch die Einbindung in eine größere Union unserem Kontinent zu neuer kultureller Blüte verhelfen kann, wenn der alte Regierungsstil das nicht mehr vermag. Die mahnende Stimme eines Elsässers soll deshalb am Ende dieses Berichtes stehen:

---

(60) Eduard Haug: Kulturelle Demokratie und Recht auf Verschiedenheit (Aufsatz), in „Der Westen", Beiheft 6 — Gesellschaft der Freunde und Förderer der Erwin von Steinbach-Stiftung 1984, Filderstadt — Bernhausen

»Wir leben von Utopien, wir Realisten. Es müßte doch möglich sein, Entwicklungsachsen zu entwerfen und auszubauen, die nicht der nationalistisch-manichäistischen Denkungsart entspringen. Es müßte doch möglich sein, das »geistige Elsässertum«, wie René Schickele es formulierte, endlich zu verwirklichen. Wir nennen diese Idee heute: Konvivialität am Rhein. Sollte sie nicht zustande kommen, würden wir als spezifische Einheit mit eigener Identität aufhören zu existieren.« (61)

---

(61) Andrè Weckmann: Wir halten den Finger in den Wind, a.a.O. Merian-Heft Straßburg-Elsaß, S. 61

III. Die Rheingrenze —
viermaliger Besitzwechsel in drei Kriegen

1. DIE EINSTELLUNG DER FRANZÖSISCHEN UND DEUTSCHEN BEVÖLKERUNG ZUEINANDER IM 19. JAHRHUNDERT

Die geschichtliche Entwicklung Elsaß-Lothringens vollzog sich in direkter Berührung und Auseinandersetzung der dort aneinandergrenzenden Staaten und der von ihnen dorthin entsandten Menschen. Für die eingesessenen Bewohner des Landes ging es in erster Linie nicht darum, darüber nachzudenken, wie diese Ereignisse die Grundhaltung des deutschen Volkes gegenüber dem französischen Volk bestimmen könnten und was für Folgen für die Politik der neuen Nationalstaaten daraus entstehen mochten. Ihre Sorge galt vor allem der Sicherung ihrer Existenz und der Bewahrung ihrer gewohnten Lebensart. Immerhin konnten sie sich durch die Bekanntschaft mit den Franzosen, Pfälzern, Preußen, Schwaben ein genaueres Bild von der Mentalität der Nachbarn machen und sich auf sie einstellen.

Die nicht in direkter Berührung miteinander lebenden Franzosen und Deutschen, die Masse des Volkes konnte sich ihr eigenes Urteil oder besser Vorurteil nur bilden, wenn durch Krieg und Besetzung die Soldaten des anderen Staates zu ihnen kamen oder wenn die eigenen Soldaten als Kriegsgefangene für einige Zeit im fremden Land leben mußten.

Einen Massentourismus, der Millionen von Menschen die Möglichkeit gegeben hätte, aus eigener Anschauung die Lebensart und den Alltag des Nachbarvolkes genauer zu beobachten, gab es im 18. und 19. Jahrhundert nicht.

Wenn man sich also für die Nachbarn jenseits des Rheines, für »*die Franzosen*« und »*die Deutschen*« interessierte, war man auf Bücher, Schilderungen von Reisenden und mit wachsender Verbreitung der Presse auf Nachrichten und Artikel der Journalisten, Berichte der Botschafter und Äußerungen von Staatsmännern angewiesen.

Abgesehen von Hofberichten, von Mitteilungen über die neueste Mode, von Informationen über die Wirtschaft und Börsenberichte von Korrespondenten, dominierte in den Zeitungen die Außenpolitik. Mit den Nachrichten und Kommentaren dazu floß aber auch unvermeidlich ein nationaler Standpunkt mit ein. Auch der liberale und aufgeklärte Journalist sah ja sein Nachbarland und dessen Politik als Franzose oder als Deutscher, und im 19. Jahrhundert war es auf deutscher Seite doch schon selbstverständlich, daß z. B. für den Hannoveraner der Württemberger zwar noch Ausländer war, aber eben doch nicht mehr Ausländer der Nationalität nach wie der Franzose.

Das war früher nicht so gewesen und bis zum Beginn der großen Revolutionskriege am Ende des 18. Jahrhunderts konnten die Bürger und Bauern in den deutschen Staaten noch der Meinung sein, daß die Auseinandersetzungen und Kriege in ihren Ländern und in Europa Sache der Fürsten und nicht der Völker, das heißt der Untertanen, sei.

So betrachtet, waren Frankreich und die Franzosen je nach politischer Konstellation Verbündeter oder Feind des Landes. Verbündete waren jeweils die Herrscher, die man ohnehin nicht zu Gesicht bekam, Feind waren die Soldaten, mit denen man es zu tun bekam und vor deren Plünderungen und Kontributionseintreibung man sich hüten und sein Hab und Gut bergen mußte. Aber bereits 1812 und 1813, als nach dem Rückzug der großen Armee Napoleons I. aus Rußland große Teile Deutschlands wieder für fast ein Jahr zum Kriegsschauplatz wurden, nahmen diese Befreiungskriege, ähnlich wie in Spanien, stellenweise schon den Charakter eines »Volkskrieges der Deutschen gegen die Franzosen« an. Nicht mehr Napoleon allein war der große, gefürchtete und gehaßte Gegner, sondern das französische Volk, als dessen Vertreter seine Soldaten in Deutschland nun angesehen wurden.

Nun mußte sich nach dem Friedensschluß von 1814—1815 in den kommenden Jahrzehnten zeigen, ob das liberale Bürgerum in Frankreich und in den deutschen Staaten, das sich anschickte, die Politik mitzugestalten, eine Veränderung bewirken konnte. Würde es dank seines Einflusses möglich sein, die Beziehungen des deutschen und des französischen Volkes zueinander auf der Grundlage friedlicher Nachbarschaft zu entwickeln und auf den Zwang der Staatsräson als schlechtes Erbe fürstlicher Machtpolitik zu verzichten, sie vielmehr durch freundschaftliches Verständnis für die Lage des anderen und weitgehende Toleranz zu ersetzen? Konnte eine beide Völker umspannende Kette brüderlicher Gesinnung, von der die humanistisch gebildeten Bürger sprachen, die Menschen in dem Grundsatz vereinen, daß Franzosen und Deutsche einander helfen und nicht auf Kosten des anderen den eigenen Vorteil erstreben sollten?

Das blieb ein Wunschtraum, der nach dem Rücktritt des Usurpators Napoleon und nach Gründung der »Heiligen Allianz« durch die konservativen Monarchen nur für kurze Zeit die Hoffnung beflügeln konnte.

Daß die alte Rivalität fürstlicher Politik bestehen geblieben war und ein nunmehr von der Presse und Literatur genährtes Bewußtsein der Gegensätze und des französischen Revanchebedürfnisses für die Niederlagen von 1813 und 1815 in beiden Ländern die Bürger stark beeinflussen konnte, zeigte sich in aller Deutlichkeit schon einige Jahrzehnte später bei der sogenannten Orientkrise. Das war auf den ersten Blick eine Angelegenheit, die die Beziehungen der Nachbarvölker zueinander gar nicht berühren konnte und sie dann doch auf den psychologisch verschlungenen Pfaden des neuen Nationalbewußtseins erreichte.

Einflußreiche französische Politiker, an ihrer Spitze der Premierminister Thiers, unterstützt durch eine in ihrem Sinn agitierende Presse und politische Kundgebungen in Paris, nahmen die Auseinandersetzungen zwischen dem nach Unabhängigkeit strebenden Vizekönig (Khedive) von Ägypten und dem Sultan des türkischen Großreiches zum Anlaß, sich im Interesse Frankreichs einzumischen. Diese Auseinandersetzungen konnten zur Schwächung und Auflösung des türkischen Imperiums führen, und das hatte bereits die Außenpolitiker in Rußland und in Großbritannien auf den Plan gerufen. In Petersburg sah man eine Möglichkeit, sich an den Dardanellen festzusetzen, den Türken einen Stützpunktvertrag aufzunötigen und der russischen Politik Einfluß im Mittelmeerraum zu öffnen. In London ging es darum, durch Stützung der türkischen Macht eben dies zu verhindern und der russischen Kriegsflotte keinen Zugang zum Mittelmeer zu gestatten. Frankreich konnte direkt gar nichts dabei gewinnen. Wenn man aber, wie in Paris geplant, den zur Selbständigkeit drängenden Herrscher Ägyptens durch aktive Unterstützung und Lieferung von Waffen und Hilfsgütern in eine engere politische Beziehung zu Frankreich bringen konnte, mußte sich langfristig daraus ein politisches Abhängigkeitsverhältnis ergeben, das dieses Land vielleicht in eine Art Protektoratsgebiet unter französischer Oberherrschaft bringen würde. Das hieß, daß vielleicht später einmal die ganze nordafrikanische Küste von Tunis bis Kairo unter französischer Kontrolle stehen würde. Ein imperialistischer Traum, in dem Paris die Rolle Roms nach den punischen Kriegen zukam.

Solche Phantasien konnten französische Patrioten wohl beflügeln und ihrem Nationalstolz einen Ausgleich dafür bieten, daß mit dem Ende der Herrschaft Napoleons I. auch die französische Vormachtstellung in Mitteleuropa beendet worden war.

Es war also gelungen, Frankreich, das heißt die Öffentlichkeit in Paris, für eine solche neue ägyptische Expedition zu gewinnen, aber dann wurde es doch nichts mit der Ausführung dieser Pläne. Großbritannien, Rußland, Österreich und Preußen, die alten Verbündeten gegen Frankreich, waren sich darin einig, daß es keine machtpolitischen Veränderungen im Mittelmeerraum geben dürfe und Frankreich dort keinen überragenden Einfluß haben solle.

Einen großen Krieg gegen diese Mächte wollte Thiers aber trotz aller großen Worte und Drohungen in der Presse nicht wagen; einen sinnloseren Kampf für ein Phantasieprojekt politischer Großmannssucht hätte es auch nicht geben können.

Aber die Bevölkerung in Paris war tatsächlich durch diese nebulöse Aussicht auf Eroberungen, Machterweiterung, auf neuen Ruhm Frankreichs so sehr erregt worden, daß man zum Ausgleich für diesen politischen Rückzug irgendwo gewinnen und siegen mußte. Irgendwo mußte doch etwas zu erobern sein, um den Ehrgeiz des französischen Nationalismus zu befriedigen.

Thiers und seine Anhänger verfielen deshalb darauf, die neuen alten Annexionspläne zu verkünden, daß man linksrheinisches Gebiet besetzen und wieder, wie zur Zeit Napoleons, in den französischen Staat eingliedern werde. Ein Annexionsprogramm, das mit keinem anderen Anspruch zu begründen war, als daß Frankreich wegen der entschwundenen Aussichten auf eine Vormachtstellung im Mittelmeerraum nun ein »*Recht auf Ausgleich*« habe und mit diesem Recht des Stärkeren den vermeintlich schwächeren Staaten des Deutschen Bundes linksrheinisches Gebiet zur Vergrößerung Frankreichs abnehmen dürfe.

Wie weit es den verantwortlichen Politikern in Frankreich wirklich ernst mit diesen Annexionsplänen war, ist die Frage.

Der französische König, der für solche nationalistische Eskapaden nichts übrig hatte, war jedenfalls strikt dagegen. Er verbot nicht nur eine Aufrüstung und Truppenverstärkung, sondern entließ 1840 den Premierminister Thiers.

Damit war der Schaden aber schon nicht mehr gutzumachen. Die lautstarken Forderungen in der Pariser Presse und das Getöse in den Versammlungen politischer Hitzköpfe hatten bewirkt, daß das Kriegsgeschrei und die Eroberungspläne überall in Deutschland bekannt wurden. Das deutsche Nationalgefühl war verletzt worden, Deutschlands Ehre war angegriffen worden und gerade bei dem liberalen Bürgertum, das für innenpolitische Freiheit in Deutschland kämpfte, war man nicht bereit, eine solche außenpolitische Bedrohung des Rheinlandes ruhig hinzunehmen.

Es dauerte einige Zeit, bis in den deutschen Staaten politische Gegendemonstrationen in Gang kamen, dann aber um so gründlicher, angefacht durch die bereits erwähnten patriotischen Kampflieder, die zur Abwehr gegen einen französischen Überfall aufriefen; »*Es braust ein Ruf wie Donnerhall*« und »*sie sollen ihn nicht haben, den freien deutschen Rhein!*« Es ist ganz klar, daß in diesen Zusammenhang auch die Zeile aus dem bald darauf gedichteten Deutschlandlied gehört, »*wenn es stets zu Schutz und Trutze brüderlich zusammenhält!*« Schutz vor dem auf die Rheingrenze zielenden französischen Imperialismus, das war gemeint, und das verstand auch jeder Bürger in den deutschen Ländern. (s. Anhang Nr. 2)

Wenn wir eine Bilanz ziehen, so ergibt sich, daß die deutsch-französischen Beziehungen in jenen Jahren so gar nicht die Entwicklung genommen hatten, wie es sich die Theoretiker des Liberalismus und vor allem die für die Verbrüderung der freien Völker eintretenden Deutschen Burschenschaften erhofft hatten. Es war im Gegenteil nach 1815 für die um Restauration ihrer Herrschaft bemühten euorpäischen Fürsten leichter geworden, auf äußere Machtpolitik und Expansion zu verzichten, als für die neuen Schichten der national gesinnten Bourgeoisie, und das galt besonders für Frankreich.

Der zunehmende Einfluß der Parteien, der Presse und des stets zu politischer Demonstration bereiten Kleinbürgertums zwangen den dortigen Herrschern nationale und kriegerische Gesten geradezu auf.

Die alte Taktik, innenpolitische und finanzielle Krisen durch außenpolitische Erfolge zu bekämpfen, nötigte in den folgenden Jahrzehnten vor allem den äußerlich mächtigsten und innenpolitisch unsichersten Herrscher, Napoleon III., eine weit über die Grenzen Frankreichs und Europas hinausgreifende Macht- und Annexionspolitik zu betreiben, als Mittel gegen alle politischen Schwierigkeiten und Fehlschläge im eigenen Land.

In den Revolutionsjahren 1848/49 wurde die französisch-deutsche Rivalität von neuem bestätigt, als auch die Regierung der neuen Republik ohne Zögern den Standpunkt der bourbonischen Politik übernahm, daß es keinen engen politischen Zusammenschluß der Staaten in Deutschland zu einem deutschen Reich geben dürfe, weil das der Machtposition Frankreichs in Europa abträglich sein müsse.

Wenn die Pentarchie von 1815, d. h. die führenden fünf Mächte in Europa — Rußland, Großbritannien, Frankreich, Österreich, Preußen — sich durch einen Zusammenschluß Mitteleuropas zum Großdeutschen Reich veränderte, konnte Frankreich in der Rangordnung nur noch den letzten Platz unter den bedeutenden Flächenstaaten in Europa einnehmen.

Deshalb gab es im neuen Frankreich ebenso wie im absolutistisch regierten Rußland nur eine von nüchtern-egoistischer Staatsräson diktierte Stellungnahme zur »deutschen Frage« — es mußte weiter eine größere Zahl mittlerer und kleinerer deutscher Staaten geben, und Preußen und Österreich mußten sich gegenseitig neutralisieren.

Für diese von der Staatsräson gebotene Politik war es auch völlig belanglos, ob das neue Reich, das die in Frankfurt versammelten Vertreter der deutschen Stämme gründen wollten, eine Republik oder eine Monarchie, gleich welcher Regierungsform, sein würde.

Ein einiges Deutschland, an Fläche und Einwohnerzahl Frankreich ebenbürtig oder überlegen, das widersprach dem nationalen Interesse Frankreichs, so wie es seine führenden Politiker sahen. Aber gerade mit dieser kategorischen Einstellung überschritten sie die Grenze von nationaler Gesinnung zum Nationalismus und lösten damit eine entsprechende Reaktion in den Kreisen deutscher Patrioten aus, die diese zur Überzeugung führte, daß die Einigung Deutschlands nur gegen Frankreich möglich sein werde.

Noch 1830 und vor allem 1832 beim Hambacher Fest wurde von den demokratisch gesinnten Vertretern des jungen Deutschlands und ihren französischen und polnischen Freunden die Überzeugung ausgesprochen, daß die freien Bürger aller europäischen Staaten miteinander in Frieden leben würden, um sich zu gemeinsamer Entwicklung Europas zu verbinden, wenn erst einmal die Herrschaft der Fürsten endgültig gebrochen sein werde.

Das waren Gedanke und Pläne, denen damals auch der französische Liberalismus und frühe Sozialismus zustimmte.

Aber in dem Moment, in dem sich die Realität eines einigen großen deutschen Nachbarstaates abzeichnete, waren diese Ideen der 30er Jahre nicht mehr populär (s. Anhang Nr. 3)

Die Debatten der deutschen Abgeordneten in der Paulskirche und die Äußerungen zahlreicher Redner zeigten ebenfalls, daß man sich in Deutschland nicht mehr an außenpolitischen Wunschvorstellungen, sondern an der Realität der nationalstaatlichen Gegensätze zu orientieren begann.

Auch die profranzösisch-fortschrittlich eingestellten Politiker, die das Nachbarland und seine politische Entwicklung als Vorbild eines liberal-demokratischen Staates ansahen, schlossen die Möglichkeit nicht mehr aus, daß die Gründung des Deutschen Reiches doch wohl nur über einen großen revolutionären Volkskrieg gegen das absolutistische Rußland und das expansionistische Frankreich, dem man doch nicht trauen könne, erfolgen werde.

Die alte Frage der Rivalität der Nachfolgestaaten des karolingischen Reiches — wer ist mächtiger, wer kann sich gegenüber dem Nachbarn durchsetzen — stand so wiederum im Vordergrund der deutsch-französischen Beziehungen.

Für einen echten Frieden, eine enge Zusammenarbeit unter Verzicht auf nationales Machtstreben und Vorteilsgewinn gegenüber dem anderen Staat war die Zeit noch lange nicht reif.

Machtpolitik beherrschte die Gedanken und Taten der bürgerlichen und aristokratischen Politiker in ganz Europa noch genauso, wie zur Zeit Metternichs und Talleyrands.

2. DIE EINIGUNG DEUTSCHLANDS — EIN ERGEBNIS DER AUSSENPOLITIK DES ZWEITEN KAISERREICHES

1849, am Ende der Revolutionsära in Mitteleuropa, hatte die Geschichte noch einmal gegen die Einheit Deutschlands und für den Nationalstaat Frankreich gesprochen, da mit der Niederlage der Revolution in den deutschen Ländern die Gründung des Nationalstaates Deutschland erneut in weite Ferne gerückt zu sein schien. Im Rivalitätsstreit wahrte der Nachbar im Westen seinen Vorsprung in der nationalpolitischen Entwicklung, ja, er konnte ihn in den folgenden eineinhalb Jahrzehnten durch Ausbau der Machtposition des neuen Kaiserreiches Napoleons III. noch weiter festigen. Das ehrgeizige Ziel, seit 1815 angestrebt, war erreicht.

Nach den langen Jahren der Restauration, der österreich-russischen Vormachtstellung, war Frankreich durch den Krimkrieg und den französisch-italienisch-österreichischen Krieg von 1859 wieder zur militärischen Großmacht in Europa geworden, nachdem es seine wirtschaftliche und kulturelle Vorrangstellung bereits nach 1830 wiedergewonnen hatte. Auf dem Friedenskongreß von 1856 war Paris wieder die Hauptstadt Europas, wie zur Zeit Napoleons I.

Daß die Grundlage der Macht des neuen Imperiums allerdings weniger stabil war als damals und daß der Vorsprung vor den anderen europäischen Großmächten wesentlich geringer war, sollte sich jedoch nur zu bald erweisen. Zum Unheil für Frankreich wurde statt einer Politik kluger Mäßigung und Zurückhaltung imperialistische Politik betrieben, die dem Bedürfnis des französischen Patriotismus nach »gloire« und »grandeur« entsprechen sollte.
Bei großer Anstrengung der finanziellen und militärischen Kräfte waren Hoffnungen auf Reichtum und Machterweiterung im fernen Osten, im Orient und auf dem amerikanischen Kontinent geweckt worden, deren Fehlschlag zur innenpolitischen Krise führen mußte.
Nach dem Scheitern des neuen französischen Imperialismus in Mexiko, nach der politischen Niederlage gegenüber Rußland zur Zeit des polnischen Aufstandes von 1863 mußte der durch Volkswahl bestätigte Herrscher irgendeinen außenpolitischen Erfolg erringen, um dem Einfluß seiner Kritiker von links und rechts begegnen zu können. Die Kritik der Republikaner, der Royalisten, der finanziell mächtigen Großbourgeoisie, des sich rasch organisierenden Fabrikarbeiterstandes war noch nicht zu einer gemeinsamen Front gegen das zweite Kaiserreich vereinigt, und die Volksmassen in Paris samt der einflußreichen Presse waren nach wie vor bereit, einem siegreichen Staatslenker zuzujubeln, vor allem, wenn ihm ganz unmittelbar, sozusagen vor der Haustür, eine augenfällige Vergrößerung der Macht Frankreichs gelang.
Der Zusammenstoß mit dem wirtschaftlich immer mehr erstarkenden Preußen und der auf Vorherrschaft in Deutschland zielenden Politik Bismarcks war jetzt nur noch eine Frage der Zeit, falls nicht eine der beiden Mächte vor einem Krieg zurückschreckte.
Angesichts der Machtverhältnisse um 1863/64 war es noch sehr unwahrscheinlich, daß die preußische Politik von sich aus eine Auseinandersetzung mit Frankreich suchen und riskieren würde.
Die Auseinandersetzung mit Österreich um die Vorherrschaft im Deutschen Bund stand noch bevor.

Konnte Napoleon III. als Lenker der französischen Politik einen Krieg zwischen Preußen und Österreich geschehen lassen, ohne einzugreifen oder zumindest die Rolle des Schiedsrichters zu spielen, bei dessen Entscheid die Interessen Frankreichs zu allererst zu berücksichtigen waren?

Konnte es dazu kommen, daß nach langer politischer oder militärischer Auseinandersetzung in Paris der Frieden diktiert und unter dem Vorsitz des Kaisers von Frankreich die deutschen Angelegenheiten entschieden wurden?

Welcher Triumph wäre das gewesen! Die Entscheidung der preußischen Politik, nach 1863 bei günstigen Voraussetzungen dem Streit mit Österreich nicht mehr aus dem Wege zu gehen, ja, ihn sogar zu provozieren, mußte also Frankreich auf den Plan rufen. — Wenn zwei sich streiten, freut sich der Dritte. Allerdings konnte der Dritte es diesmal gar nicht abwarten, bis der Kampf begonnen hatte, sondern versuchte schon vorher auf alle mögliche Weise seinen Einfluß geltend zu machen. Die französische Diplomatie war im Frühjahr 1866 schon frühzeitig zur Stelle, um dann doch, als es im Sommer des Jahres um eine rasche, klare Entscheidung ging, den Zeitpunkt des Eingreifens zu verpassen.

Napoleon III. begann seine politische Offensive gegen Deutschland gleichzeitig in Österreich, den süddeutschen Staaten und Preußen in der Absicht, sie gegeneinander auszuspielen.

Während seine Botschafter an den süddeutschen Höfen und in Wien erklärten, daß Frankreich für ihre Selbständigkeit eintreten und es nicht zulassen werde, daß Deutschland unter preußische Herrschaft gerate, verfolgte er damit das Ziel, Preußen unter Druck zu setzen, damit es auf seine Pläne eingehe.

Er hatte keineswegs die Absicht, den süddeutschen Staaten zu helfen, sondern trug Preußen im Mai 1866 ein Bündnis gegen Österreich an, wobei er anbot, daß Frankreich ein Heer von 300 000 Soldaten zur Unterstützung Preußens schicken könne, falls Preußen sich bereit erkläre, nach einem Sieg über Österreich das linke Rheinufer an Frankreich abzutreten und zuzustimmen, daß die Provinz Venetien zu Italien komme. (62)

Er sah wohl klarer, als manche seiner Berater, daß die Macht Preußens in Deutschland weiter wachsen werde und daß, anders als Wien oder Berlin 1848/49, Bismarck bereit war, die Frage der

---

(62) Wolfgang Menzel a.a.O., Bd. I, S. 7; S. 76/77

Einigung tatsächlich durch »*Eisen und Blut*« zu lösen. Wenn Frankreich sich also auf lange Sicht damit abfinden sollte, dann zu den von ihm gewünschten Bedingungen, die ihm eine weitere, wenn auch knappe Überlegenheit sicherte. (63)
Noch war Frankreich den Staaten Österreich und Preußen überlegen, noch war Paris das Zentrum europäischer Politik; denn in London beschäftigte man sich vor allem mit Fragen der Kolonialpolitik, Petersburg und Wien waren in ihrer Bedeutung zurückgegangen und von Berlin war noch kein Anstoß zu aktiver Gestaltung der Politik ausgegangen, der über die Grenze Preußens und Deutschlands hinaus wirksam geworden war.

Diese Lage der Dinge in Europa wurde 1866 durch den Sieg Preußens über Österreich und die mit ihm verbündeten deutschen Staaten mit einem Schlage, das heißt mit einer einzigen Schlacht erschüttert. Denn nicht nur die österreichische Armee war bei Königgrätz den preußischen Truppen unterlegen. Unterlegen waren von da an alle Heere, die der preußischen Armee an Organisation, Generalstabsplanung und Führung nicht gleichkamen.
Galt das auch für Frankreich? Die Militärfachleute in Frankreich waren sich darüber einig, daß dieser Erfolg der minutiösen Planung und Vorbereitung, der vorzüglichen Schulung, Disziplin und Bewaffnung eine ernsthafte Konkurrenz für die neue französische Armee bedeutete, die, obwohl in den vergangenen Jahren oft siegreich, in Europa und anderen Kontinenten noch keinen Gegner dieses Formats gehabt hatte.
Man hatte bis 1866 wohl annehmen dürfen, daß Frankreich zwar keiner großen europäischen Koalition, aber doch jedem einzelnen Gegner in Europa mit Sicherheit überlegen sei.
Ab 1866 konnte das nur noch gelten, wenn man schleunigst umfassende Maßnahmen zur Verstärkung und Reorganisation der Armee traf. Dazu kam noch die politische Niederlage, das heißt das Mißlingen der außenpolitischen Pläne, weil es die Staatskunst Bismarcks möglich gemacht hatte, trotz größter Schwierigkeiten im eigenen Lager mit der kaiserlich-habsburgischen Regierung einen raschen Frieden abzuschließen, der für Österreich keine unzumutbare Demütigung bedeutete und der preußischen Politik einen wertvollen Zeitvorsprung gegenüber der Diplomatie Frankreichs verschaffte.

---

(63) Siehe auch Golo Mann: Deutsche Geschichte des 19. und 20. Jahrhunderts S. 353

Inwiefern war der Sieg Preußens über Österreich eine Niederlage Frankreichs? Er war die Widerlegung der falschen Voraussage, daß Frankreich schließlich den deutschen Zweikampf durch sein Eingreifen und durch seinen Machtspruch beenden werde; so wie mit dem Eingreifen Frankreichs im Dreißigjährigen Krieg seine Vorherrschaft über die linksrheinischen deutschen Länder begonnen hatte, könne es auch diesmal wieder werden. Es war eine Niederlage der nationalen Eitelkeit, daß Preußen von Frankreich nicht dirigiert werden konnte, daß der Kaiser von Österreich Napoleon zwar um Vermittlung beim Waffenstillstand ersuchte, ihn aber nicht um militärische Hilfeleistung bat.

Das genügte! Der französische Nationalismus fühlte sich durch diese Ereignisse übergangen und gedemütigt und nahm für sich das Recht in Anspruch, einen Ruf nach Revanche zu erheben. Die Presse in Paris hatte als Stimme des französischen Patriotismus gesprochen, der Kaiser mußte handeln.

Getrieben von der Stimmung in der Hauptstadt, versuchte er nun, zu spät und zu wenig eindrucksvoll die Rolle des Schiedsrichters zu übernehmen. Da aber die kämpfenden Parteien auf seine Vorschläge gar nicht angewiesen waren, kam sein Botschafter in Preußen gleich zur Sache, indem er Kompensationen, Entschädigungen verlangte. Wofür? Diese Forderung nach Kompensationen war in der Logik der französischen Machtpolitik begründet. Weil Preußen stärker war als Österreich, weil Preußen nun die tonangebende Macht in Deutschland war, waren im gleichen Verhältnis die Macht und der Einfluß Frankreichs gemindert worden.

Also mußte es für diesen Verlust einen Ausgleich geben, der gleichsam auch als nachträglicher Preis für die Neutralität Frankreichs zu zahlen war.

Die Tatsache, daß diese Neutralität ja gar nicht ehrlich gemeint gewesen war, sondern daß Napoleon beabsichtigt hatte, zu gegebener Zeit in den Krieg einzugreifen, wurde bei diesen französischen Kompensationsforderungen geflissentlich übersehen. Frankreich forderte die Abtretung der Pfalz und der linksrheinisch gelegenen hessischen Landesteile. (s. Anhang Nr. 4)

Entsprach das dem Willen der Bevölkerung in ganz Frankreich? Entsprach das dem Willen der deutschen Bewohner dieser Gebiete? Danach fragte der »beleidigte französische Patriotismus« nicht. Es ging um die Erhaltung der Vorrangstellung, der Machtposition, nicht um einen sicheren Frieden und das Glück der Bevölkerung.

Als diese Forderungen sich nicht durchsetzen ließen, vielmehr von Bismarck dazu benutzt wurden, die süddeutschen Staaten zu überzeugen, wie sehr sie des preußischen Schutzes gegen solche französischen Annexionsbestrebungen bedurften, war nach Auffassung des französischen Nationalismus die politische Niederlage vollkommen.

Die chauvinistischen (64) Politiker und die sie unterstützende Presse in Paris ließen in den folgenden Monaten durch ständige Betonung des französisch-preußischen Gegensatzes die natürliche Rivalität der Völker zur Erbfeindschaft werden.

Diese Haltung breiter Volksmassen hatte es bis dahin in Frankreich, Deutschland und vor allem in Süddeutschland noch nicht gegeben, denn die Skepsis gegenüber der Machtpolitik Frankreichs wurde immer noch reichlich aufgewogen durch die Achtung und Bewunderung der französischen Kultur und der Leistungen ihrer Wirtschaft und Wissenschaft. Man war es in Deutschland gewohnt, nüchterner und langsamer zu denken, und die Bevölkerung erlag nicht so rasch der Macht eines Schlagwortes, nach dem der französische Nachbar und häufige Gegner nun plötzlich ein Erbfeind sein sollte, mit dem ein friedliches Zusammenleben gar nicht mehr möglich sei.

Für Frankreich war es diesmal ein Nachteil, daß es nur eine Hauptstadt hatte, daß Paris sein Kopf und sein Herz war und daß dort die Volksmassen am leichtesten zu beeinflussen und aufzureizen waren. So war es wohl unvermeidlich, daß der eilfertig und lautstark erhobene Ruf nach Revanche sich dort erheben und einen solchen Widerhall finden konnte. Wußten die Menschen in Frankreich, was es bedeutete oder berauschten sie sich nur am Klang des Wortes und der patriotischen Reden und Gesten?

Vielleicht spürten sie instinktiv, was hinter dem zugleich aufreizenden und plumpen Schlagwort »revanche pour Sadowa« steckte, das dann in der deutschen Presse vergröbernd und ebenso aufreizend mit »Rache für Sadowa« (65) übersetzt wurde. Es war nicht gemeint, daß man im Interesse der habsburgischen Monarchie einen Revanchekrieg gegen Preußen führen müsse, um die österreichische Machtposition wiederherzustellen. Rache für Sadowa hieß viel-

---

(64) Chauvinismus — übertriebener, hetzerischer Patriotismus, nach Chauvin, einem prahlerischen Rekruten, in einem französischen Lustspiel »La cocarde tricolore« (1831) der Brüder Cogniard

(65) Sadowa bei Königgrätz — Schlachtort in Böhmen, 1866 preußischer Sieg über das österreichische Heer.

mehr »*es darf einfach nicht wahr sein, daß Frankreich nicht mehr die führende Macht in Europa ist und daß Preußen sich uns gleichberechtigt oder gar überlegen fühlen kann! Und wehe der französischen Regierung, die das auf die Dauer dulden würde.*« (s. Anhang Nr. 5)

Das kann man nur verstehen, wenn man sich in die Mentalität des selbstbewußten, patriotischen französichen Bürgers versetzt, der über die Frage — wo hört das Nationalgefühl auf, wo fängt der übertriebene und gefährliche Nationalismus an — nicht weiter nachdenkt. Auch lange Jahre nach dem Zweiten Weltkrieg fand ein Satz »*Frankreich kann ohne Größe nicht leben*«, vom Staatspräsidenten de Gaulle ausgesprochen, die bereitwillige bis begeisterte Zustimmung der Zuhörer. Nach allen geschichtlichen Erfahrungen, die das deutsche Volk mit nationaler Größe gemacht hat, würde dieses Wort bei uns nur noch ungläubiges Erstaunen hervorrufen.

3. DER WEG IN DEN FRANZÖSISCH-DEUTSCHEN KRIEG VON 1870—1871

Das Ziel, die Machtstellung Frankreichs zu behaupten und noch zu erweitern, wurde zum Motto der nationalistischen Kriegspartei in Paris. Ihr Appell an die Regierung lautete: Schlagt Preußen, haltet die Einigung Deutschlands auf, solange es noch möglich ist. Das war aber 1870 schon zu spät, ein Jahrzehnt früher wäre diese Rechnung vielleicht noch aufgegangen, wenn man einen plausiblen Kriegsgrund gehabt hätte, einschließlich der Neutralität Süddeutschlands und Österreichs.

Den Kriegsgrund glaubte man nun, 1870, gefunden zu haben, die angebliche Umklammerung Frankreichs durch preußische Politik von Osten und Süden, die sich nach Meinung dieser Politiker zwangsläufig als Folge der spanischen Thronkandidatur eines Hohenzollernprinzen aus einer katholischen Nebenlinie des Hauses ergeben mußte. Die nationalistische Presse hatte die Forderung nach dem Rücktritt des Prinzen von dieser Kandidatur erhoben und für Frankreich als Existenzfrage dargestellt.

Sie hatte ihr Ziel erreicht, doch nun wurde übermütig und ohne Notwendigkeit der Bogen überspannt, indem man dem bereits laut verkündeten »*Sieg über Preußen*« noch eine empfindliche Demütigung des Nachbarn hinzufügen wollte, gleichsam um die Rangordnung noch einmal vor aller Welt deutlich zu machen.

Napoleon III. ging auf diese Forderung ein, das heißt, er mußte angesichts der Stimmung in der Hauptstadt darauf eingehen. Das vom französischen Botschafter in Preußen, Graf Benedetti, in nicht sehr höflich diplomatischer Art vorgetragene Verlangen, der preußische König solle Frankreich eine bindende Erklärung abgeben, daß niemals wieder ein Angehöriger seiner Dynastie sich um die Krone von Spanien bewerben werde, war eine Brüskierung des preußischen Herrschers, seines Volkes und der spanischen Nation zugleich.

Ging Preußen darauf ein, so war es in der Tat gedemütigt, wies es dieses Ansinnen zurück, so war damit ein für allemal klargestellt, daß es Frankreich absolut gleichberechtigt war und der Nachbar im Westen keinen Einfluß auf die Politik Preußens mehr nehmen konnte, weder in dieser noch in anderen Fragen. Außenminister Graf Bismarck wies die französische Forderung in einer Form zurück, mit der er der preußischen und deutschen Presse bewußt die Möglichkeit gab, die Ablehnung der politischen Forderung als eindeutige Abweisung einer unerhörten Zumutung darzustellen.

So wurde in den folgenden Tagen der französischen Presse in gleicher Münze dafür zurückgezahlt, was nach ihrer Darstellung eine »schallende Ohrfeige« für Preußen gewesen war. (s. Anhang Nr. 6) Konnte aus solchen Schlagzeilen und polemischen Kommentaren ein Krieg entstehen? In unserem Jahrhundert wäre es bei diesem publizistischen Schlag und Gegenschlag geblieben, zumal der eigentliche Grund des Streites, die spanische Thronkandidatur, ja längst im Sinne der französischen Politik erledigt war und der historische Vergleich mit dem Reich des Habsburgers Karls V., der über Spanien und das Römische Reich deutscher Nation zugleich geherrscht hatte, ohnehin für die Nationalstaaten des 19. Jahrhunderts nicht zutraf.

Preußen konnte und wollte als Reaktion auf die Äußerungen in der französischen Presse und der einflußreichen Berater Napoleons keinen Krieg an Frankreich erklären.

Konnten die französischen Nationalisten, die Kriegspartei, den Ausbruch von Feindseligkeiten herbeiführen, indem sie die preußische antibonapartistische Pressekampagne als Beleidigung der Ehre der ganzen französischen Nation bezeichneten, die nur mit der Kriegserklärung beantwortet werden konnte? Konnte man gleichsam die Regeln studentischen Comments auf die Nationen übertragen, bei der die sich beleidigt fühlende Nation die andere zum Duell fordern durfte?

Die Reaktion in der Pariser Öffentlichkeit, der Presse und nicht zuletzt in der Kammer, der gesetzgebenden Versammlung, bewies, daß das möglich war. Es war nicht so, daß ganz Frankreich einmütig den Krieg gegen Preußen forderte — es gab entschiedenen Widerspruch in manchen Departements; die Stimmung eines erheblichen Teiles der Bevölkerung im Lande, besonders bei den Bauern, war durchaus gegen einen Krieg, da sie ihre Freiheit und Sicherheit ja keineswegs bedroht sahen, und die Präfekten berichteten entsprechend nach Paris. (66)
Aber hier, in Paris, mußte die Entscheidung fallen, weil hier die Regierung und die sie stützende Mehrheit in der Kammer über Frankreichs Schicksal zu entscheiden hatten. Es gab in der Kammer eine Opposition gegen den Krieg, nicht sehr zahlreich, aber durch gewichtige Politiker vertreten, und an ihrer Spitze stand diesmal der ehemalige Premierminister Thiers, der mit eindrucksvollen Worten vor einem sinnlosen und nutzlosen Krieg warnte. Die überwältigende Mehrheit stimmte jedoch dafür, Preußen den Krieg zu erklären, die Entscheidung wurde in der Öffentlichkeit mit Jubel begrüßt und gefeiert. Napoleon als »*Volkskaiser*«, der lieber einen diplomatisch-unblutigen Sieg erfochten hätte, war der Getriebene, nicht der Treibende, aber das war in der Öffentlichkeit nicht bekannt und konnte auch kein Gegenstand der Erörterung in einer auf Krieg und Sieg eingestellten Presse sein.
»Der Kaiser begibt sich zur Armee, begleitet von seinem jungen Sohn, der mit an der Front gegen die Feinde kämpfen wird« — so etwas entsprach dem Geschmack des naiven Patrioten und dem, was die kriegsbegeisterten Leser hören wollten.
In der Erregung in jenen Tagen der Entscheidung vom 13.7. bis 19.7.1870 war aber keineswegs öffentlich von der Möglichkeit gesprochen worden, daß ein Krieg Frankreichs gegen Preußen sich vielleicht auch zum Kampf mit den süddeutschen Staaten ausweiten könne. So war auch Napoleon schlecht beraten, als er die Wirkung einer Kriegserklärung an Preußen und die mit ihm im Norddeutschen Bund verbündeten Staaten auf das Nationalgefühl aller Deutschen erheblich unterschätzte.

In einer Proklamation an alle Deutschen, in der der französische Kaiser die Notwendigkeit eines Krieges gegen Preußen zu erklären versuchte, hieß es zwar, daß Frankreich im Namen der Zivilisation

---

(66) Menzel a.a.O., Bd. I, S. 53

und zugleich in voller Achtung für das deutsche Volk zu den Waffen greife.

Das deutsche Volk, vor allem im Rheinland und in den süddeutschen Staaten, war aber keineswegs davon überzeugt, daß die französischen Soldaten als Kämpfer für die Zivilisation die Rheingrenze überschreiten würden. Ihnen war ganz sicher der Zeitungsartikel eines radikalen Pariser Boulevardblattes »*François*« nicht bekannt, in dem den französischen Soldaten empfohlen wurde, in den eroberten deutschen Ortschaften vor allem die Gärten mit Gießkannen gründlich zu untersuchen, denn da, wo das Wasser schnell einsickere, werde man Kostbarkeiten vergraben finden (67).

Aber das war eine Sprache, die die Bevölkerung besser verstand und die ihren Erfahrungen aus Kriegszeiten eher entsprach, als die Proklamation des französischen Kaisers.

Wenden wir uns noch einmal der Frage nach der Notwendigkeit und Zwangsläufigkeit des Krieges von 1870/71 zu, so kann man sagen, daß die französische nationalistische Kriegspartei davon überzeugt war, den Interessen Frankreichs zu entsprechen und mit der Anwendung des Krieges als legitimem Mittel staatlicher Machtpolitik auch keineswegs im Unrecht war, denn ein Sieg hätte die Vorherrschaft Frankreichs über Mitteleuropa auf lange Zeit gesichert und gefestigt.

Sie kamen aber mit dieser Kriegspolitik gerade den Interessen der bismarckisch-preußischen Politik entgegen, die einen Krieg gegen Frankreich als Mittel zur Einigung Deutschlands zwar nicht geplant, aber als nützlich einkalkuliert hatten. Die Welle des Nationalgefühls in Deutschland würde die preußische Politik tragen, das Mißtrauen und die Abneigung gegen Frankreich war seit 1848/49 im ganzen Volk stärker geworden und konnte wieder einen Höhepunkt wie seinerzeit in den Befreiungskriegen von 1812—1814 erreichen.

Ein von Frankreich provozierter Krieg konnte den mühsamen Weg zur Einheit Deutschlands abkürzen und mußte den Widerstand der partikularistischen Kreise und Regierungen in Süddeutschland schwächen.

Nach einem Volkskrieg gegen Frankreich, in dem Soldaten aller deutschen Länder Seite an Seite gekämpft hatten, waren die diplomatischen Schwierigkeiten leichter zu überwinden als noch 1866.

---

(67) Menzel a.a.O., Bd. I, S. 89

Als Angegriffener war man der Bundesgenossenschaft der süddeutschen Staaten sicher, dazu auch der korrekten bis wohlwollenden Neutralität Großbritanniens und Rußlands, die bei einer Kriegserklärung Preußens an Frankreich sicher nicht zu haben gewesen wäre.

Die Gelegenheit, einen Krieg aus günstiger politischer und militärischer Ausgangslage heraus zu führen, welcher Staatsmann im Dienste nationaler Machtpolitik hätte sich ihr damals versagt, um der grundsätzlichen Friedensliebe willen? Eine Kritik an Bismarcks Entscheidung, den Krieg nicht durch politische Nachgiebigkeit verhindert zu haben, ist bei Betrachtung der Umstände und des damaligen Verständnisses des Krieges als legitimem Mittel der Politik wirklichkeitsfremde Naivität oder mangelndes Verständnis für die geschichtliche Entwicklung.

4. DER KRIEG DES KAISERREICHS FRANKREICH GEGEN PREUSSEN ENDET MIT DEM SIEG DES DEUTSCHEN KAISERREICHES ÜBER DIE REPUBLIK FRANKREICH

Der Krieg, über dessen Verlauf hier nicht im einzelnen berichtet zu werden braucht, stellte der Bevölkerung in Deutschland die leichtere Aufgabe, der französischen Nation die schwerere.

Sich im Sieg zusammenzufinden, in brüderlicher Verbindung der deutschen Stämme gemeinsam zu kämpfen, mit dem Gefühl der Stärke und Überlegenheit, das war etwas anderes als die mühsamen Versuche von 1848/49, über Landesgrenzen hinweg gegen den Widerstand der einzelnen Herrscher die deutsche Einheit zu erringen. Die Bevölkerung aller deutschen Länder aller Schichten war selbst in den Jahren der Befreiungskriege 1813—1815 nie so einig gewesen.

Ein gemeinsamer Gegner, gemeinsame erfochtene und gefeierte Siege in einem Krieg, der zwar schmerzliche Wunden schlug, aber keine Not und Verheerung über das Land brachte, das hatte es im alten Deutschen Reich niemals gegeben. Der Jubel und der Triumph in der Öffentlichkeit, der sich bis zur siegestrunkenen Überheblichkeit steigerte — das ist gut zu verstehen, wenn man bedenkt, daß durch diesen Kampf und Sieg ja der alte Traum von der Neugründung des Reiches verwirklicht wurde. Dieser Krieg war in Deutschland populär, selbst bei den international denkenden Sozialisten wie Marx und Engels, die zwar Preußen und das Preußentum haßten und bekämpften, aber dem bonarpartistischen Imperialismus und französischen Übermut eine Niederlage von Herzen gönnten. Auch sie waren für die Einheit Deutschlands, auf dessem Boden nach ihren Erwartungen und Hoffnungen sich der Sozialismus der Arbeiterklasse kraftvoller entfalten würde als in Frankreich oder Großbritannien.

Daß jetzt mit deutschem Pathos und penetranter Gründlichkeit das Ergebnis des Krieges als Gottesurteil, als Sieg deutscher Tugend und Ehre über »welsche Tücke«, über die »Franzosenbrut« gefeiert wurde, daß man daranging, die Person des neuen, ehrwürdigen Kaisers Wilhelm I. zu verklären, gleichsam als sei er die Verkörperung der mythischen Gestalt Barbarossas und mit seiner Annahme der Kaiserkrone sei das alte Reich wiedergekehrt — wer wollte das einem Volk verdenken, das damals so stark in seiner Geschichte wurzelte und mit diesem Krieg und Sieg nach langem Warten den Geburtstag des deutschen Nationalgefühls feierte (68).

In Frankreich mußte man lernen, sich mit der Bitterkeit der Niederlage abzufinden. Die bäuerlich-handwerkliche Bevölkerung im Lande konnte das noch wie ein Naturereignis mit einiger Gelassenheit hinnehmen, wie es umgekehrt in Deutschland wohl auch der Fall gewesen wäre. Aber für das erregte patriotische Bürgertum, das sich wie in keinem anderen Land der Welt in ein Gefühl der Siegeszuversicht und Überlegenheit hineinzusteigern vermochte und dessen Journalisten alle Kraft aufgeboten hatten, um durch mitreißende Parolen die Stimmung bis zur Ekstase zu schüren — für diesen kleinen aber einflußreichen Teil des französischen Volkes war es ein Sturz in die Tiefe, ein betäubender Schlag.

Fürs erste konnte man sich noch mit dem Ruf — wir sind verraten worden — zu neuer Tat aufraffen. Mit erstaunlicher Energie und Entschlossenheit erfolgte die Abwendung vom Kaiserreich und die endgültige Hinwendung zur bürgerlichen Republik, die man als

---

(68) Daß der Sieg von 1871 selbst nach der Katastrophe von 1945 noch eine kleine, das erschütterte Nationalgefühl tröstende und wärmende Flamme auszusenden vermochte, scheint dem Verfasser in einer Anekdote nachweisbar, die gegen Ende der 40er Jahre in Deutschland kursierte. — Es wurde darin die Gründung von Traditionsverbänden der deutschen Wehrmacht, die dann später in den 50er Jahren erfolgte, vorweggenommen. »Der die Gründungsversammlung eröffnende Offizier stellt den ersten Vorsitzenden vor — Oberst soundso, Träger des Ritterkreuzes des E. K. mit Eichenlaub-Beifall im Saal. Dieser begrüßt nun voller Freude und Ehrfurcht als Ehrenmitglied einen General von soundso, Armeeführer im Ersten Weltkrieg — Träger des Ordens ‚Pour le Merite‘ — langanhaltender Beifall. — In diesem Augenblick wird plötzlich durch den Gang auf einem Rollstuhl ein uralter Veteran nach vorn zum Podium geschoben, der mühsam salutiert und dann laut und vernehmlich meldet: Füsilier Schulze, Kriegsfreiwilliger von 1870/71 — keine Orden — Krieg gewonnen.«

politisches und auch militärisches Heilmittel nach den ersten großen verlorenen Schlachten betrachtete. Die Selbsttäuschung, der sich so viele patriotische Bürger so gern hingaben, daß mit der Ausrufung der Republik den Feinden der Schreck in die Glieder fahren werde, daß nun mit einem Schlag das Kriegsgeschehen sich wenden müsse, beruhte ganz und gar auf ihrem Geschichtsbewußtsein. Das freie republikanische Frankreich werde sich mit der Kraft des verwundeten Löwen von neuem erheben und die deutschen Soldaten, die ja keine freien Bürger, sondern Diener ihrer Fürsten seien, besiegen wie am Ende des 18. Jahrhunderts. Es war eine merkwürdige Mischung von patriotischem Fanatismus, Neigung zu theatralischer Übertreibung und bewußter Selbsttäuschung in all diesen Proklamationen und Aufrufen. Sie vermochten bei vielen Bürgern für einige Zeit Mut und Entschlossenheit zu wecken, aber gleichzeitig bewiesen diese Äußerungen und ihr Mangel an Realitätssinn, daß es vielen Bürgern dieser Nation, die den Nationalstolz ja gewissermaßen erfunden hatte, fast unmöglich war, sich mit ruhiger Würde in eine Niederlage zu fügen und die Überlegenheit eines Gegners anzuerkennen. Selbst wenn ein so kluger, scharfsinniger Mann wie der neue Präsident der Republik Thiers nur mit erheblichen Zweifeln am Erfolg zu einer Rundreise durch die Hauptstädte Europas aufbrach, um Beistand und Hilfe für Frankreich zu erbitten — so gab es doch eine sehr große Zahl von Patrioten, die sich allen Ernstes einbildeten, daß die anderen europäischen Staaten geradezu verpflichtet seien, auf der Seite Frankreichs in den Krieg einzugreifen, einfach weil Frankreich nicht von den Preußen besiegt und Paris »*die Hauptstadt der Kultur und Zivilisation*« nicht durch eine Eroberung durch die »*deutschen Barbaren*« geschändet werden dürfe. Zorn, verzweifelter Mut und eine Überheblichkeit, die angesichts der Niederlage lächerlich wirkte, das stand den Tugenden der Franzosen in jenen Wochen und Monaten schlecht an, die auf die Klarheit des Geistes und Fortschrittlichkeit des Denkens als echte Nachfolger römisch-lateinischer Kultur so stolz waren. (69)

---

(69) Wie weit unter dem Eindruck der Niederlage Haß und Zorn jedes normale Maß überschreiten konnte, mag folgendes »*Todesurteil*« zeigen, das in jenen erregten Tagen in einer Zeitschrift in Brest (März 1871) abgedruckt wurde: „*Die in Lyon vereinigten Abgeordneten der Freimaurerlogen und Internationalen haben beschlossen: Wilhelm und seine beiden Gefährten, Bismarck und Moltke, die Geißeln der Menschheit, sind außer Gesetz erklärt. Für jedes der drei verurteilten wilden Tiere wird von den sieben Großlogen dem, der sie tötet, oder seinen Erben eine Million Franc ausgezahlt. Allen unseren Brüdern in Deutschland und auf dem ganzen Erdenrund ist die Vollstreckung aufgetragen.*"

Voltaires zynischer Satz: Die Franzosen sind halb Affe, halb Tiger und seine Bemerkung *„nous devenons l'horreur et le mépris de L'Europe"*, traf damals sicher wohl auf einen erheblichen Teil der Bevölkerung der Hauptstadt zu. (70).

Schon während der Belagerung durch die preußischen Truppen kam es dort zu üblen Ausschreitungen des Pöbels gegen Adel, Bürgertum und Geistlichkeit. Mit dem wilden Ausbruch der Revolution in den Tagen der Pariser Kommune, der zu äußerst grausamen Kämpfen der Armee gegen die Kleinbürger- und Arbeitermiliz führte, begann eine Entwicklung der französischen Innenpolitik, die sich im Gegensatz der Parteien zueinander noch bis in die 80er Jahre hinein fortsetzte. Die Niederlage geduldig, mit Gleichmut und innerer Reife zu ertragen und die geistige Einheit der Nation zu wahren, das war eine Prüfung, die in den folgenden Jahren bestanden werden mußte. (s. Anhang Nr. 7)

5. DER FRIEDEN VON FRANKFURT UND DIE FOLGEN

Wenn wir uns den Text des Friedensvertrages von Frankfurt vom 10. Mai 1871 durchlesen, wird klar, daß dies ein Dokument ist, das eher zurückweist in die Zeit der Kabinettskriege und der Verhandlungen von Beauftragten der Fürsten, als daß es vergleichbar wäre mit dem *»demokratischen«* Frieden von Versailles. Der Sieger nötigt den Besiegten zur Leistung von Kriegsentschädigung in Höhe von 5 Milliarden Franc, zahlbar in drei Jahren. Die Summe war verhältnismäßig niedrig und konnte vom wohlhabenden französischen Bürgertum ohne große Mühe aufgebracht werden.

Man muß das einmal mit der Summe von 1 Milliarde Franc vergleichen, die Napoleon I. 1807 aus dem kleinen *»Restpreußen«* mit kleiner Bevölkerungszahl und schwach entwickelter Industrie herauspreßte. Die Republik Frankreich mußte außerdem den Siegern ein Stück ihres Staatsgebietes abtreten, weil das nach der Meinung der preußischen Regierung die einzig echte Friedensgarantie war. (s. Anhang Nr. 8)

Verglichen mit den Friedensschlüssen des Wiener Kongresses von 1814/15 erfuhr Frankreich natürlich keine so milde Behandlung, weil es ja nicht mehr um die Wiederherstellung rechtmäßiger Königsherrschaft ging, für die auch die Herrscher der Siegermächte

---

(70) Menzel a.a.O., Bd. II, S. 373

in übernationaler Solidarität eingetreten waren. Diesmal wurde nicht von allen Großmächten gemeinsam die Frage des euorpäischen Gleichgewichtes erörtert, was damals zum Vorteil für die territoriale Integrität des wiedererrichteten Königreiches Frankreich gewesen war.

Immerhin, so schmerzlich die Friedensbedingungen 1871 für Frankreich auch sein mochten, sie blieben im Rahmen der üblichen Forderungen, und die französischen Historiker dürften fair genug sein, zuzugestehen, daß bei einem Sieg Frankreichs über Preußen und die süddeutschen Staaten damals mindestens ebensoviel an Leistungen und Abtretungen gefordert worden wäre.

Die Durchführung der Annexion linksrheinischen Gebietes und die von Frankreich gewünschte Aufteilung Deutschlands in kleinere Staaten unter französischem Protektorat hätte 1871 tatsächlich die dauernde Teilung und Verstümmelung Deutschlands bedeutet. Die Abtretung Elsaß-Lothringens war mit solchen Zielen keineswegs vergleichbar.

Über das Recht des Siegers auf Eroberungen hatte kein Geringerer als Präsident Thiers in seiner Geschichte des Kaiserreiches selbst geschrieben:

„Preußen und Österreich hatten Deutschland in einen ungerechten Krieg gegen die französische Revolution hineingezogen und waren besiegt worden. Frankreich hatte durch das Recht des Sieges, dieses unbestreitbare Recht, sobald die siegreiche Macht herausgefordert worden ist, das linke Rheinufer erobert." (71)

Natürlich war er keineswegs bereit, diese These vom Recht des Siegers umgekehrt 1871 auch für Deutschland gelten zu lassen, obwohl Deutschland noch zusätzlich seine historischen Ansprüche auf Elsaß-Lothringen als ehemalige Gebiete des Reiches geltend machen konnte.

So mußte Thiers sich auch das nüchterne Urteil des zeitgenössischen britischen Historikers Thomas Carlyle gefallen lassen, der zur Frage des deutschen Anspruches auf Elsaß-Lothringen sagte, *„es gibt kein Naturgesetz, keine himmlische Parlamentsakte, wodurch Frankreich vor anderen Staaten ein Privilegium erhalten hätte, gestohlenes Gut dem Eigentümer nicht zurückgeben zu müssen."* (72)

---

(71) Zitiert nach Menzel a.a.O., Bd. II, S. 252 aus Thiers Geschichte des Kaiserreiches, Bd. IV, S. 88
(72) Zitiert nach Menzel a.a.O., S. 428, Bd. II

So ließ sich argumentieren für Deutschland und gegen Frankreich mit dem Blick auf die Vergangenheit, aber die Verhältnisse waren ja doch völlig anders als damals.

Eine Niederlage und Annexion von Teilen des eigenen Staatsgebietes wurde im Zeitalter des beginnenden Nationalismus von den Völkern anders empfunden als 1750 oder 1800.

Der Ruf nach Revanche war daher in den folgenden Jahren so lautstark, daß nicht nur Frankreich und Deutschland, sondern ganz Europa sich auf die Fortdauer grundsätzlicher Gegnerschaft zwischen beiden Nationen einzurichten begann. Es ging nicht um die Schuldfrage, um den Vorwurf mangelnder Versöhnungsbereitschaft, um das Unvermögen, durch Entgegenkommen und Kompromißbereitschaft der Rivalität ein Ende zu setzen, es ging um die »natürliche« Reaktion des Nationalismus in Frankreich und die Gegenreaktion in Deutschland. Von nun an wurde die »Erbfeindschaft« in beiden Ländern als unabänderliches Schicksal hingenommen.

Diese Haltungs prägte sich auch in der naiven Selbstgerechtigkeit aus, mit der man auf beiden Seiten weiter wie bisher Denkmäler als Zeichen der nationalen Identifikation und auch als Symbol des Sieges baute, wobei diesmal Preußen-Deutschland einen Nachholbedarf hatte.

Erinnerungsdenkmäler und ehrende Mahnmale für die gefallenen Soldaten waren oft zugleich Siegesdenkmäler.

Ganz unverkennbar der Revanche diente ein Denkmal in Paris, das in allegorischer Form die Stadt Straßburg und die abgetretenen Provinzen Elsaß-Lothringen darstellte. Es war mit einem Trauerflor versehen worden, der solange nicht abgenommen werden sollte, bis das Land wieder französisch war. So etwas sprach den französischen Sinn für Pathos und eindrucksvolle Gesten an. Es ist auch gar nicht zu bezweifeln, daß die Worte des berühmten Schriftstellers Viktor Hugo die Stimmung der patriotischen Bürger Frankreichs wiedergaben, für die die Revanche die Hauptaufgabe der Außenpolitik ihres Landes zu sein hatte. (s. Anhang Nr. 9)

In den folgenden Jahrzehnten suchten sich die Rivalen durch Bündnisse zu sichern, um ihre Positionen gegeneinander zu stärken. — Für das saturierte Deutschland wollte Bismarck mit einem Bündnissystem, das die außenpolitische Isolierung Frankreichs bezweckte, einen Revanchekrieg von vornherein ausschließen — der Republik Frankreich, die mit Geduld und Energie an die Wiedererringung ihrer Großmachtstellung ging, sollte die Verbindung mit einem starken Partner eben diese Voraussetzung für einen Revanchekrieg zu gegebener Zeit schaffen. Je mehr sich ab 1878 (Deutschland — Österreich — Ungarn) und 1893/94 (Frankreich — Rußland) eine solche Teilung Europas in zwei außenpolitische Lager abzeichnete, desto sicherer schien es, daß die endgültige Abrechnung, das heißt man nahm in Frankreich und Deutschland an, daß sie endgültig sein werde, früher oder später erfolgen mußte. Ein weiterer großer Krieg zur Klärung der Machtverhältnisse beziehungsweise zur Erlangung eines Gleichgewichtes, das je nach Standpunkt unterschiedlich angelegt sein würde, galt allen politischen und militärischen Fachleuten und vielen nationalistisch denkenden Journalisten und Intellektuellen als unvermeidlich.

Eine Kriegsgefahr war folglich immer dann gegeben, wenn einem der beiden Rivalen der Zeitpunkt günstig und das Risiko niedrig schien. (73) Der Gedanke an einen Präventivkrieg wurde nicht ausgeschlossen, zumal in den Überlegungen deutscher Generalstäbler nicht, als mit der politischen Verständigung des alten Gegners Frankreich mit Großbritannien und durch die unerwarteten britischen Vereinbarungen mit Rußland die strategische Umklammerung Deutschlands vollendet war und jede Auseinandersetzung durch den Mechanismus der Bündnissysteme alle europäischen Mächte erfassen konnte. In Deutschland fragte man sich, ob es zu einer Wiederholung der großen Allianz von 1755 gegen Preußen kommen könne, diesmal mit dem britischen Weltreich statt Österreich als zusätzlichem Gegner?

Konnte es eine Sicherung des Friedens durch einen grundlegenden Interessenausgleich auf einer europäischen Konferenz geben? Keine der Kontinentalmächte Frankreich, Deutschland, Österreich-Ungarn und Rußland war ernsthaft an einer langen Epoche des Friedens und der Verständigung interessiert, falls diese mit einer Preisgabe von wesentlichen Interessen des eigenen Staates bezahlt werden mußte.

Die Staatsräson rangierte wie selbstverständlich noch immer vor einem gemeinsamen europäischen Interesse. Natürlich sprachen die Texte der Bündnisse in den Präambeln vom Frieden und den Inter-

---

(73) „Bei der Wahl des Staatspräsidenten, Jan. 1913, hatte die frz. Linke keinen zugkräftigen Kanditaten. So bekam ein Mann der Rechten, Raymond Poincarè, unerwartete Chancen. Mit russischen Geldern wurden die Zeitungen bestochen, die gegen P. waren. Der Führer der Radikalen Georges Clemenceau, bat ihn »in herzlicher Traurigkeit«, von einer Bewerbung abzusehen ... Während des Wahlaktes sagte C.: „Wenn es P. wird, gibt's Krieg." Ludwig Reiners: In E. gehen die Lichter aus, S. 123, München 1954

essen aller Völker, denen zu dienen sie vorgaben, und jedes Bündnis wurde nur zum Zweck der eigenen Sicherung und Verteidigung abgeschlossen, aber in den Einzelheiten und Geheimklauseln dominierte das Machtinteresse der Einzelstaaten, für die der Krieg, falls erforderlich, eben die Fortführung der Politik mit anderen Mitteln war. (74)

Als dann im Sommer 1914 nach dem Attentat von Sarajewo die Regierung von Österreich-Ungarn sich zur kriegerischen Abwehr des für sie immer bedrohlicher werdenden Angriffes der slawisch-südslawischen Nationalbewegung entschloß, waren zwangsläufig die jeweiligen Bündnispartner Deutschland und Rußland mit betroffen. Falls nicht beide Mächte gemeinsam oder jede für sich ihre Bündnispartner Österreich-Ungarn zur Zurückhaltung oder Serbien zum Nachgeben zwangen, mußten sie früher oder später eingreifen und gegeneinander Krieg führen. Rußland mußte dies tun, um seine Position auf dem Balkan zu behaupten und zu verstärken; bei einer politischen Kapitulation oder einer totalen militärischen Niederlage Serbiens würde die wirtschaftliche und politische Achse Berlin, Wien, Budapest, Istanbul zum immer festeren Sperriegel gegen die Kraft des Panslawismus und die ehrgeizigen Balkan- und Mittelmeerpläne des russischen Imperialismus werden.

Deutschland mußte dann Krieg führen, wenn Rußland zur Unterstützung Serbiens eingriff, um seinen Bündnispartner Österreich-Ungarn vor einer Niederlage und Vernichtung der staatlichen Existenz zu bewahren. Diese Einstellung entsprach der Interessenlage des Deutschen Reiches und seiner Mitteleuropapolitik sowie seiner konservativ-legitimistischen Loyalitätsauffassung.

Waren also weder Rußland noch Deutschland bereit, unter Zurückstellung ihrer Interessen und notfalls durch Preisgabe ihres Bündnispartners einen großen Krieg in Europa um jeden Preis zu verhindern, dann wurde auch für Frankreich ein Krieg mit Deutschland unvermeidlich. (s. Anhang Nr. 10)

Das hieß aber auch, daß bei einem Krieg, den Frankreich im Bunde mit Rußland gegen Deutschland führte, die immer erwartete und erhoffte Revanche für 1870/71 möglich wurde. So, wie die Krise sich entwickelte, ergab sich für Frankreich der außerordentliche Vorteil, diesmal der von Deutschland Angegriffene zu sein, der behaupten konnte, einen *»unprovozierten«* Abwehrkampf zu führen. Den Generalstäben in Rußland und Frankreich war der deutsche

---

(74) s. Seite 30, Artikel Clemenceaus

»*Schlieffenplan*«, der von der Zwangslage eines Zweifrontenkrieges ausging, natürlich kein Geheimnis. Man hatte allen Grund anzunehmen, daß Deutschland zunächst im Westen angreifen würde, um dort eine rasche Entscheidung zu erzwingen, die es in den grenzenlosen Weiten des Ostens nicht bis zum Beginn des Winters erkämpfen konnte. Das war aber nur dann möglich, solange eine hinhaltende Verteidigung der Weichsel-, eventuell sogar der Oderlinie möglich war.

Dies wiederum war umso schwerer, je stärker die Massierung russischer Angriffsarmeen wurde. Mit dem Instrument der Generalmobilmachung konnte die kriegswillige Partei in Rußland Deutschland nach Belieben unter Druck setzen und schließlich zum Präventivkrieg zwingen, denn je länger und je gründlicher Rußland und natürlich auch Frankreich mobilisierten, desto größer war der militärische Vorteil der Verbündeten gegenüber Deutschland und Österreich. Wenn also der Kampf im Osten begann, egal wer wem den Krieg erklärte, war der Krieg Frankreichs gegen Deutschland unvermeidlich, denn der Sinn des Zweibundes bestand ja in einem gleichzeitigen Einsatz der Truppen, der Deutschland zur Zersplitterung der Kräfte zwingen sollte, wie es die Paragraphen 2 und 3 der Militärkonvention besagten. Hätte Deutschland bei plötzlicher Änderung seiner Strategie das Schwergewicht seiner Armeen gegen Osten geworfen und sich im Westen zur Verteidigung eingerichtet, wäre Frankreich gezwungen gewesen, Deutschland den Krieg zu erklären, falls es nicht zu seinem eigenen Nachteil Rußland im Stich lassen und damit für alle Zeiten als unzuverlässig und ehrlos gelten wollte. Jedermann in Frankreich wußte das, und die bekannte abweisende Antwort auf die offizielle deutsche Anfrage, was Frankreich tun werde, wenn Deutschland sich durch die Mobilisierung von russischen Truppen an seinen Grenzen zur Kriegserklärung an den Zaren genötigt sehe — Frankreich wird das tun, was seine Interessen gebieten — war natürlich nichts anderes als eine indirekte Kriegserklärung an Deutschland, wenn auch nicht im offiziellen völkerrechtlichen Sinne. (s. Anhang Nr. 11)

Daß später, nach der Niederlage Deutschlands, solche Gedanken und Argumente von den nationalistischen Politikern des siegreichen Frankreich nicht geäußert und zur Kenntnis genommen wurden, sollte sich dann nach weiteren fünfzehn Jahren als verhängnisvoll erweisen. Die Tatsache, daß Frankreich sich in Versailles 1919 in scheinheiliger Selbstgerechtigkeit als unschuldiges Opfer eines unprovozierten deutschen Angriffes darstellte und seine verantwortlichen Politiker wider besseres Wissen Deutschland durch ein militärisches Ultimatum dazu zwangen, durch seine Unterschrift zu bezeugen, daß es im Bunde mit Österreich-Ungarn allein den ganzen Weltkrieg verschuldet habe, erzeugte in Deutschland Haß und Erbitterung, die eine Versöhnung und Vertrauen ausschlossen und den nationalistischen Zielen des neuen hitlerschen Imperialismus so vortrefflich zustatten kam. (s. Anhang Nr. 12)

6. VERDUN UND TANNENBERG

Wenn aus dem großen, erbitterten Kampf der deutschen und französischen Heere im Ersten Weltkrieg die Schlacht bei Verdun hier besonders erwähnt wird, geschieht dies, um zu zeigen, welche Bedeutung eine einzelne große militärische Aktion haben kann, wenn sie als politischer Begriff in den Wortschatz und als Symbol in die Seele der Bevölkerung eingeht und als lebendige Erinnerung für künftige Generationen die Politik und indirekt sogar den Geschichtsverlauf beeinflußt.
Ob Austerlitz oder Trafalgar, ob Sedan oder Tannenberg, Stalingrad oder Dünkirchen, die Wirkung dieser Schlachten reichte und reicht weit über ihre Epoche hinaus, als Quelle nationaler Kraft, aber manchmal auch als Hemmnis für die Versöhnung der Völker.

Verdun 1916 — Warum ist dieser Kampf zum Mythos gemacht worden? In den zeitgenössischen Schilderungen in der Presse, in Reden, in Büchern, wurde von Anfang an in Frankreich neben der Schilderung des Grauens dieser blutigen Schlacht, der »Todesmühle«, die hunderttausende junger Menschen verschlang, immer wieder nachdrücklich betont, daß der Name Verdun gleichzusetzen sei mit Tapferkeit, Zähigkeit, Beharrungsvermögen und dem entscheidenden Sieg in einer Abwehrschlacht.
Es gibt gute Gründe für die Behauptung, daß es im militärischen Sinn des Wortes kein eindeutiger französischer Sieg war. Aber darum geht es gar nicht. Wenn wir verstehen wollen, was dieser Mythos von Verdun für das französische Nationalgefühl bedeutet hat und wohl noch bedeutet, müssen wir die Kriegssituation von 1916 mit französischen Augen sehen. Es war offensichtlich, daß ohne die Bündnispartner Rußland und Großbritannien die französischen Heere allein keine zwei Jahre der Kraft des deutschen Angriffs hätten standhalten können. Nur durch die Bündnispartner wurde die

zahlenmäßige und materielle Übermacht Deutschlands ausgeglichen und übertrumpft.

Den französischen Truppen war seit 1807 kein großer glänzender Sieg über preußische beziehungsweise deutsche Soldaten mehr gelungen. Man hatte die Bedrohung und die wachsende Stärke der deutschen militärischen Macht in den Jahrzehnten vor 1914 mit Sorge beobachtet. Man mußte sich im stillen eingestehen, daß Frankreich allein der Gewalt eines deutschen Angriffs nicht werde standhalten können, da es im Vergleich zu 1870 nach zahlenmäßiger Stärke, Ausrüstung und Ausbildungsstand schwächer war. Und nun war es auf den Schlachtfeldern vor Verdun gelungen, mit Tapferkeit, geschickter Verteidigung und gut organisiertem Artillerieeinsatz das deutsche Vordringen soweit zu bremsen, daß eine unbegrenzte Fortführung des Angriffs auf engstem Raum das deutsche Heer zu viele Opfer an Soldaten und Material gekostet hätte. Es war der deutschen Obersten Heeresleitung im Blick auf die Gesamtkriegssituation im Sommer und Herbst 1916 nicht mehr möglich, die notwendige örtliche Überlegenheit herzustellen, die gegen eine tiefgestaffelte, durch zahllose Geschützstellungen gesicherte Abwehr einen entscheidenden Erfolg versprach.

Die Verluste, die der deutsche Angriff der französischen Armee zugefügt hatte, waren außerordentlich hoch, dem standen aber nahezu gleich starke Verluste auf deutscher Seite gegenüber. Das Ergebnis war, daß man auf deutscher Seite die Schlacht abbrechen mußte und die Truppen in Richtung auf die Ausgangsstellungen zurückzog.

Falkenhayns (75) Plan einer Ermattungs- und Ausblutungsschlacht anstelle des Versuches, einen schnellen Durchbruch an diesem Angelpunkt der Front anzustreben, war schon im Ansatz verfehlt gewesen. Dazu kamen im Sommer 1916 die britische Entlastungsoffensive an der Somme und die Brussilowoffensive der zaristischen Armee im Süden der Ostfront.

Verglichen mit Napoleons I. glanzvollen, ruhmreichen Siegen bei Marengo, Austerlitz, Jena, verglichen mit den deutschen Siegen 1870 bei Sedan und 1914 bei Tannenberg, war Verdun kein strahlender Sieg, kein militärischer Triumph über einen geschlagenen Gegner, der sich zur Flucht wandte. Es war für die französische Nation aber eine Bestätigung, daß die Kraft zum erfolgreichen Wider-

---

(75) Erich von Falkenhayn, preußischer General, Chef des Generalstabes von 1914 bis August 1916

stand vorhanden war, daß man dem Gegner schwere Verluste beibringen und sich behaupten konnte. Es war ein Erfolg, der gegen einen starken, gefürchteten Gegner errungen worden war, und unter diesen Umständen war es für die französische Heeresführung ebenso selbstverständlich wie für die Politiker und die Presse in Paris, das Wort *Sieg* zu gebrauchen und Verdun als nationalen Sieg zu feiern. Das gab der französischen Nation das Selbstvertrauen, auch das kommende Kriegs- und Krisenjahr 1917 durchzuhalten. Wenn man aber einmal Verdun zum Symbol der Standhaftigkeit des Sieges in schwerer Abwehrschlacht erhoben hatte, durften auch keine Abstriche an diesem Bild gemacht werden. Die Frage, wie die Schlacht sich entwickelt haben würde, wenn es im Sommer 1916 keine britische und russische Offensive gegen die Heere der Mittelmächte gegeben hätte, konnte nicht in diese Darstellung passen.

Dieser Mythos von Verdun wurde für die folgenden Jahrzehnte eine Stütze des französischen Nationalismus und Konservatismus. Immer dann, wenn Frankreich in Gefahr war, in den Jahren der politischen Krisen der Nachkriegszeit, die 1934 ihren Höhepunkt erreichten, und in der Zeit nach der Niederlage von 1940 erinnerte man sich an Verdun, um Mut und neues Selbstvertrauen zu gewinnen. Daß man in den Jahren nach dem Sieg von 1918 die Erinnerung an Verdun auch als Zeichen der Überlegenheit über die deutsche Nation heranzog, als der französische Nationalismus unter Poincaré die dauernde Unterwerfung und Beherrschung der linksrheinischen deutschen Gebiete plante, sei hier als Beispiel dafür vermerkt, daß mit der Erinnerung an ruhmreichen Kampf auch eine schlechte imperialistische Politik dem naiven Soldaten und Bürger gegenüber gerechtfertigt werden kann.

Es ist für uns Deutsche nach wie vor notwendig und nützlich, diesen Verdun-Mythos und seine Tradition zu studieren, um die nationale Einstellung unserer Nachbarn besser verstehen zu lernen. Ein Vergleich mit der Bedeutung, die die Schlacht bei Tannenberg für den nationalbewußten deutschen Bürger hatte, wird uns dies erleichtern. In ihrer politischen Wirkung weisen beide Schlachten eine bemerkenswerte Parallelität auf.

Was bedeutete uns in Deutschland Tannenberg, vor allem in den Jahren der Weimarer Republik? Diese erste große Umfassungsschlacht des 20. Jh., die mit einem vollständigem deutschen Sieg endete, bedeutete die Befreiung Ostpreußens, die Vertreibung russischer Heere von deutschem Boden. Es war ein Sieg über die wilde Kraft und die nach Zahl weit überlegenen Massenheere des riesigen

Zarenreiches. Diese russischen Truppenmassen, eine ungeheure heranbrandende Flut, waren schon vor 1914 als »*russische Dampf-walze*« bezeichnet worden. Dieser Begriff der alles erdrückenden Dampfwalze wurde vor allem in der französischen Presse häufig benutzt, die damit ihren Lesern die Stärke und Unbesiegbarkeit des russischen Verbündeten vor Augen führen wollte. Es war für Frankreich gleichsam eine Garantie, im Bunde mit dieser gewaltigen Macht die deutsche »*Militärmaschine*« besiegen zu können.

Strategische Begabung, kluge Ausnutzung des gut bekannten Geländes und Artillerieüberlegenheit waren die Grundlage für den Erfolg. Die Verbindung von Führung, Tapferkeit und überlegener Disziplin der deutschen Soldaten hatte die russische Dampfwalze zum Stillstand gebracht.

Es kann gar nicht bestritten werden, daß mehrere Faktoren zugunsten der deutschen Heeresleitung wirkten und den Fehlern der russischen Führung große Bedeutung zukam. Die im russischen Hauptquartier geplante Zangenbewegung der Njemen- und der Narew Armee gegen Ostpreußen mißlang — Versäumnisse, Mißverständnisse und sogar die persönliche Feindschaft der verantwortlichen russischen Generäle Rennenkampf und Ssamsonow wurden zur Erklärung mit herangezogen.

Der Sieg bei Tannenberg wurde sehr schnell in Deutschland von der Politik und Presse zum Symbol erhoben, als gültiger Beweis für die militärische Überlegenheit der Deutschen über die Russen. Aber dem Sieger selbst kam es wohl auch wie eine glückliche Fügung vor, und der Gesang der Soldaten am Abend nach der Schlacht, »*Nun danket alle Gott*«, war sicher eher ein Ausdruck des Gefühls des Dankes für die Rettung aus der Gefahr, als das Lied eines stolzen Triumphes über den völlig geschlagenen Gegner.

Der Triumph, der Mythos, wurden in Berlin gemacht, sie waren das Werk der Propaganda und der nationalen Geschichtsschreibung, genauso, wie das zwei Jahre später in Paris mit dem Wort *Verdun* geschah.

Tannenberg blieb daher für uns Deutsche gerade nach der Niederlage im Westen das Symbol des Sieges, an das man sich hartnäckig klammerte.

Über das militärische Ergebnis hinaus sah der sich in der Verteidigung befindliche deutsche Nationalismus in dieser Schlacht den Sieg der Ordnung, der Organisation, ja des deutschen Wesens über das Chaos, die zerstörerische Gewalt und die ungebändigte Wildheit der Reiterhorden des Ostens. Dieses Gefühl wollte man sich um keinen Preis nehmen lassen, denn daran konnte man sich nach der Niederlage wieder aufrichten. Es war nur folgerichtig für die Stärke dieses nationalen Empfindens, daß wenige Jahre später 1925 der *»Retter Deutschlands«* der *»Sieger von Tannenberg«*, Paul von Hindenburg, zum Reichspräsidenten gewählt wurde.

In Deutschland gab man sich nach 1918 wenig Mühe zu verstehen, was Verdun für Frankreichs Selbstbewußtsein bedeutete, man hatte andere Sorgen und fühlte sich ja keineswegs durch die Kraft der französischen Waffen, sondern durch die Seeblockade Großbritanniens und die ungeheure materielle Überlegenheit des britischen Empire und der USA besiegt.

Doch umgekehrt galt genau das Gleiche. Wer war denn in Frankreich dazu bereit oder sah es als notwendig an, sich mit der Entstehung und Bedeutung des Tannenberg-Mythos in Deutschland zu beschäftigen? Man nahm es wohl unwillig und kritisch zur Kenntnis, daß Hindenburg zum Reichspräsidenten gewählt worden war. Wer hätte aber in Frankreich so weit gehen wollen, sich einzugestehen und es den französischen Bürgern zu erklären, daß die französische Unterdrückungspolitik, die man als Sicherheitspolitik bezeichnete, ja ein wesentlicher Anlaß gewesen war für die geistige Rückkehr der deutschen Patrioten auf die Schlachtfelder des Ostens, auf denen Deutschland gesiegt hatte.

Der Gedanke, daß man auf die Empfindungen, Empfindlichkeit und die nationale Ehre des Unterlegenen Rücksicht nehmen sollte, kam den tonangebenden Politikern und Journalisten des siegreichen Frankreich nach 1918 noch weniger als Preußen-Deutschland nach 1871 mit seinen das französische Ehrgefühl verletzenden Sedanfeiern. *»Hier erlag am 11. November 1918 der verbrecherische Stolz des Deutschen Reiches, bezwungen von den freien Völkern, die es zu versklaven versucht hatte.«*

Diese Gedenktafel neben dem Eisenbahnwaggon in Compiégne, in dem die deutsche Delegation die Waffenstillstandsbedingungen unterzeichnet hatte, war ein Kennzeichen der Maßlosigkeit und des nationalistischen Triumphes, dem viele französische Politiker damals zum Opfer fielen. Man hatte sich zu Worten hinreißen lassen, die den Besiegten, das tapfer kämpfende deutsche Volk, bewußt demütigten und in ruhmbedürftiger Überheblichkeit die Tatsachen entstellten.

7. KRIEGSZIELE UND EIN FRIEDENSSCHLUSS, DER KEINER WAR

Mit den Kriegszielprogrammen des Jahres 1915 hatten sich wirtschaftlich und politisch führende Kreise des deutschen Bürgertums rückhaltlos zu imperialistischer Politik bekannt, die zur Sicherung der Machtstellung des Reiches die Annexion Belgiens und nordfranzösischer Gebiete einschließlich weiterer Gebietsstreifen in Lothringen vorschlugen und verlangten, Frankreich *»schonungslos eine hohe Kriegsentschädigung aufzuerlegen.«* (s. Anhang Nr. 13) Eine solche Politik wollte die alte Rivalität der beiden Staaten endgültig durch einen Gewaltstreich beenden und Frankreich für immer auf den zweiten Platz verweisen. War es der Wille des ganzen deutschen Volkes? Ganz sicher war es die Auffassung der Mehrheit aller einflußreichen Bürger, die sich befähigt und berufen fühlten, für die Interessen Deutschlands zu sprechen. Der Widerspruch der SPD — wurde er von allen Mitgliedern und Wählern geteilt? — gegen eine solche Macht- und Eroberungspolitik hatte kein großes Gewicht und kein großes Echo, so wenig, wie es eine große Protestbewegung in Deutschland gab, die sich gegen den imperialistischen Annexionsfrieden richtete, den die Verbündeten, Deutschland, Österreich-Ungarn und die Türkei, der Sowjetunion im Frühjahr 1918 aufzwangen.

Entsprechend wurde in Frankreich von der Mehrheit der Bevölkerung eine imperialistische Politik gutgeheißen, die die Rückeroberung Elsaß-Lothringens, die Abtrennung des linksrheinischen Deutschland an Frankreich und die Aufteilung Deutschlands in Kleinstaaten vorsah. Aus Sicherheitsgründen sollte Frankreich auch eine Kontrolle über die deutsche Kohlenförderung, Stahlproduktion und Schwerindustrie übernehmen. Es ist sicher, daß diese Forderungen in beiden Staaten im Namen der Staatsräson erhoben wurden und nicht als Antwort auf die Annexionspläne des anderen zu betrachten sind. Sie wären auch verfolgt worden, wenn Deutschland keinen einzigen Quadratmeter Boden von Frankreich und Belgien gefordert hätte und umgekehrt entsprechend.

Es ging, wie eh und je, um die Vorrangstellung und um die langdauernde Schwächung der Macht des Gegners.

Ein Wesensunterschied zu den Kriegszielen früherer Zeit war nicht zu erkennen.

Zum Unglück für Deutschland und Frankreich war der Geist des Nationalismus 1919 noch mächtiger als 50 Jahre vorher, so daß an eine Versöhnung zwischen Sieger und Besiegtem nicht zu denken war. Es gab zwar in Frankreich manche Stimmen, die zum Ende der Feindschaft und zur Zusammenarbeit mit dem neuen republikanischen Deutschen Reich aufriefen. Aber sie drangen nicht durch und wurden auch bei dem besiegten Nachbarn weniger beachtet als die triumphierenden und verletzenden Worte Poincarés, Clemenceaus und der nationalistischen Presse. (76) Was hatte es den Franzosen 1871 genutzt, daß die deutschen Sozialisten und einige Liberale sich im Norddeutschen Reichstag gegen eine Annexion Elsaß-Lothringens aussprachen, sie als Unrecht bezeichneten und wenigstens eine Volksabstimmung verlangten? Elsaß-Lothringen war damals für Frankreich verloren. Was nutzte es also dem deutschen Bürger 1919, wenn französische Sozialisten und Liberale zur Mäßigung gegenüber Deutschland rieten, wenn die Pazifisten zur Versöhnung mit dem besiegten Gegner aufriefen? Einsichtige Politiker erkannten ja die Gefahr, die durch das brutale Vorgehen und die erniedrigende Behandlung der deutschen Delegation in Versailles heraufbeschworen wurde, das Trauma, das durch die erzwungene Unterschrift unter den Kriegsschuldparagraphen bei den freiheitsliebenden und ehrbewußten Deutschen erweckt werden mußte. (77) (s. Anhang Nr. 14)

Die Stimmen der Politiker, auf die es ankam, die Masse der Parlamentarier und der Bevölkerung waren für eine Politik der Vergeltung. Das wurde in Deutschland gehört und in der Presse zitiert. Elsaß-Lothringen war diesmal für Deutschland verloren, das Saargebiet und Rheinland besetzt, und eine Annexion dieser Gebiete drohte. Man wußte in Deutschland, daß nur der britische und amerikanische Einfluß eine sofortige Einverleibung in das französische Staatsgebiet verhindert hatte.

Wir würden es uns zu einfach machen, der Behauptung zu folgen, Bismarck habe 1871 mit der Annexion und der folgenden Behandlung Frankreichs einen entscheidenden Fehler gemacht, und dieser Fehler sei dann 1919 von der französischen Regierung wiederholt worden, und durch eine Politik der Versöhnung und des Ausgleichs nach 1871 und nach 1919 hätte man den ersten, beziehungsweise den zweiten Weltkrieg verhindern können.

---

(76) Selbst Aristide Briand, der später auf Stresemanns Verständigungspolitik einging, folgte (1921) der öffentlichen Meinung seines Landes in einer Rede, in der er eine *„Politik der Hand an der Gurgel Deutschlands"* empfahl. — Zitiert nach: Werner von Rheinbaben „Von Versailles zur Freiheit", Hamburg 1927, S. 36.
(77) Leon Blum a.a.O., S. 134

Die Zeit war nicht reif dafür, und die französischen Politiker handelten folgerichtig als Gefangene der Machtpolitik des Nationalstaates, in der das Sicherheitsbedürfnis und das Mißtrauen an erster Stelle standen. Es war ebenso folgerichtig, daß man mit einem deutschen Revanchekrieg rechnete, daß man annehmen mußte, Deutschland werde sich so verhalten wie Frankreich selbst nach 1871. Die Gegenmittel entnahm man aus Bismarcks Rezept — eigene Rüstung, Bündnispolitik, Isolierung des Gegners, was natürlich auch bedeutete, daß Deutschland Sitz und Stimme im Völkerbund in Genf verweigert werden mußten.

Wie weit diese Machtpolitik gegenüber den neutralen Beobachtern gerechtfertigt werden konnte, blieb diplomatischem Geschick überlassen. Schließlich sollte der Versailler Diktatfrieden als Fortsetzung des Krieges gegen Deutschland mit anderen Mitteln ja durch die genaue Ausführung aller Bestimmungen erst noch zum vollständigen Sieg über den Rivalen erweitert werden. (78) (s. Anhang Nr. 15 und 16)

Die französische Politik der Reparationsforderungen zeigte besonders deutlich, daß gerade mit ihrer Hilfe eine langandauernde Schwächung Deutschlands erreicht werden sollte. Hier zeigt sich ein entscheidender Unterschied zum deutsch-französischen Frieden von 1871. Damals war es selbstverständlich gewesen, daß die deutschen Besatzungstruppen zwar so lange bleiben sollten, bis die Reparationssumme gezahlt worden war, und sich entsprechend der Zahlungsabschnitte immer weiter zurückziehen würden. Das war eine eindeutige Abmachung, und die finanzielle Forderung wurde unverzüglich mitgeteilt und war in verhältnismäßig kurzer Frist erfüllbar. Die Finanzfachleute, der Pariser Bankier Rothschild und Bismarcks Bankier Bleichröder, die für die beiden Kontrahenten verhandelt hatten, konnten sich rasch einigen über die Höhe des Anspruches Deutschlands und über die voraussichtliche Zahlungsfähigkeit Frankreichs.

Als sachlich denkende jüdische Kaufleute und Geschäftspartner waren sie ohnehin von enger nationalistischer Betrachtungsweise frei.

Die sachverständigen Bankiers und Wirtschaftswissenschaftler in Großbritannien und in den USA erkannten dagegen nach 1919 sehr ·

---

(78) „Der Versailler Vertrag wurde in Frankreich nicht einstimmig begrüßt und mußte gegen eine starke Opposition der Rechten in der Kammer durchgesetzt werden, weil die Rheinfrage nicht im Sinne der französischen Annexionspolitik gelöst worden war." Werner von Rheinbaben: „Von Versailles zur Freiheit", Hamburg 1927, S. 101

bald, daß die gesamten materiellen Reparationsleistungen, die Auslieferung der gesamten Goldbestände der Reichsbank sowie die ersten Vorschläge über die Höhe der langfristig zu leistenden Zahlungen eine sinnvolle Erledigung des Reparationsproblems nahezu unmöglich machten und daß eine beide Völker zufriedenstellende Lösung von der französischen Regierung auch gar nicht beabsichtigt war. (s. Anhang Nr. 17)

Daß in Deutschland unter dem Druck dieser Bedingungen nicht nur die Politiker versuchten, deren Unerfüllbarkeit nachzuweisen, sondern daß ein Teil der deutschen Wirtschafts- und Finanzkreise die sich entwickelnde Inflation bewußt geschehen ließ und zum Teil sogar noch förderte, um die Reparationspolitik gewissermaßen finanziell zu unterlaufen, gab der Entschlossenheit Frankreichs, Reparationsleistungen notfalls zu erzwingen, weiteren Antrieb — ein unheilvoller Kreislauf. Es kam noch hinzu, daß die alliierte Kontrollkommission für die Abrüstung Deutschlands ebenfalls Schwierigkeiten und Widerstand meldete. Eine Wiederaufrüstung war zwar nicht möglich, Flugzeuge, schwerste Artillerie und Panzerwagen, eine machtvolle Flotte, das gab es nicht mehr, aber es war eindeutig, daß viele deutsche Offiziere und entlassene Mannschaften es mit Wissen und stillschweigender Duldung der Regierungen in Berlin versuchten, die endgültige Heeresverminderung nach Kräften hinauszuzögern, vor allem wegen der unsicheren Lage an Deutschlands Ostgrenzen, und es war den Angehörigen der Kontrollkommission wirklich nicht möglich, mit Sicherheit festzustellen, ob nun alle geforderten Maschinengewehre, leichte Geschütze und Handfeuerwaffen abgeliefert beziehungsweise vernichtet worden waren.

Ebensogut hätten sie Stecknadeln im Heuhaufen suchen können. Widerstand wohin man blickte — im politischen (79), wirtschaftlichen und militärischen Bereich. Für Frankreich konnte es nur eine Antwort geben: Beibehaltung des harten Kurses gegenüber Deutschland mit den Ausführungsbestimmungen des Versailler Vertrages als Waffe und Mittel zu diesem Zweck.

---

(79) Dazu aus einem Vorwort für die Schülerinnen und Schüler, dem Text der Reichsverfassung vom August 1919 vorangestellt: „*Wohl warf der grausame Friede von Versailles seine düsteren Schatten auf diese Arbeit des Wiederaufbaues . . .*"

IV Der Angstkomplex —
Maginotlinie und Westwall

1. DAS SCHICKSALSJAHR 1923 FÜR DEUTSCHLAND UND FRANKREICH

Dieser Frieden, der keiner war, führte nach ständigen Beschwerden und Auseinandersetzungen über die Reparationsfrage zum Versuch der Regierung Poincaré, Deutschland mit Gewalt zur Erfüllung aller Leistungen zu zwingen. Dem Beschluß, das Ruhrgebiet im Sinne einer Politik der *»produktiven Pfänder«* zu besetzen, folgte auch die von Frankreich dazu aufgeforderte Regierung Belgiens, während Großbritannien diese Maßnahme ablehnte. Der *»Ruhreinfall«* wurde rechtlich notdürftig begründet, aber alle Welt wußte doch, daß es ein unprovozierter militärischer Akt gegen einen Gegner war, der sich nicht angemessen wehren konnte. (s. Anhang Nr. 18) Die deutsche Reichsregierung rief die Bevölkerung des Ruhrgebietes zum passiven Widerstand auf, patriotische und nationalistische Bürger unterstützten Sabotageakte und einzelne Angriffe auf die Verbindungslinien der französischen Truppen. Das Rad der Geschichte schien um hundert Jahre zurückgedreht worden zu sein. Jedem Bürger waren die damaligen einzelnen Aufstandsversuche gegen die französische Fremdherrschaft von Andreas Hofer bis zu den Schill'schen Offizieren noch durch den Geschichtsunterricht geläufig. Die Folge waren blutige Repressalien gegen deutsche Zivilisten und Arbeiter, und die Opfer dieser französischen Maßnahmen wurden naturgemäß im ganzen Reich als Märtyrer und Helden angesehen.

Auf lange Sicht konnte dieser Wiederstand nicht zum Erfolg führen. Frankreich hatte die Mittel, um Deutschland zu einer neuen Kapitulation zu zwingen, und drohte während des ganzen Jahres 1923 mehrfach mit der Besetzung weiterer Teile des Reiches. Als schließlich der passive Widerstand aufgegeben werden mußte und die Regierung sich genötigt sah, eine rückhaltlose Erfüllung der französischen Reparationsforderungen für die Zukunft zuzusagen, konnte man das in Paris wohl als Erfolg des harten Kurses und Bestätigung der französischen Machtstellung gegenüber Deutschland ansehen. In Wirklichkeit hatten aber durch diesen Erfolg die französisch-deutschen Beziehungen einen Schaden erlitten, der nicht wieder gutzumachen war und der Frankreich fünfzehn Jahre später mehr kosten sollte als der Gewinn in Form der deutschen Zahlungsgarantie. Dieser Gewaltakt Frankreichs war ja nicht nur ein Bruch des Völkerrechtes, wie die britische Regierung durch das Gutachten eines Kronjuristen feststellen ließ, sondern war auch, obwohl man in Paris das Gegenteil behauptete, ein Bruch des Versailler Vertrages, der ja ein »*Friedensvertrag*« sein sollte. Auch weite Kreise in Frankreich mißbilligten die Aktion, die den Bestrebungen des Pazifismus und der Völkerverständigung widersprach. Wir wollen uns hier damit begnügen, auf die entsprechende Resolution zu verweisen, in der die im Grand Orient vereinigten französischen Freimaurer die Besetzung des Ruhrgebietes verurteilten.

Daß die französische Regierung glaubte, Deutschland die Begründung zumuten zu können, daß dieser militärische Gewaltstreich ja gerade der strikten und korrekten Durchführung des Vertrages dienen sollte, war eine unverzeihliche Dummheit und Taktlosigkeit, die das ganze deutsche Volk verhöhnte und den deutschen Nationalismus bis aufs Blut reizen mußte. Es war eine für deutsches Empfinden widerwärtige Mischung von formaljuristischer Rechthaberei und Spitzfindigkeit und egoistischer Machtpolitik. Genau das war es, was der Volksmund meinte, wenn er in grober und ungerechtfertigter Verallgemeinerung von der »*Falschheit der Franzosen*« sprach. Konnte es der französischen Politik gleichgültig sein, wenn sie durch ihre Politik der Stärke Haß in Deutschland erzeugte, der tiefer wurzelte als das verletzte Nationalgefühl der Franzosen nach 1871?

Heinrich Heine hätte dem Premierminister Poincaré eine Lektion über die deutsche Reaktion auf gallischen Triumph erteilen können, über diesen deutschen Haß, der so zerstörerisch, ja selbstzerstörerisch sein konnte. Seine Verse »*Diesseits und Jenseits des Rheines*« sagen das aus, was später die Irrationalität und finstere Entschlossenheit der Walhallagötter des Dritten Reiches zum Erschrecken der Welt Wahrheit werden ließen:

> *„Aber wir verstehn uns baß*
> *Wir Germanen auf den Haß*
> *Aus Gemütes Tiefen quillt er,*
> *Deutscher Haß! Doch riesig schwillt er,*
> *Und mit seinem Gifte füllt er*
> *Schier das Heidelberger Faß!"*

Zu der Legende, die das verletzte deutsche Nationalgefühl gerne glaubte, daß man nicht im offenen Kampf, sondern durch Verrat besiegt worden sei, war nun die Demütigung durch die lange Dauer der Besatzung gekommen.

Die Übergriffe einzelner französischer Soldaten gegen die Bevölkerung, der Einsatz farbiger Kolonialtruppen im Besatzungsgebiet, so etwas blieb im Gedächtnis der Bevölkerung haften. Während der Groll gegen Großbritannien und seine völkerrechtswidrige Seeblockade allmählich schwand, blieb der Ruf nach Vergeltung gegenüber Frankreich lebendig.

Das Bewußtsein der Erbfeindschaft war in Deutschland um die Jahreswende 1923/24 stärker als jemals. Liberale, Pazifisten, international gesinnte Sozialisten mochten noch so leidenschaftlich zur Verständigung, Zusammenarbeit und Versöhnung mit Frankreich aufrufen, sie konnten die Tatsachen nicht ungeschehen machen und die Wirkung einer »nationalen« Propaganda und ihre Presse kaum abschwächen. Es nutzte auch nichts, daran zu erinnern, daß für diese harte französische Politik die Masse der französischen Bevölkerung ja gar nicht verantwortlich und im Kern sicher friedens- und verständigungswillig war. Die deutschen Patrioten aller Volksschichten, vor allem die Jugendlichen in den nationalen Bünden, die Schüler und Studenten wuchsen im Bewußtsein auf, daß eines Tages die Vergeltung kommen werde, und wurden in dieser Überzeugung durch die rechtsgerichteten Parteien, Soldatenverbände und eine wahre Flut von Kriegsliteratur bestärkt. Es war verständlich, daß die meisten dieser jungen Menschen den Politikern Vertrauen schenkten, die ihnen erklärten, daß »die Schande von Versailles« mit Blut abgewaschen werden müsse und daß sie schließlich Hitler zujubelten, der ganz eindeutig Aufrüstung und militärische Stärke als einzig sinnvolles Mittel zur Wiederherstellung der deutschen Ehre und Freiheit empfahl. Wenn man, wie es der Bundespräsident Theodor Heuß formulierte, begreift, daß der Nationalsozialismus im Versailler Diktat eine seiner Hauptwurzeln hatte, so ist es auch richtig zu sagen, daß die kurzsichtige nationalistische Politik der französischen *Rechtsregierungen* bis 1924 alles tat, um diesen Nationalsozialismus, der beiden Ländern später zum Verhängnis werden sollte, noch zu fördern.

2. STRESEMANNS WEG VON DER KAPITULATION ZU DEN VERTRÄGEN VON LOCARNO

Deutschland mußte sich im Herbst 1923 den französischen Forderungen fügen, die durch den Versailler Vertrag auferlegten Forderungen genau zu erfüllen und außerdem alle mit dem Beginn der französischen Ruhrbesetzung unterbrochenen Lieferungen und Zahlungen wieder aufzunehmen. Es gab keinen anderen Weg, um eine politische und wirtschaftliche Katastrophe für den Staat und das deutsche Volk abzuwenden. Eine Fortsetzung der Unterstützung der auf Anweisung der Reichsregierung gegen die französische Besatzung in den Streik getretenen Arbeiter, Angestellten und Beamten mußte die Währung vollends ruinieren.

Die Gefahr weiterer territorialer Verluste durch die von französischer Politik geförderten Tätigkeiten separatistischer Rheinbundpolitiker war noch nicht beseitigt. Ihre Putschversuche gegen die Reichsregierung, die zur Gründung einer an Frankreich gebundenen Rheinischen Republik führen sollten, waren im Oktober 1923 am Widerstand der Bevölkerung gescheitert, aber ein solcher Versuch, das Land links des Rheines von Deutschland zu lösen, konnte sich wiederholen.

Auch die Pläne, durch die Bildung eines deutsch-französischen Kohle- und Stahltrusts sozusagen durch die Hintertür eine ständige Kontrolle der deutschen Schwerindustrie zu organisieren, waren noch keineswegs zu den Akten gelegt. Dieser Gedanke war 1922 bis 1923 zeitweilig auch von deutschen Industriellen, darunter auch Hugo Stinnes, erwogen worden. Sie hatten überlegt, daß ein solcher deutsch-französisch-belgischer Riesentrust zu gemeinsamer Wirtschaftspolitik der Staaten und Verminderung der politischen Gegensätze führen könne, was für Deutschland zwangsläufig eine günstigere Lösung des Reparationsproblemes mit sich bringen müsse. Angesichts der gegebenen Umstände und weiterreichenden Pläne der französischen Besatzungspolitik im Rhein- und Saarland wäre dieses Unternehmen wohl eher einseitig der Republik Frankreich und nicht dem Reich zugute gekommen.

Territoriale Verluste drohten auch im Osten Deutschlands beziehungsweise waren schon zu verzeichnen als Folge der französischen Sanktionspolitik im Ruhrgebiet.

Gleichzeitig mit der Invasion der französischen und belgischen Streitkräfte hatten auf Befehl ihrer Regierung litauische Freischärler und reguläre Truppen mit der Besetzung des gemäß Versailler Vertrages einstweilen von Deutschland abgetrennten Memellandes begonnen.

Der Völkerbund hatte zu diesem Zeitpunkt noch keine endgültige Entscheidung getroffen, ob das überwiegend von Deutschen bewohnte Land an Deutschland zurückgegeben werden oder ein Freistaat wie Danzig werden sollte oder ob es als ein Mandatsgebiet an Litauen zu übertragen war, das vor allem den Memeler Hafen für sich beanspruchte. Eine Volksabstimmung, die die deutsche Bevölkerung und die Reichsregierung verlangt hatten, war nicht vorgesehen.

Es ist möglich, aber nicht eindeutig nachweisbar, daß die französische Regierung über diese gewaltsame Okkupation des Landes durch die Republik Litauen informiert war. Sie billigte nach kurzer Frist diesen litauischen Gewaltakt und nahm es sogar ohne Gegenmaßnahme hin, daß bei diesem Angriff französische Besatzungssoldaten, die im Auftrage des Völkerbundes in Memel stationiert waren und pflichtgemäß gegen die litauischen Eindringlinge Widerstand leisteten, bekämpft worden waren, wobei es auch bei den Franzosen mehrere Tote und Verwundete gegeben hatte.

Die Regierung in Berlin wußte, daß Proteste nutzlos waren, und sah sich im Westen der noch größeren Gefahr ausgesetzt, daß Frankreich seine Drohungen wahrmachen würde, über das Ruhrgebiet hinaus nach Osten vorzudringen und weitere Gebiete des Reiches zu besetzen, falls nicht sofort die Zahlungen und Lieferungen wieder aufgenommen wurden. Das konnte zur Katastrophe führen, wenn gleichzeitig mit dieser französischen Aktion ein neuer Angriff Polens auf das Reich begann, weil das für das mit Frankreich verbündete Land eine günstige Gelegenheit war, Danzig, Ostpreußen und das deutsche Oberschlesien, das man 1921 im Handstreich hatte erobern wollen, dem völlig wehrlosen Deutschland zu entreißen. (80)

Die Reichswehr war nicht in der Lage, einen solchen Angriff abzuwehren. Es war noch nicht einmal sicher, ob sie in der Lage war,

---

(80) Die Reichswehr fürchtete, daß bei einem weiteren französischen Vormarsch in Deutschland auch Polen und die Tschechoslowakei angreifen würden. „Tatsächlich fuhr der französische Marschall Foch im April 1923 nach Warschau, wo er mit Pilsudski militärische Abreden traf. Ob es sich nur um eine militärisch-fachliche Abstimmung der französischen und polnischen Operationspläne aufeinander handelte (Bündnis vom 19.2.21) oder ob aktuelle Angriffsabsichten hinter dem Foch-Besuch standen, braucht nicht entschieden zu werden. Daß die deutschen Militärs den Besuch des Marschalls in Warschau als Bedrohung des Reiches wertete, liegt nahe." Gerhard Meinck: Hitler und die deutsche Aufrüstung (1933—37); Wiesbaden 1959, S. 13/14

einen Bürgerkrieg im Reich zu verhindern und Aufstände zu unterdrücken. Die Gefahren drohten überall.

In Sachsen und Thüringen bildete sich eine bewaffnete Arbeiter-
wehr (Proletarische Hundertschaften), was von den sozialdemo-
kratisch-kommunistischen Koalitionsregierungen geduldet, beziehungsweise von den kommunistischen Innenministern gefördert
wurde.

Im Hamburg gab es einen kommunistischen Aufstand gegen die
Regierung. In Bayern drohte eine rechtskonservativ-monarchisti-
sche Bewegung, von der Regierung und der »bayrischen Reichswehr« geduldet, sich vom Reich zu trennen. Wenn diese Kräfte sich,
freiwillig oder genötigt, mit Hitler und seinen Anhängern verban-
den und ihre Kräfte gegen die Reichsregierung in Berlin konzen-
trierten, wie würde sich die Reichswehr, die inzwischen in Thüringen und Sachsen die Kontrolle übernommen hatte, dann verhalten?
Würde sie bei einem Marsch der nationalistischen Revolutionäre
von München nach Berlin ähnlich passiv bleiben wie ein Jahr zuvor
die italienische Armee bei Mussolinis »Marsch von Mailand nach
Rom«?

Diese Krisen, die ihren Höhepunkt im Herbst 1923 erreichten vor
dem Hintergrund von Wirtschaftskrise und Inflation, konnten zu
einem Zusammenbruch führen, der noch schlimmer war als die
Niederlage im Herbst 1918. Deutschland war militärisch schwächer
als damals, Frankreich im Verhältnis dazu viel stärker.

Kapitulation, Aufgabe des passiven Widerstandes gegenüber
Frankreich, es gab keine andere Möglichkeit, das sahen selbst die
deutsch-nationalen Minister in der Regierung. Daß diese Ankündigung den baldigen Abzug der Invasionstruppen aus dem Ruhrgebiet bewirken würde, war in jenen Tagen nur eine Hoffnung. Aber
diese Entscheidung des Reichskanzlers Stresemann war die notwendige Voraussetzung, daß das Reich als souveräner Staat handlungs-
fähig blieb und Verhandlungen mit dem Nachbarn führen konnte,
um langfristig eine Verbesserung der französisch-deutschen Beziehungen zu erreichen.

Drei Ereignisse trugen dazu bei, diese Politik zu fördern:

1. Die Währungsreform im November 1923, die die Rentenmark
   brachte und die Stabilisierung der Währung einleitete, war die
   Voraussetzung für eine erfolgreiche Tätigkeit der »Dawes Kommission«, die sich mit der Lösung der Reparationsfrage beschäftigte.

2. Dem von dieser Kommission verabschiedeten »*Dawes-Plan*«, der vorsah, die deutsche Wirtschaft durch Anleihen zu fördern, gelang es, das Reparationsproblem aus dem Bereich der Machtpolitik herauszulösen und auf die Ebene von Wirtschaftsgesprächen unter gleichberechtigten Partnern zu heben.

3. Im Jahre 1924 wurde in Frankreich durch Neuwahlen Poincaré, Deutschlands unversöhnlichster Feind, gestürzt, und die deutsche Reichsregierung Luther, mit Stresemann als Außenminister, konnte für ihre Verhandlungen mit dem neuen Premierminister der Radikalsozialen, Herriot, und seinem Außenminister Briand ein besseres Klima erwarten.

Am Ende des Jahres 1923 ließ sich für Frankreich und Deutschland die außenpolitische Bilanz ziehen, die nur bestätigte, was man ohnehin in beiden Staaten wußte — das Versailler Diktat war ungeeignet, um den dauernden Frieden und eine Verständigung, die den Interessen beider Völker diente, zu gewährleisten.
Frankreich hatte die »*Sicherheiten*«, die Versailles bot, schon zum Zeitpunkt der Unterzeichnung als nicht ausreichend empfunden und nach zusätzlichen Garantien gestrebt. (s. Anhang Nr. 19)
Hatte aber der Weg, den Poincarés nationalistische Politik konsequent gegangen war, jetzt 1923 dieses Ziel der Sicherung Frankreichs erreicht? Die französische Armee hatte das Ruhrgebiet besetzt, sie war in der Lage, darüber hinaus weiter nach Osten — bis nach Berlin? — vorzustoßen und weitere große Teile des Reiches zu besetzen. Für wie lange? Zu welchem Zweck? Und was würde das kosten? Wenn diese Politik zur dauernden Unterwerfung des gefürchteten Gegners führen sollte, mußte sie auf unabsehbar lange Zeit fortgeführt werden. Mit welchen Folgen? Es würde Aufstände in Deutschland geben, verzweifelte Gegenwehr, ein Guerillakrieg, der die Wirtschaft und die Finanzen Frakreichs außerordentlich belasten mußte. Wollte man das in Frankreich wirklich?
Die negativen Auswirkungen auf die Stimmung der Verbündeten im Westen und der neutralen Staaten waren schon jetzt nicht zu übersehen. Eine gewisse Sympathie für Deutschland mußte sich daraus entwickeln, die durch die zuverlässige Feindschaft der neuen Verbündeten Frankreichs, Polen und der CSR, gegenüber dem Reich nicht aufgewogen werden konnte.
Und wie sollte eine andere, neue Deutschlandpolitik aussehen? Welche Partei, welcher Politiker würde dazu die Initiative ergrei-

fen? Darauf gab es in Frankreich 1923/24 keine eindeutige Antwort. Der Pyrrhussieg französischer Machtpolitik an der Ruhr spielte somit die Initiative dem Politiker zu, der Weitblick und Energie besessen hatte, durch eine Zusage der Erfüllung aller französischen Forderungen, nach Maßgabe des Möglichen, die Katastrophe von seinem Land abzuwenden — dem Außenminister des Deutschen Reiches, Gustav Stresemann.

Er begann Ende 1924 eine vorsichtige außenpolitische Offensive, die er über Großbritannien, mit dessen Botschafter D'Abernon er sehr engen Kontakt hielt, gegen die französische Deutschlandpolitik richtete. Als es ihm gelang, nach den ersten Sondierungen über den Abschluß eines Sicherheitspaktes zwischen den europäischen Mächten, Interesse und Ermutigung bei der britischen Regierung zu finden, konnte die Regierung in Paris diesen Vorschlag, der ihr nun im Frühjahr 1925 offiziell von Deutschland gemacht wurde, nicht ohne weiteres ablehnen. Schließlich wußte sie, daß Großbritannien die Invasion an der Ruhr nicht gebilligt und der neue italienische Regierungschef Mussolini diese Strafexpedition entschieden verurteilt hatte.

In Paris hätte man statt solcher Beratungen mit Deutschland lieber den Abschluß eines neuen antideutschen Beistandspaktes mit Großbritannien und Italien vorgezogen, nur war ein solches Bündnis 1925 nicht mehr zu haben. Der britische Außenminister Joseph Austen Chamberlain gab der französischen Regierung zu verstehen, daß Großbritannien und auch Italien einem solchen gegen Deutschland gerichteten Pakt auch deshalb nicht beitreten würden, weil Frankreich in einem solchen Pakt auch Garantien für den territorialen Besitzstand seiner ost- und mitteleuropäischen Verbündeten festschreiben wollte. An einer solchen Verpflichtung, die dem französischen System einer Umklammerung Deutschlands dienen würde, hatten diese Mächte kein Interesse. In einer Tagebuchnotiz vom 18.2.1925 äußerte der britische Botschafter in Berlin dazu: *„Es unterliegt keinem Zweifel, daß, wenn auch England eine gewisse Garantie in Bezug auf die deutsch-französische Grenze übernehmen kann, eine ähnliche Verpflichtung zum Schutz des polnischen Korridors nicht in Frage kommt."* (81)

Wenn Frankreich also wirklich nichts anderes wollte als die Sicherheit seiner Grenzen im Norden und Osten, mußte es diese Sicherheit in Verhandlungen mit und nicht gegen Deutschland suchen.

---

(81) D'Abernon Memoiren, Bd. 3, S. 168

Als man sich in Paris schließlich dazu entschlossen hatte, auf Stresemanns Vorschlag einzugehen, wurde nach reiflicher Überlegung von den französischen Politikern der Paktvorschlag dahingehend erweitert, daß zusätzlich auch über die Möglichkeit einer Aufnahme Deutschlands in den Völkerbund beraten werden sollte.

Die deutsche Regierung zögerte zunächst, sich mit dem Gedanken an einen Eintritt in den Völkerbund zu befassen. Erstens war der Völkerbund in den Augen der deutschen Bevölkerung nichts weiter als ein Garantieinstrument des Versailler Vertrages, gelenkt und geführt von Frankreich und den katholisch-konservativen Staaten in Europa und Amerika. Zweitens hatten die sehr zweifelhaften und für Deutschland nachteiligen Entscheidungen des Völkerbundes in der Frage der Grenzziehung in Oberschlesien und der endgültigen Übergabe des Memellandes an Litauen nicht dazu beigetragen, dieses »Versailler Instrument« in Deutschland populär zu machen.

Drittens war der Völkerbund eindeutig antisowjetisch orientiert. Ein Beitritt Deutschlands konnte leicht dazu führen, daß man sich mit den Russen verfeindete und damit die deutsche Position in Osteuropa verschlechtert wurde.

Genau das war aber der Grund, weshalb die französische Politik, die über die Möglichkeit eines deutschen Auftretens in Genf keineswegs begeistert war, die Aufnahme Deutschlands anregte und befürwortete, weil eine solche Einbindung des Reiches in eine liberaldemokratische Organisation eine Annäherung Deutschlands an die Sowjetunion verhindern würde und dadurch indirekt den französischen Bündnisinteressen in Ostmitteleuropa diente.

So kam es im Verlaufe der Verhandlungen zu einer engen Verzahnung von Sicherheitsfragen, Grenzgarantieforderungen und den Antrags- und Abstimmungsprozeduren über eine Erweiterung des Völkerbundes.

Direkt miteinander beziehungsweise gegeneinander verhandelten die Republik Frankreich und das Deutsche Reich. Frankreich wurde dabei unterstützt und gedrängt von seinen Verbündeten CSR und Polen, die mit französischer Hilfe ein »Ostlocarno«, das heißt, eine vollständige Sicherung ihres Staatsgebietes und ihrer gesamten Grenzen anstrebten. Eine teils fördernde, teils mäßigende Rolle spielten Großbritannien, Italien und Belgien, von deren Mitwirkung es abhing, ob man in der Hauptfrage, der Sicherung der französischen Grenzen vor einem deutschen Angriff und umgekehrt, einig werden konnte. Indirekt wurde der Gang der Verhandlungen von der Politik der Sowjetunion beeinflußt. Sie versuchte, Deutschland von diesem ersten Schritt in ein, wie sie es sah, antisowjetisches Bündnis abzuhalten, um schließlich, als deutlich wurde, daß Deutschland unterzeichnen und ein Aufnahmegesuch stellen würde, zumindest darauf zu drängen, daß es sich ihr gegenüber schriftlich zu strikter Neutralität verpflichten müsse. Der Außenminister der Sowjetunion, Tschitscherin, ging dabei so weit, Stresemann noch am Abend vor der Abreise nach Locarno zu den Schlußverhandlungen zum Abschluß eines deutsch-sowjetischen Bündnisses aufzufordern, *„um Polen auf seine ethnographischen Grenzen"* zurückzuführen. (82)

Das Interesse der polnischen Delegation in Locarno deckte sich, wie gesagt, mit dem Ziel der französischen Ostmitteleuropapolitik, eine bindende Garantie aller dort nach 1919 gezogenen Grenzen zu erlangen. Für die deutsche Revisionspolitik im Bereich Osteuropas war das aber kein verhandlungsfähiges Thema.
Zunächst waren die deutschen und französischen Ausgangspositionen so gegensätzlich, daß es fraglich war, ob man zum Abschluß eines großen Sicherheitspaktes kommen könne.

1. Deutschland erklärte von Anfang an, daß es nicht in den Völkerbund eintreten werde, falls das Reich damit die Verpflichtung übernehmen müsse, sich gemäß § 16 der Satzung an wirtschaftlichen Sanktionen gegen eine andere Macht, die ein Völkerbundsmitglied angreifen würde, zu beteiligen. Mit § 16 konnte sogar die Verpflichtung verbunden sein, den Truppen anderer Völkerbundsmitglieder den Durchmarsch durch das Reichsgebiet zu gestatten und ihnen die erforderliche Hilfe und Unterstützung zu gewähren. Im Klartext hieß das, daß Deutschland sich zu einer feindlichen Haltung gegen die Sowjetunion verpflichtet sah, denn damals rechnete die europäische Politik mit einem bevorstehenden Revanchekrieg der Sowjetunion gegen Polen für den ihr 1921 aufgezwungenen Friedensvertrag von Riga.
Deutschland würde in eine Neuauflage dieses polnisch-russischen Kampfes mit hineingezogen werden und womöglich an der Seite Frankreichs mit für die Sicherung der polnischen Ostgrenze eintreten müssen. Das war für Deutschland in seiner geopolitischen Lage eine unmögliche Situation.

---

(82) D. Erdmann — „Aufzeichnungen Stresemanns" in „Geschichte in Wissenschaft und Unterricht" 6, 1955, S. 153 ff.

2. Die Reichsregierung war unter keinen Umständen bereit, für alle Zeiten auf eine Revision der deutsch-polnischen und deutsch-tschechischen Grenze zu verzichten.
Sie blieb grundsätzlich bei den Forderungen, die sie in den Gegenvorschlägen zum Versailler Vertrag erhoben hatte. (83)

3. Wenn Deutschland in den Völkerbund eintrat, mußte es als europäische Großmacht auch einen ständigen Sitz im Rat des Völkerbundes bekommen. Seine Mitgliedschaft und sein Einfluß im Völkerbund würden selbstverständlich dazu dienen, für eine Revision des Versailler Vertrages zu werben und in allen Bereichen völlige Gleichberechtigung zu fordern.

Die Ziele der französischen Politik in Locarno lassen sich in folgenden Punkten zusammenfassen:

1. Die endgültige politische Sicherung von Frankreichs Ostgrenze durch nochmalige Anerkennung des Grenzverlaufes durch Deutschland, das heißt Bestätigung von Elsaß-Lothringen als unwiderruflich französisches Staatsgebiet und Bestätigung der Entmilitarisierung des deutschen Rheinlandes. Eine gleiche Garantie mußte für die von Deutschland an Belgien abgetretenen Gebiete von Eupen-Malmedy, St. Vith abgegeben werden.

2. Ostlocarno, das heißt entsprechende Garantie für den territorialen Besitzstand Polens und der CSR.

3. Unterstützung des polnischen Wunsches, einen ständigen Sitz im Rat des Völkerbundes zu erhalten. Damit konnte Frankreich auf eine weitere Stimme gegen Deutschland in diesem wichtigen Gremium zählen.

Daß Frankreich nach wie vor eine der Hauptaufgaben des Völkerbundes darin sah, die durch den Versailler Vertrag geschaffene Ordnung Europas zu garantieren und zu schützen, war selbstverständlich. Territoriale Revisionsforderungen Deutschlands waren daher grundsätzlich abzuweisen.

---

(83) „Es (Deutschland) tritt den größten Teil der Provinz Posen, die unbestreitbar polnisch besiedelten Gebiete nebst der Hauptstadt Posen an Polen ab. Es ist bereit, den Polen durch Einräumung von Freihäfen in Danzig, Königsberg und Memel, durch eine Weichselschiffahrtsakte und durch besondere Eisenbahnverträge freien und sicheren Zugang zum Meere unter internationaler Garantie zu gewähren. . . . Deutschland verlangt, daß das Selbstbestimmungsrecht auch zugunsten der Deutschen in Österreich und Böhmen geachtet wird." — Aus der Mantelnote und den deutschen Gegenvorschlägen vom 29.5.1919.

Wie war es möglich, bei solchen unterschiedlichen Auffassungen zu einem Abschluß des Sicherheitspaktes zu kommen? Mit einer Reihe von Zusatzgarantien, die mit in das Schlußabkommen einbezogen wurden, ließen sich die Schwierigkeiten überbrücken.

1. In der Frage der Anwendung des § 16 der Völkerbundssatzung erhielt die deutsche Regierung das Zugeständnis, daß Deutschland an Sanktionen gegen Angreifer lediglich insoweit mitwirken müsse, wie es »*mit seiner militärischen Lage verträglich ist und seiner geograhischen Lage Rechnung trägt.*« Damit war Frankeich der Weg durch Deutschland verwehrt, wenn es in einem sowjetrussisch-polnischen Krieg eingreifen wollte.

2. In der Frage der Grenzgarantien für Frankreichs Verbündete fand man den Ausweg, sogenannte Schiedsverträge zu formulieren. Das heißt, Deutschland erklärte sich bereit, jeweils mit Polen und der CSR ein Abkommen zu unterzeichnen, daß man Streitfragen, womit vor allem die Fragen einer eventuellen Grenzrevision gemeint waren, aber auch die Frage der Behandlung der ansässigen deutschen Bevölkerung in diesen Staaten, grundsätzlich durch friedliche Übereinkunft zu regeln versuchen werde. Das war nicht viel für Deutschlands Forderung nach Änderung der durch Versailles geschaffenen Verhältnisse und zugleich ein Nachteil für die künftige Politik Polens und der CSR, die dieser Frage der deutschen Minderheiten in ihren Ländern sehr gerne ausgewichen wären.

3. Als eine zusätzliche Sicherung zur Stabilisierung der Lage in Ostmitteleuropa wurden die Bündnisverträge Frankreichs mit Polen und der CSR, die Schutz und Beistand bei einem Angriff versprachen, mit in das Vertragswerk aufgenommen.

4. Deutschland seinerseits unterzeichnete später zur Ergänzung der Locarnoverträge im April 1926 in Berlin einen deutsch-sowjetischen Freundschaftsvertrag, der die Entwicklung, die mit dem Vertrag von Rapallo begonnen hatte, zu fördern versprach, vor allem auf dem Gebiet der wirtschaftlichen Beziehungen. Der Vertrag enthielt außerdem die Zusicherung, daß Deutschland in einem der UdSSR »*aufgezwungenen*« Krieg strikte Neutralität wahren werde.

5. In der Frage der Ratssitze im Völkerbund einigte man sich darauf, daß Deutschland einen ständigen Sitz und Polen einen nichtständigen Sitz im Rat haben werde, was so auszulegen war, daß Polen in allen Fragen, die seine Interessen berührten, als Ratsmitglied auftreten konnte.

Diese Verträge von Locarno waren für die Hauptbeteiligten, Deutschland und Frankreich, ein Erfolg, wenn man sie an ihrer Bedeutung für den Frieden maß. Deutschland hatte endgültig und diesmal ohne den Zwang eines Ultimatums auf Elsaß-Lothringen verzichtet. Dafür erhielt es die Zusicherung, daß Großbritannien und Italien bei einem erneuten Einfall französischer Truppen in rechtsrheinisches Gebiet zugunsten des Angegriffenen eingreifen würden. Als Gegenleistung gegen die von Frankreich in den kommenden Jahren durchzuführende Räumung des linksrheinischen deutschenGebietes, und das hieß auch, Verzicht auf alle französischen Annexionspläne, gab die deutsche Regierung noch einmal die Zusicherung, daß dieses Gebiet ebenso wie der 50 km breite Streifen längs des rechten Rheinufers stets eine entmilitarisierte und unbefestigte Zone bleiben würde.

Gleichgültig, wer in Zukunft wen bedrohte oder angriff, er mußte mit der zusätzlichen Gegnerschaft der Signatarmächte Großbritannien und Italien rechnen.

Das war in der Tat ein besserer Frieden zwischen Deutschland und Frankreich, als ihn Versailles 1919 gebracht hatte. Die Sicherheit der Rivalen voreinander war eine Erleichterung für Europa und schien zu gewährleisten, daß sich ein Weltkrieg nicht wiederholen werde, falls man auf dieser Grundlage einer Entspannungspolitik weiterarbeitete, die vor allem, was Deutschland betraf, zwangsläufig zu einer gewissen Lockerung der Fesseln von Versailles führen mußte, falls es gelang, auf dieser Grundlage von Locarno mit Hilfe des Völkerbundes das noch vorhandene Mißtrauen der Völker allmählich zu beseitigen.

Erst viel später, nach dem Zweiten Weltkrieg, konnte man erkennen, daß hier in Locarno von den Politikern ein Versuch unternommen worden war, auf dem noch nicht tragfähigen Baugrund nationalistischen Erbes ein großes Friedensgebäude zu errichten, das starken Erschütterungen nicht standhalten konnte. (84)

---

(84) „*Eine Allianz aller mit allen gegen alle, dies ungefähr war der Vertrag von Locarno. Solche Kunstwerke halten nicht, wenn es zu ernsthaftem Streit kommt. Solange es aber nicht dazu kommt, weil keiner der Teilhaber es will, so lange kann diplomatischer Hokuspokus diesen Willen immerhin zum Ausdruck bringen.*" Golo Mann: Deutsche Geschichte des 19. und 20. Jahrhunderts, S. 709, Frankfurt 1966

War nun der von den zeitgenössischen Politikern und Journalisten beschworene »*Geist von Locarno*«, der »*Silberstreifen am Horizont*«, wie Stresemann gesagt hatte, tatsächlich eine echte Möglichkeit der Verständigung zwischen Deutschland und Frankreich und der Beginn einer politischen Zusammenarbeit zum Nutzen beider Länder? Schon die Ratifizierungsdebatten über die Verträge und die Abstimmungsergebnisse in der Kammer in Paris und im Reichstag in Berlin wirkten ernüchternd gegenüber der Stimmung der Delegationen in Locarno bei der Unterzeichnung und den dazugehörigen festlichen Veranstaltungen. Aus Protest gegen die Unterzeichnung und den Verzicht auf Elsaß-Lothringen traten die der Regierung Luther angehörigen Minister der Deutschnationalen Volkspartei zurück. Gegen die Ratifizierung stimmten im Deutschen Reichstag fast zwei Fünftel der Abgeordneten, überwiegend die Rechtsparteien, zu denen im weiteren politischen Bereich noch die konservativen Vereine und Verbände zu zählen waren, an der Spitze der *Stahlhelm*, die führende Organisation der ehemaligen Frontsoldaten. In Frankreich gab es ein entsprechendes Ergebnis — Zustimmung bei den Liberalen, Radikalsozialisten und Sozialisten, Ablehnung durch eine sehr starke Minderheit der Rechten.

Nach dem Abschluß der Verhandlungen, als die Einzelheiten der Beratungen bekannt wurden, ließ sich auch aus verschiedenen Äußerungen der beteiligten Politiker entnehmen, wie schwer und von wieviel Vorbehalten belastet die Gespräche gewesen waren. Es war ein erhebliches Maß an Mißtrauen geblieben, das wieder mit in den Alltag der normalen außenpolitischen Beziehungen einfloß.

3. DIE FRÜCHTE VON LOCARNO REIFEN NICHT

Vor allem eine Frage blieb unbeantwortet. Würde Frankreich sich nun so sicher fühlen, daß es in der Lage war, als siegreiche Macht Entgegenkommen zu zeigen und noch die eine oder andere Konzession zu machen, um den Abbau des Revanchismus in Deutschland zu fördern? Vielleicht durch Veröffentlichung eigener Abrüstungspläne, beschleunigte Räumung deutschen Gebietes und vorzeitige Freigabe der Saar, mit oder ohne Volksabstimmung? Es war wohl zu viel verlangt und erhofft, daß eine solche Änderung der Politik in kurzer Zeit eintreten konnte.

Diese Änderung der Grundsätze konnte kein französischer Politiker seinem Volk kurzfristig zumuten, gerade weil trotz Locarno die eigentliche Voraussetzung für eine solche großzügige Versöhnungspolitik fehlte, nämlich das Gefühl der eigenen Stärke, der Überlegenheit nach Zahl und wirtschaftlichem Gewicht.

Die latente Furcht vor dem wachsenden und wieder erstarkenden Rivalen war stärker als die Bereitschaft zum Vertrauen und verbot es, das Risiko einzugehen, zugunsten einer zukünftigen Politik vertrauensvoller Zusammenarbeit eine momentane militärische Überlegenheit preiszugeben.

Eine Erinnerung des Reichskanzlers Luther an die Tage von Locarno verdeutlicht, daß hier im Bereich militärischen Denkens die Grenze der Möglichkeiten auch für einen so vorausschauenden und mutigen Staatsmann wie Briand lag. *„Ein letztes einschlägiges Gespräch zwischen mir und Briand verlief folgendermaßen: Briand fragte mich danach, daß ich bei Generälen in der gleichen Weise wie bei anderen Menschen Positives und Negatives festzustellen vermochte. Briands Frage: Kennen Sie auch französische Generäle? Meine Antwort: Ich hatte nicht den Vorzug. Darauf Briands Erklärung nach einleitenden allgemeinen Worten zugunsten der französischen Generäle: Er müsse mit der besonderen Eigenschaft der Generäle rechnen, daß sie in gewissen Dingen schwer zu behandeln seien. Die Räumungsfrage (das heißt des Rheinlandes) sei eine Frage der Sicherheit! Deshalb würde er die zuständigen Generäle aus Paris heranrufen müssen, bevor er etwas sagen könne und wisse nicht einmal, ob er erfolgreich sein werde. Das Resultat wäre eine Verzögerung der Verhandlungen in einem Augenblick, wo die ganze Welt auf den Abschluß von Locarno warte. Der Abschluß selbst könne in unnötige Gefahr gebracht werden. — Durch den negativen Ausgang dieses letzten Gespräches zwischen Briand und mir, wie der ganzen vorhergehenden Verhandlungen über die Rückwirkungen trat leider jene Situation ein, die den Todeskeim in die Locarnopolitik senkte . . . . Stresemann und ich hatten nunmehr mit allem Ernst die Frage zu prüfen, ob wir das Abkommen von Locarno überhaupt paraphieren wollten. — Zusätzlich gab ich in Locarno dem Sonderberichterstatter von Wolffs Telegraphischem Büro (WTB) folgende, mit Stresemann vereinbarte Erklärung ab: ‚Bevor Reichsrat und Reichstag ihre endgültige Entscheidung fällen, muß sichergestellt sein, daß der allgemeine Geist eines echten Friedens sich auch vor allem in den Rheinfragen wirklich in die Tat umsetzt.'* “ (85)

---

(85) Hans Luther (ehemaliger Reichskanzler) — Aufsatz in „Politische Studien" 8. Jahrgang Heft 3 S. 13/14 „Stresemann und Luther in Locarno".

Der Geist eines echten Friedens, den Luther hier in seinem Telegramm beschwor, setzte aber, wie gesagt, ein Maß an Bereitschaft zum Vertrauen gegenüber dem ehemaligen Feind voraus, das in jenen Jahren politisch nicht herbeizukommandieren war. Die Urteile und Vorurteile der Kriegsjahre blieben noch weiterhin gültig.

Und selbst, wenn die Gegner Deutschlands bereit waren, dem Reichskanzler und Außenminister zu vertrauen, konnten und durften sie es riskieren, dieses Vertrauen auf andere Politiker, Parteien, auf das deutsche Volk insgesamt zu übertragen?

Aber auf deutscher Seite hungerte man geradezu nach einem wirklichen vorzeigbaren Erfolg, einem Sieg nach so viel Jahren der Niederlage und Not, mochte er auch noch so geringfügig sein. Eine Aufzeichnung im Tagebuch des britischen Botschafters in Berlin bestätigt, daß auch noch nach Locarno die Alliierten mißtrauisch blieben, keine grundsätzliche Revision von Versailles zulassen wollten, und daß die deutschen Politiker, die die Fesseln von Versailles spürten, ungeduldig waren und ungeduldig sein mußten, um ihrem Volk einen Erfolg zu bieten, der das nationale Selbstbewußtsein wieder zu stärken vermochte.

„Stresemann sprach gestern (3.2.1926) mit mir über die allgemeine Lage, hauptsächlich über die Ängste Chamberlains (Joseph Austen Chamberlain, britischer Außenminister) im Hinblick auf Elsaß-Lothringen und seine Behauptung, daß die deutsche Regierung in Wirklichkeit nicht einen Fußbreit deutschen Gebietes aufgegeben hat. Er meinte: ,Die Vorbehalte, die ich dauernd vorbringe, beziehen sich viel mehr auf Eupen-Malmedy als auf Elsaß-Lothringen. Und wenn man mir morgen Elsaß-Lothringen anbieten sollte, würde ich es nicht annehmen. Wir würden damit nur Schwierigkeiten haben, wie sie England mit Irland hat. Was jedoch Eupen Malmedy betrifft, wäre ein Abkommen mit den Belgiern zu erzielen, um gegen finanzielle Konzessionen wieder in den Besitz dieses Gebietes zu gelangen, aber es ist von keiner großen Bedeutung für uns.' " (86)

Gerade ein solcher Verhandlungserfolg, der Rückgewinn Eupen-Malmedys für das Reich, wäre ein politischer Erfolg für Stresemann gewesen, der ihm sehr viel Anerkennung in patriotischen Kreisen eingebracht hätte.

Konnte Deutschland in den auf Locarno folgenden Jahren seinerseits wesentliche Schritte und Gesten tun, die es in den Augen

---

(86) D'Abernon, Memoiren Bd. III, S. 260, Leipzig 1930

des französischen Nachbarn als friedenswillig und bereit zur Erfüllung des Versailler Vertrages erscheinen ließen? Das war kaum möglich, der Stachel der Niederlage saß zu tief. Erzwungene Abrüstung, widerwillige Zahlung, ein zur Revanche bereiter deutscher Militarismus, der sehr großen Einfluß auf die bürgerliche Jugend an Schulen und Universitäten hatte, so sah man die Lage in der kritischen französischen Presse und so war sie auch. Die im Reichstag offen vorgetragenen Enthüllungen über die Zusammenarbeit der Reichswehr und der Roten Armee durch den Abgeordneten Scheidemann mußten das Mißtrauen des konservativen Frankreich noch verstärken. Es war nicht so sehr die Tatsache, daß ein kleine Zahl deutscher Flieger und Panzerfahrer auf sowjetrussischen Flugplätzen und Truppenübungsplätzen unter beachtlichen Kontrollen und Behinderungen durch die sowjetischen Behörden üben durften, um sich mit diesen Waffen weiter vertraut zu machen und Erfahrungen zu sammeln. Eine Bedrohung der französischen Sicherheit war das nicht und konnte es den Umständen nach auch nicht werden. Aber es war ein bewußter Bruch des Versailler Vertrages mit Wissen der deutschen Reichsregierung und somit in französischen Augen ein Beweis, daß Deutschland den Gedanken an einen Revanchekrieg keineswegs aufgegeben hatte.

Aber noch bevor diese Informationen Scheidemanns in Frankreich bekannt wurden, hatten französische Politiker und Militärs im Verein schon längst einen großen Plan eingeleitet, der in den nächsten Jahren begonnen und ausgeführt werden sollte. Es ging um den Bau der Maginotlinie, eines gigantischen Festungswerkes an Frankreichs Ostgrenze, größer und kostspieliger, als es die Welt bis dahin gesehen hatte. Die Begründung für diese ungeheure Rüstungsanstrengung war, daß nach der Räumung des Rheinlandes durch die französischen und britischen Truppen Frankreich in die Lage versetzt werden müsse, sich selbst ohne Hilfe von Verbündeten vor jedem möglichen Angriff aus dem Osten zu schützen. Welchen Wert maß man also in diesen Kreisen Frankreichs der Sicherung des Friedens durch die Locarnoverträge und durch die doppelte und dreifache Grenzgarantie überhaupt noch bei, wenn man einen solchen Festungsbau plante? Frankreich hatte die deutsche Friedensbereitschaft und die Garantieerklärungen gern zur Kenntnis genommen, aber die nationalistischen Kräfte, von denen Briand gesprochen hatte, hatten die Mehrheit in der Kammer für den Bau der Maginotlinie gewonnen.

Sicher, Frankreich handelte völlig souverän und korrekt in der Verfolgung seiner Interessen, und der Bau der Maginotlinie war weder eine Angriffshandlung noch ein formeller Verstoß gegen den Text der Präambel und Verträge von Locarno, aber konnte man in Deutschland eine solche schwerwiegende Entscheidung anders denn als Mißtrauenserklärung ansehen?

Am Schluß seines Wirkens mußte Stresemann die Bilanz ziehen, daß es in beiden Ländern nicht gelungen war, den „Geist von Locarno" zur echten nachbarschaftlichen Verständigung zwischen den Völkern zu entwickeln.

Ein britischer Diplomat und Journalist, der Stresemann im April 1929 kurz vor seinem Tode besuchte, notierte dessen resignierende Äußerungen in seinen Aufzeichnungen: *„Es ist fünf Jahre her, seit wir Locarno unterzeichnet haben. Wenn ihr mir nur ein einziges Zugeständnis gemacht hättet, würde ich mein Volk überzeugt haben. Ich könnte es heute noch. Aber ihr habt nichts gegeben und die winzigen Zugeständnisse, die ihr gemacht habt, sind immer zu spät gekommen. . . . Die Zukunft liegt in den Händen der jungen Generation. Und die Jugend Deutschlands, die wir für den Frieden und das neue Europa hätten gewinnen können, haben wir beide verloren. Das ist meine Tragik und eure Schuld."* (87)

War es gerechtfertigt, von einer Schuld britischer und französischer Politiker zu sprechen? Vielleicht dann, wenn diese Politiker sich in die Lage der national denkenden deutschen Bevölkerung hätten hineinversetzen können, für sie Verständnis aufgebracht hätten und das ihrer eigenen Bevölkerung hätten erklären können. Wenn sie gewußt hätten, wie tief das Trauma der Niederlage von 1918 im deutschen Volk saß, wie sehr der ungerechte Kriegsschuldparagraph 231 des Versailler Diktates die deutsche Ehre verletzt hatte! Ein Volk, das mit naiver und echter Begeisterung in den Krieg gezogen war, weil man ihm erklärt hatte, daß es von einer Welt von Feinden umgeben sei, hatte mit gläubiger Inbrunst eines der typisch deutschen Soldatenlieder des Ersten Weltkrieges nahezu zur zweiten Nationalhymne erkoren: *»Oh Deutschland hoch in Ehren, du heilig Land der Treu.«* Und nun war es von dem siegreichen Gegner in einem unwürdigen Schauspiel erniedrigt worden, die Ehre war jetzt zutiefst verletzt. Über die Frage der Kriegsschuld mochte man streiten, soviel man wollte, Deutschland mochte einen wesentlichen Anteil an der Auslösung der Katastrophe gehabt ha-

---

(87) Bruce Lockhart: Als Diplomat, Bankmann und Journalist im Nachkriegseuropa S. 400; S. 404 (zitiert nach Christian Höltje) a.a.O., S. 233

ben, aber den Hohn und Spott, die arrogante Überlegenheit, die die Literatur und Presse der Siegermächte die *»plumpen, dummen und brutalen Hunnen«* fühlen ließ, das konnte man nicht hinnehmen und überwinden. Aus Stresemanns Sicht war es wohl gerechtfertigt, von der Schuld der anderen zu sprechen, denn der Sieger mußte stets als erster die Hand und nicht nur zögernd den kleinen Finger zur Versöhnung reichen.

Die Frage, wie Deutschland 1917/18 als Siegermacht im Osten und im Westen gehandelt hätte, durfte dabei keine entscheidende Rolle spielen. Aber so etwas war zuviel verlangt und zu ideal gedacht. Sicher hätten sich viele Franzosen gefunden, die Verständnis dafür gehabt hätten, wenn sie von ihren Politikern aufgefordert worden wären, sich in die Lage des Verlierers zu versetzen und einmal den Vergleich mit 1871 zu ziehen:
Wie denn, wenn damals die deutschen Besatzungstruppen auf französische Kosten bis 1886 im Lande geblieben wären; wenn man Frankreich zu Elsaß-Lothringen noch alle Kolonien genommen hätte und der Plan Deutschlands offenkundig war, ein großes, wertvolles Industriegebiet besetzt zu halten, um die Bevölkerung mit Druck und Versprechungen zu bewegen, sich von Frankreich zu trennen und für einen Anschluß an Deutschland zu stimmen? Wenn man Frankreich fünf Jahre nach 1871 immer noch nicht die endgültige Höhe der zu zahlenden Reparationen mitgeteilt hätte? Hätten aufrechte patriotische Bürger Frankreichs jemals eine solche Schmach vergessen können, selbst wenn man ihnen immer wieder sagte, daß ihre Regierung ja selbst den Krieg gewollt habe? Nur, wer konnte und wollte in Frankreich eine solche Sprache führen, wenn er zehn Jahre nach Kriegsende, angesichts der ungeheuren Opfer, die der Sieg gekostet hatte und noch kostete, sich nicht dem Vorwurf aussetzen wollte, ein Verräter an der eigenen Nation zu sein?
Waren die Zugeständnisse, auf die Stresemann gehofft hatte, wirklich so schwer zu erbringen, wenn man bedenkt, daß sie zu einem Durchbruch durch die starre Front des deutschen Nationalismus hätten führen können? Er hatte in Locarno einige Vorschläge gemacht:

1. Eine möglichst umgehende Räumung des Rheinlandes von allen Besatzungstruppen, wobei er als Gegenleistung vorschlug, mit Hilfe deutscher Obligationen, gedeckt durch das Vermögen der

Deutschen Reichsbahn, eine Unterstützung des Franc in die Wege zu leiten. Das wurde abgelehnt, und die alliierten Truppen blieben noch bis zum Juni 1930 im Rheinland — das war zwar ein Abzug vor der in Versailles festgesetzten Frist von 15 Jahren, aber für die Stimmung in Deutschland dennoch viel zu spät.

2. Da Stresemann in Locarno in der Frage Eupen-Malmedy noch nichts hatte erreichen können, nahm er über deutsche und belgische Finanzkreise noch einmal im März 1926 Verhandlungen mit der belgischen Regierung auf, und es zeichnete sich im Frühjahr die Möglichkeit ab, daß gegen eine Finanzhilfe von 150 Millionen $, die Deutschland an Belgien zur Unterstützung der Währung zahlen würde, eine Rückkehr des größeren, nichtwallonischen Teiles dieses Gebietes erfolgen könnte.

Starker französischer Druck auf die belgische Regierung machte diesen Plan zunichte. Das übertriebene französische Sicherheitsdenken gab wieder einmal den Ausschlag. *»Frankreich muß auf den Höhen des Venn verteidigt werden«!* Gegen dieses Argument, hinter dem die massive Drohung aus Paris mit einer Verschlechterung der französisch-belgischen Beziehungen stand, wenn man in Brüssel auf das Geschäft mit den Deutschen eingehen würde, konnte die belgische Regierung nichts machen.

Ein greifbarer Erfolg Stresemann'scher Außenpolitik, der ein heilendes Pflaster auf die Wunde des verletzten deutschen Nationalgefühls hätte sein können, wurde durch französisches Eingreifen vereitelt. Briand ließ Stresemann wissen, daß der status quo, was die Grenze betraf, niemals, auch nicht auf friedlichem Wege, verändert werden dürfe. (88)

3. Vielleicht eine begrenzte Restitution der Kolonien in der von Deutschland vorgeschlagenen Form, daß Deutschland als Mandatsmacht des Völkerbundes auftrat? Das war ein Entgegenkommen, das Frankreich und Großbritannien nicht viel gekostet und für Deutschland auch sicher keinen großen Gewinn bedeutet hätte, aber immerhin eine Genugtuung und Befriedigung für das Nationalgefühl. Auch aus diesen Sondierungen und Vorschlägen wurde nichts. So konnte die deutsche Regierung allenfalls die unmittelbar nach Locarno erfolgte Räumung der Kölner Besatzungszone und die 1927 erfolgte Abberufung der interalli-

---

(88) Vgl. Handwörterbuch des Auslandsdeutschtums Bd. 2, Artikel „Eupen-Malmedy St. Vith in der Außenpolitik der Nachkriegszeit." S. 481, E. M. Schmidt-Bürgk

ierten Militärkommission aus Deutschland als Ergebnis ihrer politischen Bemühungen nach Locarno vorweisen.

Die Kluft zwischen der französischen Sicherheitspolitik und dem deutschen Verlangen nach Freiheit und Gleichberechtigung wurde 1930 eher noch größer, als Frankreich im Juni jenes Jahres die deutsch-österreichischen Verhandlungen über einen wirtschaftlichen Zusammenschluß beider Länder in Form einer Zollunion in scharfer Form angriff und mit stärkstem Druck auf Österreich die Zurücknahme dieses Beschlusses erzwang. Frankreich setzte außerdem im europäischen Gerichtshof in Den Haag eine Erklärung durch, daß eine solche wirtschaftliche Verbindung nicht statthaft sei, da sie gegen die entsprechenden Bestimmungen des Versailler Vertrages verstoße. (89)

Das war richtig und falsch zugleich, je nachdem, wie man den Text auszulegen gewillt war. Gegen den durch seine gewählten Vertreter eindeutig bekundeten Willen der Deutschösterreicher war 1919 im Interesse Frankreichs die Vereinigung Österreichs mit Deutschland untersagt worden, immerhin mit der Klausel, daß mit Zustimmung des Rates des Völkerbundes der Anschluß später erfolgen könne. (s. Anhang Nr. 20)

Die Frage, wie der Rat des Völkerbundes entschließen werde, lag naturgemäß vor allem bei Frankreich. So, wie die französischen Politiker 1930 der Staatsräson zu dienen glaubten, mußten sie diesen Anschluß, die Bildung eines Großdeutschen Reiches mit schwerwiegenden Folgen für die geopolitische Karte Europas, unter allen Umständen verhindern. Das war für Frankreich ein Erfolg, der ihm im nationalen Interesse wichtiger war als ein Erlöschen des deutschen Revanchebedürfnisses, das vielleicht die Folge der Erfüllung dieses langgehegten Wunsches der deutschen Demokraten sein mochte.

Es ist gar nicht zu bezweifeln, daß die meisten deutschen Politiker an Stelle der französischen Regierung ebenso gehandelt hätten, aber aus der Situation Deutschlands, zwölf Jahre nach der immer noch nicht verwundenen Niederlage, sah der deutsche Nationalstolz immer nur eines: Hier wurde von den Siegern erneut das Selbstbe-

---

(89) *„Der internationale Gerichtshof im Haag erklärte die Zollunion mit 8 gegen 7 (!) Stimmen für unvereinbar mit den internationalen Verpflichtungen Österreichs aus dem Frieden von St. Germain — und einem Genfer Protokoll vom 4.10.22"* — zitiert nach Gesch. i. Quellen V, S. 261 — Memoiren des Reichsaußenministers Curtius

stimmungsrecht der Deutschen mit Füßen getreten. Wenn Hitler dann jedem, der es hören wollte, erklärte, in der Geschichte der Völker gebe es eben nur den ständigen Kampf um die Macht, und nur der Stärkere werde sich mit Hilfe der Macht durchsetzen, und behauptete, das sei ein Naturgesetz, dann mußte dem mehr an Revanche als einem Frieden um jeden Preis denkenden Patrioten das Vorgehen Frankreichs gegen die deutsch-österreichische Verbindung geradezu als Bestätigung dieser Sätze erscheinen. Die alte Rivalität, die in Locarno und bei der Aufnahme Deutschlands in den Völkerbund zeitweilig in den Hintergrund gedrängt war, war 1930 so lebenskräftig wie eh und je. Die Sammlung der rechtsgerichteten Kräfte in der Harzburger Front (90) gegen die deutsche Demokratie und die Republik war auch für Frankreich ein Signal. Der Geist von Locarno war tot, Schuld trugen wohl beide Seiten insofern, als sie sich noch nicht von nationalstaatlichem Denken, das allein auf die Macht des Staates vertraute, zu lösen vermochten.

Die Mächte der Vergangenheit, die prägende Kraft der Tradition, die die *»Erbfeindschaft«* als eine Art Naturgesetz darstellte, waren nicht zu überwinden. So gesehen, hatte der erste Weltkrieg beide Völker noch viel zu wenig gekostet, als daß sie für einen gemeinsamen Versuch reif gewesen wären, aus ihrer geschichtlichen Rivalität eine freundschaftliche Zusammenarbeit zu machen.

4. ABWENDUNG VON DER VERTRAGSPOLITIK — RÜCKKEHR ZUR MACHTPOLITIK

Nach dieser Entwicklung von 1925—1930 war natürlich an eine französisch-deutsche Zusammenarbeit bei den Abrüstungskonferenzen in Genf (1932—1934) nicht zu denken. Das Scheitern der Verhandlungen war, um es mit einem modernen Ausdruck zu bezeichnen, vorprogrammiert. In einer öffentlichen Bekundung zur Frage der allgemeinen Abrüstung in Europa schrieb der ehemalige britische Premierminister Lloyd George im Sept. 1932 in einem Zeitungsaufsatz: *»Gleiches Recht für Deutschland!«*
„Als einer der beiden Überlebenden (d. h. der vier hauptverantwortlichen Politiker der Siegermächte für die Abfassung des Versailler Vertrages — Wilson und Clemenceau waren gestorben,

(90) Lockere politische Verbindung von NSDAP; DNVP und „Stahlhelm" 1931 — antidemokratisch — antirepublikanisch — mit begrenzter politischer und publizistischer Wirkung.

außer L. G. lebte noch der ehemalige italienische Ministerpräsident Orlando — Anmerkung Verfasser) nehme ich keinen Anstoß, mir die deutsche Auffassung zu eigen zu machen, die dahin geht, daß die Siegernationen schamlos die Treue in der Rüstungsfrage gebrochen haben. (90a)

Selbst wenn man in Paris ernsthaft eine Abrüstung und Verringerung der französischen Armee in Betracht gezogen hätte, wäre es im günstigsten Fall die Einleitung eines sich über viele Jahre erstreckenden Prozesses geworden, bei dem die Regierung ständig die widerstrebenden Konservativen und die Armee hätte mitziehen müssen.

Jeder Anschein, beweisbar oder nicht, daß Deutschland seine Streitkräfte modernisieren wollte und nach Zahl und Qualität über die in Versailles festgelegten Normen hinauszugehen beabsichtigte, wäre für die französische Politik ein Grund gewesen, das 1919 gegebene Abrüstungsversprechen weiter dilatorisch zu behandeln. Es gab 1932 genügend Hinweise, daß das Deutsche Reich nur noch widerstrebend die ihm auferlegten Rüstungsbeschränkungen ertrug. Nach wie vor bestanden die geheimen Verbindungen zwischen der Reichswehr und der Roten Armee, wenn auch ihre Bedeutung überschätzt wurde. Nach wie vor gab es neben der Reichswehr Grenzschutzformationen in Ostdeutschland. Ein kleiner Teil der Polizei, die sogenannte Bereitschaftspolizei (91), war militärisch ausgebildet und bewaffnet. Das war eine notwendige Maßnahme angesichts der inneren Krisen und der zunehmenden Bürgerkriegsbereitschaft der Radikalen in Deutschland, aber in Frankreich gab es solche Polizeieinheiten nicht. Die Qualität der Ausbildung von Piloten der Deutschen Lufthansa, der eifrig betriebene und geförderte Motor- und Segelflugsport waren für jeden, der es zu beurteilen vermochte, erkennbare Vorarbeiten für den späteren Aufbau einer Militärluftfahrt.

Mit genauen Angaben über die Mitgliederstärke der uniformierten Einheiten der politischen Parteien in Deutschland konnte man die Propagandathese der Bedrohung Frankreichs durch seinen Nachbarn im Osten untermauern, obwohl diesen Formationen trotz aller strammen Vorbeimärsche beim Klang der Musikkapellen kein Kampfwert zukam im Vergleich mit regulär ausgebildeten Soldaten. Schließlich gab es in den nationalen Jugendverbänden alle Arten von Sport und auch Wehrsportübungen.

(90a) Wilhelm Ziegler: Versailles, Hamburg 1933, S. 266
(91) Meinck a.a.O., S. 10—11

Das war natürlich auch nur eine »*Soldatenspielerei*«, aber sie trug dazu bei, den Kampfwillen junger Menschen und ihre Bereitschaft zum Militärdienst zu stärken. In den Augen nachdenklicher französischer Politiker summierten sich alle diese Dinge zu einem Prozeß, aus dem eines Tages eine »*jakobinische*« bewaffnete Volksmacht hervorgehen konnte, vor allem, wenn noch die geistige Stoßkraft einer neuen Ideologie hinzukam, so wie sie früher die Volksheere der Ersten Republik in Frankreich beflügelt hatte.

Frankreich erschien verabredungsgemäß wieder zur Abrüstungskonferenz 1933 in Genf, aber seine Delegierten waren fest an den Grundsatz gebunden: Erst Sicherheit (das heißt, vor Deutschland) und dann Gleichberechtigung im militärischen Bereich, die das Konferenzthema war. Gleichberechtigung konnte heißen: Abrüstung Frankreichs oder auch, aber sehr langfristig, die Bereitschaft, Deutschland eine etwas stärkere Armee zuzugestehen.

Immerhin war im Dezember 1932 auf einer Vorkonferenz der Großmächte in Lausanne Deutschlands Rüstungsgleichberechtigung als Grundsatz anerkannt worden. Die Verschleppungstaktik, mit der die französische Delegation an diese Fragen heranging, wurde naturgemäß einige Wochen später nach dem Regierungsantritt Hitlers, des Propagandisten des Kampfes gegen die »*Schmach von Versailles*«, noch verstärkt.

Ganz unabhängig von dem, was Hitler dachte und plante, sahen die konservativen deutschen Militärs 1932 die Lage so: Die militärische Überlegenheit der miteinander gegen Deutschland verbündeten Nachbarn Frankreich, Polen, Tschechoslowakei war erdrückend. Eine zügige Verminderung ihrer Streitkräfte als Folge der Abrüstungskonferenz war nicht zu erwarten.

Die Gefahr eines Präventivkrieges der polnischen Armee gegen Deutschland wurde gerade in den Krisenjahren nach 1930 als sehr realistisch eingeschätzt. Man bezweifelte, daß die Locarnoverträge Deutschland gegen den Angriff einer feindlichen Koalition schützen würden. Die Ohnmacht des Völkerbundes war bekannt. Die Beschlüsse von Genf hatten die Japaner nicht daran hindern können, gegen China Krieg zu führen und die Mandschurei zu besetzen. Eine vom Völkerbund eingesetzte Untersuchungskommission zur Klärung der Streit- und Schuldfrage nützte den angegriffenen Chinesen gar nichts.

Die bis heute von amtlicher polnischer Seite immer wieder bestrittenen Anfragen in Paris zu Beginn des Jahres 1933, ob Frankreich sich unter Umständen einem polnischen Präventivkrieg anschließen werde, ließen die militärische Ohnmacht Deutschlands klar erkennen. Ein Gutachten über die strategische Lage kam zu dem Schluß, daß die Reichswehr Frankreich nicht ernsthaft daran hindern konnte, nach Belieben auf deutschem Boden Krieg zu führen. Allenfalls war eine Verteidigung der Oderlinie gegen die polnische Armee für begrenzte Zeit möglich. (92)

Die Denkschrift des Generalleutnants Adam, Chef des Truppenamtes, die dieser im März 1933 auf Verlangen des Kriegsministers von Blomberg anfertigte, sprach von der militärischen Schwäche Deutschlands, die zugleich ein Dilemma für die Politik bedeutete.

„Einerseits war es notwendig aufzurüsten, damit das Reich nicht jeglichem willkürlichen Zugriff seiner Nachbarn hilflos ausgeliefert blieb; andererseits mußte jede sichtbare Anstrengung zur Verstärkung der Wehrkraft in quantitativer und qualitativer Hinsicht die Gegner zum Angriff reizen, dem Deutschland nur wenig entgegensetzen konnte." (93)

Die Schlußfolgerung konnte nur lauten: Sicherheit durch Gleichberechtigung, für die die deutsche Delegation auf der Konferenz eintreten mußte.

Für die deutschen Militärs war eine Verstärkung der Streitkräfte, sofern sie politisch durchsetzbar war, unbedingt erforderlich, um die Verteidigungsmöglichkeiten zu verbessern. Für Hitler galt zunächst der gleiche Standpunkt, allerdings schon damals mit der weitergehenden Überlegung, daß eine Stärkung der militärischen Kraft Deutschland eines Tages auch wieder in die Lage versetzen sollte, mit seinem militärischen Potential Politik zu machen und unter günstigen Voraussetzungen einen Angriffs- bzw. Eroberungskrieg zu führen.

Deutschland hatte, nachdem nun fünfzehn Jahre seit dem Krieg vergangen waren, auch noch ein psychologisches Argument auf seiner Seite, dem man zwar in Frankreich widersprach, das aber von den anderen Delegationen mehr oder weniger zustimmend zur Kenntnis genommen wurde: Die Beschränkung der Verteidigungsfähigkeit auf ein so geringes Niveau, wie es der Versailler Vertrag bestimmt hatte, war eine auf die Dauer unzumutbare Einschränkung der Souveränität einer großen Nation in Europa, ein unnatürlicher Zustand.

---

(92) Meinck a.a.O., S. 19
(93) Meinck a.a.O., S. 19

Das Verlangen nach militärischer Gleichberechtigung, um verteidigungsfähig zu werden, war ja auch schon von den deutschen Regierungen vor Hitler erhoben worden und wurde in weiten Kreisen der Bevölkerung unterstützt.

Blieb Frankreich also auf der Linie — kein Entgegenkommen gegenüber Deutschland — kein Kompromiß, so kam Hitler in eine günstige Position, aus der heraus er es riskieren konnte, eine unkontrollierte Aufrüstung zu betreiben, nachdem man die in der Tat maßvollen deutschen Forderungen abgelehnt hatte und Frankreich damit die Hauptschuld am Scheitern der Abrüstungskonferenz zugewiesen werden konnte.

Genau besehen, waren eigentlich beide Rivalen an einem Gelingen der Konferenz gar nicht so sehr interessiert, weil das ihre langfristige Militärpolitik beeinflußt hätte. Ein vertrauensvolles Entgegenkommen Frankreichs gegenüber der neuen deutschen Regierung war nicht zu erwarten, und gerade das wurde zur Grundlage einer deutschen Aufrüstung, die Frankreich auf politischem Wege nicht mehr kontrollieren und bremsen konnte. Der von Hitler laut verkündete „Friedenswille" wurde von der französischen Politik nicht ernsthaft geprüft, was man durch eine feste Einbindung Deutschlands in ein modifiziertes Rüstungsabkommen, mit einiger Verstärkung für die Reichswehr, ohne daß Frankreich dadurch gefährdet wurde, immerhin hätte versuchen können.

Ein Vermittlungsvorschlag des italienischen Ministerpräsidenten Mussolini, ein weiterer Plan des britischen Premierministers Mac Donald wurden zurückgewiesen von Frankreich mit dem bekannten Argument, daß die Sicherheit des Landes dann nicht mehr gewährleistet sei, von Deutschland mit dem Hinweis, daß diese Vorschläge keine volle Gleichberechtigung für Deutschland enthielten und seine Souveränität verletzten.

Hitlers Pläne für eine Aufrüstung waren bereits 1934 in einzelnen Bereichen (Luftwaffe und Armee) ausgearbeitet worden, und die französische Regierung bot ihm mit der am 6.3.1935 wieder eingeführten zweijährigen Militärdienstzeit für ihre Rekruten eine Begründung gegenüber der deutschen Nation, die Wehrpflicht auch in Deutschland wieder einzuführen und die Rüstungsplanung auch auf die Bereiche der Panzerwaffe und Kriegsmarine auszuweiten.

Die Starrheit der französischen Sicherheitspolitik gegenüber Deutschland hatte somit gerade das Gegenteil von dem bewirkt, was sie seit Locarno zu erreichen bestrebt war. Mit dem Aufbau einer motorisierten Armee, die über Panzerdivisionen verfügte, und

der Bildung einer modernen Luftwaffe mit schnellen Bombenflug-
zeugen konnte in einer absehbaren Frist von drei bis vier Jahren die
Gefahr einer Bedrohung Frankreichs zur Wirklichkeit werden, die
man in Paris vor und während der Abrüstungskonferenz immer nur
als Schreckgespenst an die Wand gemalt hatte.
Selbst bei einer Erhöhung der Mannschaftsstärke der Reichswehr
auf 250—300 000 Mann und einer Ausrüstung mit schwerer Artillerie wäre Frankreichs Sicherheit von der Republik Deutschland etwa 1930 keineswegs bedroht gewesen, und der französische Vorsprung im Bereich der Panzerwaffe und Luftwaffe wäre noch lange
bestehen geblieben. 1935 wußte man es. Aber welcher französische
Politiker hätte das einige Jahre vorher genau übersehen und ein be-
grenztes Zugeständnis an »*den Feind*« im militärischen Bereich
empfehlen und durchsetzen können, um Schlimmeres zu verhüten?

Das Gesetz vom 16.3.1935 über die allgemeine Wehrpflicht in
Deutschland war ein Bruch des Versailler Vertrages, von Großbritannien, Italien und Belgien mit deklamatorischem Protest hingenommen und der Ankündigung, daß man sich »*mit allen geeigne-
ten Mitteln*« der einseitigen Aufkündigung von Verträgen widerset-
zen werde. Eine gemeinsame militärische Drohung oder gar ein Ultimatum gegen Deutschland vermochte Frankreich jedoch nicht
durchzusetzen, dafür waren als Folge der imperialistischen Politik
Mussolinis in Afrika die britisch-italienischen Beziehungen schon
viel zu gespannt.
Der Völkerbund verurteilte, ebenso wirkungslos wie im Falle der
mandschurischen Aktion Japans, diesen Schritt der deutschen Regierung. Aber beide Staaten waren aus dem Völkerbund ausgetre-
ten und durch bloße Beschlüsse und Verurteilungen in Genf nicht
mehr zu beeinflussen.

5. NACHGEBEN ODER KRIEG?
1936 TRIFFT FRANKREICH DIE ENTSCHEIDUNG
FÜR DEN FRIEDEN

Nachträglich wird deutlich, daß der Mißerfolg der Abrüstungskonferenz 1933 in Genf die Grundlage bildete, aus der sich die große
Krise von 1936 entwickeln konnte, als Deutschlands Revisionspolitik den entscheidenden Punkt erreichte, von dem aus nicht nur ein
künftiger Verteidigungs-, sondern auch ein Angriffskrieg geführt

werden konnte. Der Weg zur Rheinlandbesetzung durch deutsches Militär führte über Osteuropa als Folge der französischen und der deutschen Politik.

Nach dem bewußt in Kauf genommenen Scheitern der Konferenz hatte Hitler, für Deutschland und für Europa unerwartet, im Herbst 1933 Verhandlungen mit Polen aufgenommen, um die Situation im Osten zu klären und Deutschland vor einem polnischen Präventivkrieg zu sichern. Er bot der polnischen Regierung einen auf 10 Jahre befristeten Nichtangriffspakt an.

Damit verlagerte sich der Schwerpunkt der diplomatischen Aktivität in Europa für einige Zeit nach Osten. Der Faktor, der diese Entwicklung 1933 ausgelöst hatte, war das Erscheinen der Sowjetunion auf der Bühne europäischer Machtpolitik, vollzogen durch ihren Eintritt in den Völkerbund. Polen und Deutschland betrachteten diesen taktischen Schritt sowjetischer Politik mit größtem Mißtrauen, die französische Politik dagegen mit großem Interesse. Konnte diese Mitarbeit der Sowjetunion in einem liberal-demokratischen Gremium der Beginn einer neuen französisch-russischen Zusammenarbeit sein, die Erneuerung des Zweibundes von 1893 in anderer Form? Nach dem Scheitern von Genf empfahlen sich französisch-sowjetische Gespräche über gemeinsame Sicherheitsfragen von selbst.

In Polen war man äußerst skeptisch über diese Möglichkeit des Zusammengehens Frankreichs mit dem Hauptfeind. Eine unverbindliche Fühlungnahme mit dem geschworenen Feind des Bolschewismus, dem nationalsozialistischen Deutschland, schien daher durchaus zweckmäßig, um die Selbständigkeit polnischer Außenpolitik zu demonstrieren. Das französisch-polnische Bündnis gegen Deutschland blieb davon selbstverständlich unberührt, und das mußte auch Hitler mit in seine Rechnung setzen, wenn er langfristig plante, das linksrheinische Gebiet wieder unter den Schutz der deutschen Wehrmacht zu stellen und es in Zukunft auch als Aufmarschgebiet nutzen zu können. Eine solche Aktion mußte ja auch Polen als Unterzeichner der Locarnoverträge berühren.

Die Beratungen über einen französisch-sowjetischen Beistandspakt, der ohne Zweifel gegen Deutschland gerichtet war, machten nach Hitlers Erklärung über die »Wehrhoheit Deutschlands« rasche Fortschritte. Gegen die beginnende deutsche Aufrüstung unternahm Frankreich gleich noch einen weiteren Schritt. Zwei Wochen, nachdem man am 2.5.1935 den französisch-sowjetischen Beistandspakt für zunächst fünf Jahre abgeschlossen hatte, wurde durch französische Vermittlung ein weiterer Beistandspakt zwischen der Sowjetunion und der Tschechoslowakei unterzeichnet. Damit war Deutschlands strategische Position ungünstiger als vorher. Es hatte diesem neuen Ostpakt militärisch noch keine nennenswerten Kräfte entgegenzusetzen, allenfalls konnte man die Unterzeichnung des britisch-deutschen Flottenabkommens vom 18.6.1935 als eine kleine Entlastung ansehen.

Vom Tage der Unterzeichnung des französisch-sowjetischen Paktes an äußerte Hitler in Reden und offiziellen Noten immer wieder seinen Protest gegen diesen *»deutschfeindlichen Schritt«*, der nach deutscher Auffassung den Vertrag von Locarno in seinem Wesen verletzt habe.

Welche Absprachen hatten Frankreich und die Sowjetunion getroffen? Der Pakt, offiziell ein Beistandsabkommen, verpflichtete beide Partner zur gegenseitigen Hilfeleistung im Falle eines Angriffs durch eine dritte Macht gemäß Artikel 16 der Völkerbundssatzung. Das bedeutete, daß der nicht angegriffene Vertragspartner alle wirtschaftlichen und finanziellen Beziehungen zum Angreifer abbrechen mußte und sich den vom Völkerbund empfohlenen Schritten anzuschließen hatte. Dagegen ließ sich von deutscher Seite aus nicht argumentieren. Die grundsätzlichen Bedenken, die Hitler in seiner Reichstagsrede vom 21.5.1935 vorbrachte, bezogen sich deshalb auf die Sätze des Vertrages, in denen festgelegt wurde, *„daß Frankreich und die Sowjetunion einander aus eigener Machtvollkommenheit und nach eigenem Gutdünken beistehen sollten, sofern der Völkerbundsrat sich nicht auf Maßnahmen gegen einen unprovozierten Angriff einigen könne."* (94)

Das war durchaus realistisch gedacht, denn die Ohnmacht des Völkerbundes in Krisenfällen war ja 1935 durch die Politik Italiens nachgewiesen worden, und Hitlers Politik hatte ebenfalls ihr Teil dazu beigetragen.

Immerhin, diese Formulierung im französisch-sowjetischen Vertrag konnte eine Bedrohung Deutschlands bedeuten, denn *„Frankreich nahm für sich das Recht in Anspruch, in einem Konflikt des Deutschen Reiches mit der Sowjetunion nach freiem Ermessen zu entscheiden, wer der Angreifer sei, um auf Grund dieser Entscheidung möglicherweise gegen Deutschland vorzugehen."* (95)

„Der deutsche Protest war durchaus nicht unbegründet. Die Erfolglosigkeit einer Konsultation des Völkerbundes sollte zwar dem

---

(94) Meinck a.a.O., S. 146
(95) Meinck a.a.O., S. 147

Wortlaut des russisch-französischen Paktes nach — die verbünde-
ten Staaten nur dann zu selbständigem Handeln ermächtigen,
wenn einer von Ihnen „trotz aufrichtig friedfertiger Absichten Ge-
genstand eines nicht herausgeforderten Angriffs würde" —; da die
Verbündeten aber im gegebenen Fall über die Friedfertigkeit ihrer
Absichten selbst zu urteilen und auch zu bestimmen hatten, ob ein
Angriff von dritter Seite gegen einen von ihnen provoziert sei oder
nicht, gab ihnen faktisch schon das Versagen des Völkerbundes das
Recht zu eigenmächtigem Vorgehen. Zwar unterschied sich der rus-
sisch-französische Vertrag in dieser Hinsicht nicht von den Pakten
Frankreichs mit Polen und der Tschechoslowakei, die das Reich in
Locarno ausdrücklich anerkannt hatte. Aber die Frage blieb offen,
ob es völkerrechtlich zulässig sei, daß Frankreich gerade den stärk-
sten Vorbehalt gegen sein Versprechen, militärische Aktionen ge-
gen das Reich zu unterlassen, aus diesen Pakten von 1925 in einen
neuen Vertrag übernahm, ohne die Einwilligung Deutschlands ein-
zuholen." (96)

Vertragsüberschrift — Vertragstext — Kleingedrucktes, egal, wie
man es ansah, aus deutscher Sicht war es etwas ganz anderes, ob
Frankreich einen Vertrag mit der Sowjetunion schloß oder mit Polen und der Tschechoslowakei. Dieser Beistandspakt unterschied
sich, nach Hitlers Worten, nicht mehr von den früheren militärischen Bündnissen.

Rußland war für Deutschland der Feind des Ersten Weltkrieges,
dessen Kriegswille für die Katastrophe von 1914 mitverantwortlich
gewesen war, und die Sowjetunion von 1935 war der ideologische
Hauptgegner des Nationalsozialismus.

Die französische Regierung erklärte allerdings sofort, daß die Bestimmungen des sowjetisch-französischen Vertrages so gehandhabt
werden würden, daß sie den von Frankreich in Locarno übernommenen Verpflichtungen nicht widersprächen.

Ein Widerspruch zwischen den Locarnoverträgen und dem neuen
Beistandspakt sei nicht gegeben, und eine Konsultierung der britischen und italienischen Regierung habe diesen Standpunkt bestätigt. Den Buchstaben nach traf das zu, aber die Versicherung, der
Beistandspakt mit der Sowjetunion trage nur defensiven Charakter
und sei in keiner Weise gegen Deutschland gerichtet, entsprach in
ihrem zweiten Satz einfach nicht den Tatsachen. Wenn der Pakt
nicht gegen Deutschland gerichtet war, gegen wen dann?

---

(96) Meinck a.a.O., S. 147

Der französische Botschafter wies jedoch im Auftrag seiner Regierung pflichtgemäß darauf hin, daß Frankreich jeglicher Gedanke einer Ausschließung oder Einkreisung Deutschlands fern liege. (97) Die Fachleute im deutschen Kriegsministerium und im Generalstab blickten auf die Karte und sahen nur, daß die strategische Lage Deutschlands sich durch diesen doppelten Erfolg der französischen Außenpolitik verschlechtert hatte. Gab es ein Gegenmittel? Gerade die konservativen Militärs sahen jetzt die Wiedereinbeziehung des Rheinlandes in deutsche Militärhoheit vom Standpunkt der Landesverteidigung her als unbedingte Notwendigkeit an, vorausgesetzt, daß das ohne das Risiko eines Krieges machbar sei.

„General der Artillerie Frh. v. Fritsch hatte bereits am 24.4.35, als die Franzosen und Russen noch über den Abschluß ihres Bündnisses verhandelten, vor höheren Offizieren ausgeführt, ein tschechisch-russischer Pakt bedeute eine akute Gefahr für Deutschland. Angesichts der geographischen Gegebenheiten sei die russisch-tschechische Brüderschaft für Deutschland bedrohlich, um so mehr, als Vorbereitungen im Gange seien, sie militärisch wirksam zu gestalten. Russische Fliegeroffiziere befänden sich schon in der CSR. Außerdem gehe die Anlage von 25 großen Flugplätzen weit über den Bedarf dieses Landes hinaus." (98)

Es muß dahingestellt bleiben, ob diese Berichte in allen Einzelheiten zutrafen oder ob der deutsche Nachrichtendienst nur über das Vorstadium von Planungen berichtet hatte. Allein die Möglichkeit einer solchen militärischen Zusammenarbeit im Osten und Süden mußte in Deutschland größte Aufregung hervorrufen! Mitteldeutschland und Berlin im Flugbereich sowjetischer Bomber! Das politische Schlagwort jener Tage — *»die Tschechoslowakei als Flugzeugmutterschiff des Bolschewismus im Herzen Europas«* — war außerordentlich wirksam. Auch die französische Presse nahm es auf, teilweise mit Verständnis für die deutschen Befürchtungen. Im Winter 1936 hatte der deutsche militärische Nachrichtendienst außerdem noch von den Plänen des französischen Generalstabs erfahren, im Kriegsfall durch aufeinander abgestimmte Aktionen der tschechischen und französischen Armee Süddeutschland von Norddeutschland abzuschneiden. (99) Der östlichste Punkt der rechtsrheinischen entmilitarisierten Zone war nur wenig mehr als 200 km Luftlinie von der deutsch-tschechischen Grenze entfernt,

(97) Meinck a.a.O., S. 148
(98) Meinck a.a.O., S. 149, dazu auch Quellennachweis
(99) Meinck a.a.O., S. 149

und ein Vorrücken französischer und tschechischer motorisierter Einheiten längs der Mainlinie war bei der Unterlegenheit der deutschen Wehrmacht zu jener Zeit ohne weiteres durchführbar.

Wenn Hitler langfristig die Wiederbesetzung des rechts- und linksrheinischen Gebietes durch die Wehrmacht plante, hatte er nun allen Anlaß, mit dem Hinweis auf diese Bedrohung und Einkreisung Deutschlands eine solche Maßnahme als unumgänglich für die Sicherheit Deutschlands hinzustellen. Es ist auch nicht nachzuweisen, ob er das Unternehmen vom März 1936 von langer Hand plante oder ob er diesen sehr riskanten Schritt gegen einen übermächtigen Gegner ganz und gar an den Ausgang der Debatte im französischen Parlament über die Ratifizierung des Paktes knüpfte. Während des Winters 1935/36 blieb es in der deutschen Außenpolitik und Presse bei dem Leitmotiv, daß Deutschland durch eine neue Einkreisungspolitik bedroht sei und sich dagegen schützen müsse. Mit dem Beginn der Debatte in der Kammer in Paris traf Hitler auch die ersten Vorbereitungen, um im Fall einer zu erwartenden Ratifizierung eine militärische Aktion im Rheinland blitzschnell durchführen zu können.

Für einen solchen Coup sprachen drei Faktoren, die er mit gutem Enfühlungsvermögen als eine gewisse Sicherheit für ein Gelingen ansah:

1. Die britische Reaktion auf die Verknüpfung der Bündnisse Frankreich-Tschechoslowakei, Frankreich-Sowjetunion war sehr zurückhaltend gewesen.

2. Der Bericht des deutschen Botschafters in Rom ließ erkennen, daß Mussolini, der noch mit seinem Kampf in Abessinien beschäftigt war und dessen Beziehungen zu Paris und London weiterhin gespannt waren, sich nicht gegen eine Besetzung des linken Rheinufers und die offizielle Kündigung des Locarnopaktes wenden würde. (100)

3. Es gab in der französischen Kammer einen beachtlichen Widerstand gegen den französisch-sowjetischen Beistandsvertrag. Die politische Rechte und ein Teil des französischen Offizierskorps betrachteten den Kurs in Richtung Moskau mit einiger Skepsis, und verschiedene einflußreiche Politiker der äußersten Rechten rieten eindeutig von einer Politik ab, die in Deutschland nur

(100) Meinck a.a.O., S. 150

zu vermehrter Rüstung und am Ende zu einem neuen deutsch-französischen Krieg führen werde. Sie neigten jetzt eher zu einer Verständigung mit Deutschland und ließen Verständnis für Hitlers antisowjetische und antisemitische Politik erkennen.

Nun ist es müßig zu fragen, ob Hitler das ganze Unternehmen auch riskiert hätte, wenn der Beistandspakt Frankreich-Sowjetunion nicht ratifiziert worden wäre. (Abstimmungsergebnis am 28.2.1936 — 353 Stimmen dafür — 164 Stimmen dagegen.) Es ist möglich, daß er die Aktion unterlassen hätte, denn sie war ja so angelegt, daß ein schneller Rückzug der deutschen Truppen ohne Feindberührung möglich sein sollte, falls die französische Armee auf deutsches Gebiet vorrückte. Deshalb marschierten am 7.3. auch nur drei Infanteriebataillone in das linksrheinische Gebiet ein. Die ganze Aktion hatte in der Tat mehr politische als militärische Bedeutung. Die Bedeutung lag mehr darin, daß die deutsche Regierung zugleich mit dieser militärischen Geste die Locarnoverträge kündigte mit der Begründung, daß der französisch-sowjetische Pakt ein Bruch dieser Verträge sei.

Rechtlich war dies, wie bereits dargelegt, nicht zutreffend, aber politisch schwer zu widerlegen. Da schon Stresemann geklagt hatte, daß die französische Außenpolitik wider den Geist von Locarno verstoße und die Militärpolitik Frankreichs vom Bau der Maginotlinie bis zur »Sicherheitspolitik« auf der Genfer Konferenz mehr auf Machterhaltung als auf Verständigung gesetzt hatte und sich beide Rivalen durch die konsequente Fortführung dieser Politik bis zur Verkündung der Wehrhoheit Deutschlands 1935 immer mehr voneinander entfernt hatten, so war die offizielle Kündigung des Vertrages durch Hitler eigentlich nur noch die Bestattung eines Toten, nur eben ohne das Einverständnis der übrigen Verwandten.

Gab es einen Ersatz für die Locarnoverträge, eine neue Basis der Verständigung? Hitler bot Frieden, Verständigung und einen Nichtangriffspakt unmittelbar nach dem Einmarsch in das Rheinland, auf Wirkung in Deutschland, Europa und nicht zuletzt bei der französischen Öffentlichkeit bedacht. Aber in den Augen der französischen Politiker und Militärs waren seine Vorschläge, sein Friedensprogramm der sieben Punkte unannehmbar, da sie ganz und gar vom Gedanken der absoluten militärischen Gleichberechtigung beider Länder ausgingen und Hitler auch nicht im Ernst damit rechnen konnte, daß die französische Regierung darauf eingehen würde. Allein der erste Punkt: Die Reichsregierung ist bereit, erneut über die Bildung einer entmilitarisierten Zone zu verhandeln, die im Gegensatz zur Lösung von Locarno diesmal in gleicher Weise wie deutsches Gebiet auch französisches und belgisches Gebiet umfassen soll, — bedeutete nichts anderes, als daß Frankreich die Maginotlinie würde aufgeben müssen, eine absurde Vorstellung für alle Franzosen. Den Rückzug aus der Maginotlinie einzutauschen gegen einen neuen Nichtangriffspakt mit Deutschland und die Erklärung, daß Deutschland wieder im Völkerbund mitarbeiten werde, falls man in »*angemessener Zeit die Frage der kolonialen Gleichberechtigung*« klären werde, das war für die Siegermacht undiskutabel.

Frankreich wollte seine militärische Überlegenheit, die ja seit 1930/ 1931 vor allem durch seine Grenzbefestigungen garantiert wurde, nicht preisgeben. Es mochte sich aber ohne Mitwirkung Großbritanniens und Italiens nicht zu einer Kriegserklärung an Deutschland entschließen.

Bis auf weiteres blieb zwar diese Überlegenheit Frankreichs nach Zahl und Ausrüstung noch bestehen, aber sie verlor an politischem Gewicht, während die volle Souveränität Deutschlands im Rheinland sich schon zwei Jahre später zugunsten der deutschen Revisionspolitik auswirkte, als Hitler den Bau des Westwalles anordnete und eine Sicherheitszone schaffen konnte, die schon 1938 während der Sudetenkrise, noch vor der Fertigstellung eines großen Teiles der Befestigungsanlagen, eine psychologische Wirkung auf die französischen militärischen Planungen ausübte und erst recht in den ersten Kriegswochen eine rasche, machtvolle französische Offensive auf deutsches Reichsgebiet zumindest gebremst hätte. Die militärische Überlegenheit von 1936 war durch Unentschlossenheit, mangelndes Selbstvertrauen und Furcht vor den unwägbaren Risiken eines Krieges verspielt worden. Hitlers großes Risiko hatte sich dagegen gelohnt, denn von 1936 an zog sich Frankreich in eine Defensivhaltung zurück, die sich bis zum Beginn des Zweiten Weltkrieges nicht mehr grundsätzlich ändern sollte. Das Bedürfnis der europäischen Völker nach Ruhe und Frieden ließ die Erregung in Frankreich bald wieder abflauen. Die Fomulierungen in der britischen Presse, daß die Deutschen eigentlich nur »*in ihren eigenen Vorgarten*« gegangen seien und daß so etwas siebzehn Jahre nach Versailles keinen Krieg gegen Deutschland lohne, wurde auch von der Masse der friedliebenden französischen Bürger übernommen. Man hatte in Frankreich im Frühjahr 1936 ohnehin mehr innenpolitische Sorgen, zu denen bald noch die Frage kommen sollte, wie sich die politischen Verhältnisse im Nachbarland Spanien nach dem Wahlsieg der Linksparteien und Republikaner entwickeln würden.

6. DIE PERIODE DER ENTSPANNUNG VON 1936—1938 ENDET MIT DER SUDETENKRISE UND DER KRISE UM DANZIG UND DEN KORRIDOR

Die Warnungen vor der »*deutschen Gefahr*«, die Schlagzeilen in der Presse gegen Hitler und die deutsche Aufrüstung machten schon im April und Mai den Berichten über die kommende soziale Revolution in Frankreich Platz, die mit dem Stimmzettel durch die linksrepublikanische Volksfront herbeigeführt werden sollte. Der Friedenswillen der Volksmassen war ja nicht nur in Frankreich echt und aufrichtig, sondern auch bei der deutschen Bevölkerung, die an die Friedens- und Versöhnungsreden Hitlers glaubte. Französische Reisende in Deutschland, die Zeitungskorrespondenten in den großen deutschen Städten und die französischen Konsulate konnten das nur bestätigen. Es war auch bemerkenswert, daß die Berliner Bevölkerung bei den im gleichen Jahr stattfindenden Olympischen Spielen gerade den französischen Sportlern, deren Mannschaft mit dem Hitlergruß an der Ehrentribüne vorbeimarschierte, den stärksten, langanhaltenden Beifall spendete. Es war eine politische Geste von jenseits des Rheines, die zur Versöhnung beitragen sollte und von der deutschen Bevölkerung auch so empfunden wurde.

Der Blick der Öffentlichkeit in Frankreich war um diese Zeit schon viel stärker nach Süden gerichtet, wo sich mit Generalstreiks, Unruhen und politischen Morden links- und rechtsgerichteter Fanatiker der Beginn des Spanischen Bürgerkrieges ankündigte. Hier lag die Gefahr für Frankreichs Sicherheit nicht mehr an der Ostgrenze, denn sie schien militärisch und politisch absolut gesichert, da Hitler noch einmal feierlich auf den Besitz Elsaß-Lothringens verzichtet hatte.

Wie erwartet, kam es zu einer weiteren Beunruhigung der politischen Szene durch den unerwartet hohen Wahlsieg des Volksfrontbündnisses zwischen Sozialisten, Radikalsozialisten und Kommunisten im Mai 1936, die, ähnlich wie in Spanien, sofort eine große Streikwelle der Arbeiterschaft auslöste, die ihren politischen Sieg in wirtschaftliche Erfolge durch Zugeständnisse der Unternehmer

— Lohnerhöhung, verkürzte Arbeitszeit, bezahlter Urlaub — umzusetzen gedachte. Das konservative, kapitalistische Frankreich fürchtete einen neuen Jakobinismus, eine »*Machtergreifung*« im Staat durch Arbeiter und Gewerkschaften. Angesichts der revolutionären Hoffnungen der Linken, des stark gestiegenen Einflusses der Kommunisten und der öffentlich diskutierten Sozialisierungspläne sahen diese einflußreichen Kreise, zu denen auch die Spitzen der französischen Armee zu zählen waren, den Beistandspakt mit der Sowjetunion mit noch größerem Argwohn als vor der Ratifizierung.

Mussolini und Hitler wurden der französischen Rechten zwar nicht von heute auf morgen sympathisch, aber ihr politisches System eines strafforganisierten Führerstaates schien für eine konservative Erneuerung Frankreichs im Geiste einer nationalen Einheitsfront ein nützliches Beispiel zu geben, und der organisierte französische Nationalismus spielte mit dem Gedanken einer Zusammenarbeit mit den beiden Diktatoren für den Fall, daß sich eines Tages in Frankreich eine kommunistische Revolution entwickeln sollte.

So war es in den Jahren von 1936 bis 1938 auch nicht mehr möglich, die ganze französische Nation geschlossen zum Kampf gegen die „deutsche Gefahr", gegen den Nationalsozialismus zu mobilisieren. (s. Anhang Nr. 21)

Die deutschen Emigranten in Paris spürten diese Entwicklung am deutlichsten. Hitler seinerseits hatte in dieser Phase der Revisionspolitik kein Interesse daran, die deutsch-französische Rivalität durch aggressive Propaganda zu beleben und zu vertiefen.

Der aufmerksame ausländische Beobachter in Deutschland mußte 1937 den Eindruck gewinnen, daß die frankreichfeindliche Stimmung in der Presse und Öffentlichkeit fast verschwunden war.

Hitlers Gespür dafür, daß das Mißtrauen und die Gegnerschaft der französischen Politik gegenüber Deutschland sich abgeschwächt hatte und der französische Patriotismus nicht mehr von der opferbereiten Unterstützung des französischen Volkes getragen wurde, trug mit dazu bei, daß er die nächsten Schritte seiner Revisionspolitik unternahm, vom erzwungenen und dann doch bejubelten Anschluß Österreichs an das Reich bis zur Eingliederung der sudetendeutschen Gebiete der Tschechoslowakei. Deutschland, vor allem die jungen Soldaten der Wehrmacht und die Jugendbewegung, ließ sich vom Hinweis auf die patriotischen Pflichten leiten, und bei dieser Erziehung fand auch der Appell an die Opferwilligkeit bis zum Einsatz des eigenen Lebens für das Vaterland willige und gläubige Hörer. — Deutschland, Vaterland, wir kommen schon! (101) — So etwas gab es in Frankreich nicht mehr, daß man die Menschen zu Millionen mit den Begriffen Ehre, Pflicht und Dienst gewinnen konnte. Zu groß waren die Verluste im Ersten Weltkrieg gewesen, zu groß die Furcht, noch einmal einen die Volkssubstanz gefährdenden langen Krieg führen zu müssen. Die französische Armee wie auch die Jugend waren im Geist des bürgerlichen Liberalismus befangen, rationell denkend und mit den Fragen der persönlichen Lebensentwicklung und Freizeit befaßt, ohne daß da noch viel Platz für Patriotismus im althergebrachten Sinn gewesen wäre.

Sicher, man war bereit, seine Pflicht gegenüber dem Staat zu tun, aber in der laut geäußerten Hoffnung, daß die letzte Konsequenz dieser Pflicht, die Bewährung im Krieg unter Einsatz des eigenen Lebens, durch eine Friedenspolitik vermieden werden konnte und, wenn es sein mußte, notfalls durch eine Politik des Nachgebens. Das in Frankreich beliebte Wort, mit dem man nicht nur private Angelegenheiten, sondern auch politische Probleme und Krisen zu meistern versuchte, »ça s'arrange« — das gibt sich schon, das renkt sich von selbst wieder ein — würde sich schließlich auch in den Beziehungen mit Deutschland bewähren, wenn der Nachbar erst einmal saturiert war wie der eigene Staat.
Das war nicht nur oberflächliche Bequemlichkeit des Bürgers, sondern wohl auch eine Bilanz vernunftgemäßen Denkens nach soviel Revolutionen, Krisen und Kämpfen. Der französische Handwerker, Bauer, Kaufmann, Arbeiter war müde geworden, er reagierte jetzt nicht auf »gloire« und »grandeur« und war bereit, für seine Ruhe zu zahlen. Eine Reife des Denkens — ein tiefes Verständnis dafür, daß es vor allem und unter allen Umständen gelte, den Frieden zu erhalten — wichtiger, als mit viel Mühe, Geld und Opfern führende Großmacht in Europa zu bleiben — eine Resignation, die das Ende des alten egoistisch-rücksichtslosen Patriotismus ankündigte?
Das war gut für Europa im 20. Jahrhundert, doch es lähmte die Verteidigungsbereitschaft und war als geistige Haltung unangemessen gegenüber einem kraftvollen Nachbarn, der ein Nachholbedürfnis an Imperialismus hatte, verstärkt durch die werbende Kraft einer Lebensraum- und Rassentheorie, die den gläubigen Anhängern Hitlers das Gefühl der Überlegenheit über das »alternde, dekadente, verjudete und vernegerte« Frankreich gab.

---

(101) Schlußvers eines beliebten Liedes der Hitlerjugend

War das französische Volk, diesmal zu seinem Schaden, politisch zu weit fortgeschritten, daß es nicht verstehen konnte, daß für den Nationalsozialismus Kampf und Krieg nach wie vor legitime Mittel waren, um seinen Großmachtsanspruch durchzusetzen?

Entsprechende pazifistische Empfindungen waren ja in manchen Kreisen des deutschen Bürgertums ebenfalls verbreitet, nur konnten sie sich im diktatorisch geführten und kontrollierten geistigen Leben Deutschlands nicht öffentlich äußern und Einfluß gewinnen.

Der Tod Hitlers oder seine Absetzung durch einen Putsch konservativer Militärs in der Herbstkrise 1938, das hätte die Wende sein können! Die folgende deutsche Regierung hätte zweifellos als Vertretung des anderen, friedliebenden Deutschlands gute Möglichkeiten zur Verständigung mit Frankreich gehabt, bessere als Stresemann in den noch zu sehr von Haß und Mißtrauen vergifteten Nachkriegsjahren.

1938, während der Sudetenkrise, blickte die französische Nation in den Tagen der Mobilmachung und Einberufung der Reservisten in den Abgrund des Krieges. Das Gefühl der Errettung und Befreiung aus dieser Gefahr war nach der Münchener Konferenz allgemein und in Deutschland sicher gleich groß wie in Frankreich, aber doch mit einem wesentlichen Unterschied.

Die territoriale Reduzierung der Tschechoslowakei auf die ihr ethnographisch zustehenden Grenzen, die 1919 vor allem mit französischer politischer Unterstützung unangemessen ausgedehnt worden waren, bedeutete die Preisgabe der in den Sudetengebieten angelegten Befestigungen, der »tschechischen Maginotlinie«.

Diese Gebiete und ihre Bevölkerung waren für die Verteidigung der CSR unabdingbar, und nach ihrem Verlust besaß dieser Staat kein Militärpotential mehr, das ihn zu einem nützlichen Verbündeten Frankreichs machte. Mit dem Zugeständnis der Abtretung der von Deutschen bewohnten Gebiete hatte die französische Regierung einer Teildemontage ihres Sicherheitssystemes zugestimmt.

Deshalb erwartete Ministerpräsident Daladier erbitterte Vorwürfe der Politiker, der Presse, der Öffentlichkeit. Der Jubel, mit dem die aus München heimkehrende Delegation in Paris empfangen wurde, bewies dagegen, daß der französische Bürger nur dann noch zum Kampf aufzurufen war, wenn Frankreichs Territorium direkt durch einen feindlichen Angriff bedroht war.

In Deutschland war die Erleichterung der Reservisten, gerade der älteren Jahrgänge, sicher genauso groß, zu ihr gesellte sich aber im ganzen Volk, auch unter den Hitler ablehnend gegenüberstehenden Kreisen, ein mit Respekt und Bewunderung gemischtes Erstaunen, daß eine von Ultimaten und Kriegsdrohung begleitete Politik des Risikos zum Erfolg geführt hatte. Hitlers Triumph hatte zur Folge, daß die Zahl seiner Anhänger wuchs und Millionen von Deutschen in naiver Gläubigkeit mehr denn je bereit waren, sich seiner erfolgreichen Führung anzuvertrauen.

Für die französischen Politiker ergab sich die gleiche Schlußfolgerung wie in Großbritannien: verstärkte Aufrüstung, einmal um der eigenen Sicherheit willen und um Hitlers wachsender Stärke mit entsprechender Macht entgegentreten zu können. In Frankreich galt aber, anders als in Großbritannien, dabei der von der Regierung unausgesprochene Vorbehalt, einen Krieg um nahezu jeden Preis zu vermeiden. Mit einer gewissen Erleichterung nahm man die in Hitlers Reden und im nationalsozialistischen Programm erkennbare Ostpolitik zur Kenntnis. Deutschland wendet sich nach Osten? Nun gut, unsere Position dort ist auf die Dauer ohnehin nicht mehr haltbar, je stärker Deutschland und die Sowjetunion werden. Wenn sich beide miteinander ideologisch verfeindeten Mächte gegenüberstehen und sich neutralisieren, ist das gut für Frankreich. Hauptsache, Hitler engagiert sich dort und läßt uns in Ruhe. Wenn das zu erwarten ist, sollen wir uns dann etwa durch strikte Erfüllung unserer Bündnisverpflichtungen in den Krieg ziehen lassen?
So dachte man im März 1939, als Deutschland die Tschechoslowakei annektierte, und bis zum Sommer änderte sich an dieser Grundeinstellung nichts, und die französische Politik war bereit, alle Maßnahmen, ob gegen oder mit Deutschland, zu treffen, wenn nur ein Krieg in Europa verhindert werden konnte.
Und als es dann soweit war, und die Republik Frankreich Großbritannien am 3.9.1939 in den Krieg gegen Deutschland folgte, geschah das mit spürbarem Widerwillen, denn die Einlösung der Bündnispflicht gegenüber Polen hatte für die französische Nation nicht die alles überragende Bedeutung wie in der britischen amtlichen Politik und Propaganda.
Die Skepsis, die sich vorher in den Schlagworten geäußert hatte: *»die Sudetengebiete sind keinen Krieg zwischen Frankreich und Deutschland wert!«* oder *»für Danzig sterben? — Nein!«* wurde jetzt durch andere Parolen abgelöst, die nicht mehr in der Presse zu finden waren, aber doch von Mund zu Mund gingen. *»Wir*

151

haben keine Lust, den Krieg der Engländer gegen die Deutschen zu führen! Bleiben wir in der Maginotlinie, hinter der uns nichts geschehen kann und lassen wir uns nicht zur blutigen Offensive verführen! Die Engländer bleiben ja auch auf ihrer Insel! Wor sind denn die britischen Soldaten in Frankreich?«

Diese Unmutsäußerungen, quellenmäßig nicht immer bis ins einzelne belegbar und doch jedem Zeitgenossen bekannt, waren charakteristisch für die Stimmung eines großen Teiles der Bevölkrung und der Soldaten in den ersten Kriegsmonaten. Es war für die französische Regierung nicht leicht, dagegen anzugehen. Die Kriegsverhältnisse, die Pressezensur, die Möglichkeit schärferer Kontrolle halfen etwas. Der Kurs sollte nun ein für allemal probritisch und antideutsch bleiben. Aber die amtliche Propaganda tat sich damit gar nicht so leicht, die spürbare Mißstimmung gegen den Krieg in Feindschaft und begeisterte Kampfbereitschaft gegen den alten Feind Deutschland umzulenken. Dazu kam die Mehrheit der französischen Bevölkerung erst einige Zeit nach der Niederlage von Mai und Juni 1940. Hätte es eine freie Diskussion in der Bevölkerung, in den Parteien, in der Presse und in der Kammer über Hitlers Friedensangebot in seiner Danziger Rede vom 19.9.1939 gegeben, wäre es sehr fraglich gewesen, ob sich eine Mehrheit des französischen Volkes für die Fortführung des Krieges gegen Deutschland gefunden hätte.

Blicken wir an dieser Stelle noch einmal auf die Grundeinstellung der Politik Frankreichs im August 1939, so läßt sich nachweisen, daß das französische Volk und seine gewählten Vertreter in jenen Wochen in wesentlich größerem Maß als seine Verbündeten Polen, Großbritannien, ja selbst als der USA Präsident Roosevelt tatsächlich friedenswillig waren.

Hitler setzte entschlossen auf die Machtpolitik unter Einschluß des Kriegsrisikos. Polen und Großbritannien waren ebenfalls zum Krieg bereit, um eine weitere Machtausdehnung Deutschlands zu verhindern, eine Politik des Appeasement, des Kompromisses, kam für sie nicht beziehungsweise nicht mehr in Frage.

Nur Frankreich war, ganz im Gegensatz zu seiner Haltung in den zwanziger Jahren, bereit, Machtpositionen zu räumen und, was die aus dem Versailler Vertrag herzuleitenden Ansprüche anging, so weit wie möglich nachzugeben, wenn dadurch der Krieg vermieden werden konnte. Diese Haltung galt vor und nach dem Abschluß des Hitler-Stalin Paktes. Österreich — das Sudetenland, die Tschechoslowakei, — das deutsche Memelgebiet, das waren aus französischer Sicht alles keine vergeblichen Opfer, wenn es jetzt nur gelang, im Bunde mit Großbritannien und der Sowjetunion Hitler einen unüberwindbaren militärischen Block entgegenzusetzen, der ihn vor einem Angriff auf Polen zurückschrecken ließ. Diese Politik des Nachgebens, der Verstärkung der Bündnisse und gleichzeitiger intensiver Rüstung, um den deutschen Vorsprung vor allem bei der Luftwaffe einzuholen, wäre wohl auch erfolgreich gewesen, wenn Stalin sie nicht durch seine imperialistische Politik des Vorschiebens der Westgrenzen der Sowjetunion durchgekreuzt hätte.

Die Aussage eines der erfahrensten französischen Politiker, des mehrfachen Ministerpräsidenten und sozialistischen Parteiführers Leon Blum konstatiert diesen Sachverhalt eindeutig: *„Hitler hätte Polen nicht angegriffen, wenn Stalin es ihm nicht ausgeliefert hätte."* (102)

Selbst nach dem Hitler-Stalin-Pakt waren mehrere Minister der Regierung Daladier und vor allem der Außenminister Bonnet bereit, den Frieden um den Preis eines teilweisen Nachgebens der Polen in der Frage Danzigs und des Korridors zu retten, und unternahmen mehrere Versuche in dieser Richtung. Dahinter stand naturgemäß die Überlegung, den auf diese Weise erzielten Zeitgewinn für weitere intensive Rüstungen und entsprechende Waffenlieferung an die polnische Armee zu nutzen, um nach einiger Zeit das Kriegsrisiko für Hitler trotz des Ausscheidens der Sowjetunion aus dem geplanten Pakt unanehmbar hoch zu machen.

Es ist nicht die Schuld der französischen Politik, daß dies nicht gelang.

Da die Frage der Schuld am Zweiten Weltkrieg seit einiger Zeit wieder Gegenstand genauerer Untersuchungen geworden ist, darf man zur Darstellung des französischen Schuldanteils wohl sagen, daß Frankreichs Politiker zwar von 1919 bis 1933 indirekt wesentliche Schuld an der Katastrophe hatten, weil sie durch ihre Haltung gegenüber dem besiegten Deutschland zum Sieg Hitlers und seiner aggressiven Politik beitrugen, aber an der Auslösung des Krieges im September 1939 trägt die Republik Frankreich keine Schuld.

---

(102) Leon Blum: Auswahl aus dem Werk, S. 226, Wien 1970

7. HITLERS SIEG 1940 UND DIE ZWIESPÄLTIGE HALTUNG DER FRANZOSEN

Der Krieg 1940 im Westen, Deutschlands Triumph — Frankreichs totale Niederlage und bedingungslose Kapitulation, das wird in den deutschen Geschichtsdarstellungen heute gewöhnlich mit einigen kurzen Sätzen als ein Abschnitt der großen Auseinandersetzung um die Vorherrschaft in Europa erwähnt und im Zusammenhang damit noch einige Informationen über die neue Dimension der Kriegführung gegeben, über den massierten Einsatz von Panzerdivisionen und motorisierten Verbänden in Zusammenarbeit mit Jagd- und Sturzkampfflugzeugen, als Grundlage für den überraschenden Sieg der deutschen Wehrmacht.
Aber noch weniger erfahren wir über die politische Krise, die damals, 1939 und 1940, Frankreichs Kraft und Energie lähmte und die wir genauer betrachten müssen, um die Ereignisse von 1940 bis 1945 in Frankreich verstehen zu lernen und die französische Einstellung gegenüber Deutschland in den Nachkriegsjahren zu begreifen.
Der Pakt Stalins mit Hitler und die folgende Teilung Polens zwischen Deutschland und der Sowjetunion waren ein vernichtender Schlag gegen die Grundlagen der bis dahin verfolgten Ostpolitik Frankreichs und vor allem eine vernichtende moralische Niederlage für die mächtige kommunistische Partei Frankreichs, die dieses Zweckbündnis der beiden Diktatoren bis heute vor ihren Mitgliedern nicht rechtfertigen kann, ohne zu den gröbsten Verzerrungen und Fälschungen der geschichtlichen Tatsachen Zuflucht zu nehmen. Es muß damals für den treuen und opferbereiten Parteifunktionär und die naiv-gutwilligen Parteimitglieder der KPF ähnlich schlimm gewesen sein, diese ‚de facto‘ Koalition von Bolschewismus und Nationalsozialismus zu verteidigen, wie für den Funktionär niederen bis mittleren Ranges der SED in Mitteldeutschland heute, der gezwungen ist, die Unterdrückung der Freiheit in Deutschland und in Osteuropa durch die bolschewistisch-kommunistische Diktatur als fortschrittliche Friedenstat zu preisen. Wie sollte man denn im Herbst 1939 die französichen Kommunisten zu tapferer Verteidigung Frankreichs gegen den deutschen Erbfeind aufrufen, wenn man die Berichte las, daß deutsche und sowjetische Truppen in Brest-Litowsk gemeinsam eine Siegesparade abhielten?
Wie sollte man Stalins Angriff auf Finnland erklären? Sollte sich die KPF gegen den Völkerbund wenden, der die Sowjetunion we-

gen dieses unprovozierten Angriffs, bei dem die Hauptstadt Helsinki sogar noch vor der offiziellen Kriegserklärung durch die sowjetische Luftwaffe bombardiert worden war, als Mitglied ausschloß? Eigentlich konnten die leitenden Funktionäre der kommunistischen Partei ihrer »*reaktionär-kapitalistischen*« Regierung geradezu dankbar sein, daß die Partei am 26.9.1939 offiziell verboten worden war und sie in der Presse und Öffentlichkeit diese Fragen nicht zu beantworten brauchten. (103)

Für alle Franzosen, gleich welcher politischen Richtung, wurde die Kapitulation im Juni 1940 gleichsam zur doppelten Niederlage, als man das Ergebnis genauerer amtlicher Untersuchungen erfuhr, daß eigene Schuld, schwerwiegende Fehler und Unterlassungen mit für den Sieg der deutschen Wehrmacht verantwortlich waren. Es war ja nicht nur die bessere Taktik und der geschickte Einsatz der modernen Waffen, sowie die größere Zahl deutscher Flugzeuge, die den Sieg über das zahlenmäßig und auch bei Artillerie und Panzern noch leicht überlegene Heer der Franzosen und Briten errungen hatte. Man mußte davon Kenntnis nehmen, so bitter das auch war, daß vor allem der mangelnde Kampfeswille, der Defaitismus und oft genug klägliches Versagen bei vielen Truppenteilen und ihrer Führung Schande über die ruhmreiche französische Armee gebracht hatten. Es war weder militärisch noch geistig eine geschlossene Abwehrfront gegen den Angreifer vorhanden gewesen.

Neben der traditionellen Gegnerschaft gegen Deutschland, die in den Rechtskreisen stets vorhanden war, hatte sich ja in den letzten Jahren vor dem Krieg eine schon erwähnte Haltung des Respektes gegenüber Hitler und Mussolini eingebürgert, die wesentliche Aspekte der politischen und wirtschaftlichen Ordnung dieser modernen totalitären Staaten als durchaus nachahmenswert ansah. Bei den Feuerkreuzlern (nationalistischer Frontkämpferverband) bedeutete Gegnerschaft gegen Deutschland auch im Krieg keine haßerfüllte grundsätzliche Feindschaft. Die »*Action Française*« — antisemitisch, royalistisch, nationalistisch und der ihr politisch zuzurechnende Wehrverband der »*Camelots du Roi*« sowie später die in die gleiche Richtung tendierenden »*Jeunesses Patriots*«, die »parti social français«, — sie alle hatten Francos Kampf gegen den Sozialismus und die liberale Demokratie in Spanien direkt und indirekt unterstützt. Das Schlagwort — Hitler ist besser als der Bolschewismus — oder sogar — mit Hitler gegen den Bolschewis-

---

(103) Vgl. die Beschreibung der Situation der KPF im September bis Dezember 1940 bei: Alexander Werth „Der zögernde Nachbar Frankreich", S. 142 f. Düsseldorf 1957

mus — hatte eine gewisse Wirkung gehabt und war noch 1940, vor dem Beginn des Kampfes im Westen, gerade in den antisemitisch eingestellten Kreisen des Offizierskorps weiter verbreitet als die Regierung es wahrhaben wollte. (104)

Nun, im Sommer 1940 mußten sich diese geistig, politisch und wirtschaftlich einflußreichen Kreise der Rechten entscheiden. Konnte man mit den deutschen Siegern zusammenarbeiten, um einen französischen Faschismus zur Erneuerung des Landes zu entwickeln? Wie weit sollte oder mußte die neue französische Rechtsregierung mit ihnen zusammengehen, ohne das patriotische Selbstbewußtsein zu gefährden? Der von Deutschland ausgehende Aufruf zur französisch-deutschen Zusammenarbeit im »*neuen jungen Europa*« machte viele Menschen, vor allem junge Franzosen nachdenklich. Es war ein Angebot und zugleich eine Versuchung, hier die Arbeit für ein neues nationales Frankreich zu beginnen, in dem Egoismus, Korruption und Schlamperei durch Opferbereitschaft, Ehrlichkeit und Disziplin ersetzt werden würden. Konnte es sein, daß es notwendig war, von den Siegern zu lernen? Entsprechend den ersten Proklamationen der neuen Regierung in Vichy schien die Zeit für den Neuaufbau gekommen zu sein, und die Niederlage mochte auf die Dauer eine heilsame Wirkung ausüben. Man muß hier verstehen, daß die Situation in den Augen der Mehrheit der französischen Bevölkerung 1940 und auch noch 1941 nach dem Angriff Hitlers auf die Sowjetunion anders war, als 1942 bis 1944. Hitlers Aufruf zur Unterstützung des Kampfes für Europa gegen den »*jüdisch-plutokratischen Imperialismus*« und die jüdische Gefahr des Bolschewismus, propagandistisch eindringlich und geschickt durch Filme, illustrierte Zeitschriften und Wochenschauen verstärkt, machte in jenen Jahren durchaus Eindruck auf die Bevölkerung in Westeuropa und konnte zumindest den Erfolg verbuchen, daß die Bildung einer nationalen Einheitsfront gegen die deutsche Besatzungsmacht in den von der deutschen Wehrmacht kontrollierten Ländern nicht möglich war.

Damals waren auch noch viele Einzelheiten über die Praxis der Judenverfolgung in Deutschland und den besetzten Ostgebieten unbekannt. Über das, was in den Konzentrationslagern vorging, wußte die Masse des französischen Volkes genauso viel und so wenig wie die deutsche Bevölkerung. Die systematisch betriebene Tötung

---

(104) Vgl. dazu Leon Blum, a.a.O., S. 237—242 (Aussage vor der parlamentarischen Untersuchungskommission)

jüdischer Menschen wurde ja erst nach der Wannseekonferenz 1942 auf West- und Südosteuropa ausgedehnt. Zuerst klärten sich die Fronten für die französischen Kommunisten, als mit dem Beginn des großen Entscheidungskampfes zwischen Nationalsozialismus und Bolschewismus um die Vormacht in der Ostsee, in Ostmitteleuropa und auf dem Balkan der Nebelschleier deutsch-sowjetischer Zusammenarbeit zerriß und die KPF wieder ein eindeutiges Feindbild hatte. Sie konnten nun erklären, daß die sowjetische Politik eine taktische Notwendigkeit gewesen war, und alle Kräfte zum Kampf gegen den Faschismus aufrufen. Mit ihrer in der Untergrundarbeit intakt gebliebenen Organisation verstärkten sie die ersten zahlenmäßig schwachen Gruppen der Widerstandsbewegung und gingen an die Bildung von eigenen, streng kommunistisch ausgerichteten Widerstands- und Sabotagetruppen. Für den größten Teil der Franzosen, der sich zu Beginn des Jahres 1942 noch abwartend verhielt, gab dann die militärische Entwicklung im Herbst 1942 den Ausschlag — die Niederlage des deutschen Afrikakorps, die Landung der Amerikaner in Marokko und Algerien, die im Gegenzug folgende Besetzung des freien Frankreich durch die Wehrmacht und schließlich der Untergang der sechsten Armee in Stalingrad. Die Bereitschaft zur Zusammenarbeit mit den Deutschen auf Regierungsebene und lokaler Ebene nahm ab, die Resistancekämpfer nahmen an Zahl zu und gewannen an Ansehen. Die deutschen Besatzungstruppen in Frankreich wurden dadurch zunehmend unsicherer, und der Einfluß der Geheimen Staatspolizei, des Sicherheitsdienstes und der SS Dienststellen machte sich überall im Land spürbar, vor allem, was die systematische Judenverfolgung anging. Die militärischen Reaktionen auf die von der Resistance verübten Sabotageakte und Überfälle, bei denen einzelne Soldaten der Wehrmacht und abgelegene Kommandos überfallen und ohne Gnade getötet wurden, wurden entsprechend härter und ebenso grausam, um eine abschreckende Wirkung zu erzielen.

Daß diese Abschreckung durch Härte, bei der auch gelegentlich unschuldige Zivilisten zum Opfer fielen und eine Einheit der Waffen-SS schließlich bei einer Vergeltungsaktion in Oradour sur Glane (104a) besonders brutal mit Massenerschießungen vorging, den Ruf

---

(104a) Näheren Aufschluß über die Hintergründe der Zerstörung Oradours gibt das Werk von Herbert Taege „Wo ist Kain? — Enthüllungen und Dokumente zum Komplex Tulle und Oradour" sowie der Ergänzungsband „Wo ist Abel? — Weitere Enthüllungen und Dokumente zum Komplex Tulle und Oradour", beide bei ASKANIA, Lindhorst, 1981 bzw. 1986

nach Rache und Vergeltung bei den Widerstandskämpfern umso mehr verstärkten, war ganz natürlich. Es war eine Entwicklung der Steigerung vom Kampf nach den Regeln des Völkerrechtes bis zum patriotischen Fanatismus, für den nur der Tod des Feindes das einzige sinnvolle Ziel war — eine Entwicklung, wie sie jede Besatzungsmacht in einem langdauernden Krieg erleben muß. Unbeteiligt konnte niemand mehr in Frankreich sein. Die Anwerbung französischer Arbeiter für die deutsche Rüstungsindustrie war ab 1943 keine zivile Angelegenheit mehr, sondern eine Kommandierung, hinter der die Drohung der französischen Polizei und des deutschen Sicherheitsdienstes stand, zu Repressalien zu greifen, wenn nicht die gewünschte Zahl von Arbeitern gemeldet wurde. 1940/41, als Hitler noch damit rechnete, daß die Bitterkeit der französischen Nation gegenüber den Engländern seine Verhandlungen mit Staatschef Pétain und Ministerpräsident Laval über eine mögliche militärische Zusammenarbeit fördern würde, hatte man auf eine Entlassung der französischen Soldaten aus der Kriegsgefangenschaft hoffen können, aber in dieser Situation des sich für Deutschland verschärfenden Krieges war davon natürlich keine Rede mehr.

Spätestens gegen Ende des vierten Kriegsjahres war damit das frühere, für die deutsch-französischen Beziehungen charakteristische Feindschaftsverhältnis wiederhergestellt, auf seiten der französischen Nation jedoch intensiver und unversöhnlicher, anders, als es im Herbst 1939 unmittelbar nach der Kriegserklärung an Deutschland zu beobachten gewesen war.

V Ein Europa der Vaterländer — das Ende der Rivalität?

1. 1944 — BEFREIUNG UND REVOLUTION IN FRANKREICH

Als nach der Befreiung Frankreichs durch die angloamerikanischen Invasionstruppen neue französische Streitkräfte aufgestellt wurden, die sich am Kampf gegen das Deutsche Reich beteiligen sollten, hatte das Land zugleich noch einen weiteren Krieg im Inneren zu führen beziehungsweise zu erleiden, über den aber in Deutschland bis heute nur wenig bekannt wurde. Es war der Bürgerkrieg der Resistance, das heißt, vor allem der kommunistischen Widerstandskämpfer gegen das rechtsgerichtete konservative Frankreich. Hinter der blutigen *»Abrechnung mit den Kollaborateuren«* (105), die mit äußerster Härte und ohne jedes korrekte Gerichtsverfahren durchgeführt wurde, steckte eigentlich nur die Fortsetzung des alten politischen Kampfes zwischen Rechts- und Linksradikalen der 20er und 30er Jahre.

Die Regierung Daladier hatte, wie erwähnt, den Kriegsbeginn 1939 benutzt, um unter dem Beifall der konservativen Industriellen, der antisemitischen und royalistischen Ligen den Feldzug gegen die KPF und ihren Einfluß zu führen, der von vielen Kommunisten und Linkssozialisten als *»bürgerliche Vergeltung«* für die Innen- und Wirtschaftspolitik der Volksfrontaera von 1936/37 betrachtet wurde. (106) Nun, 1945, konnten die gut bewaffneten Kommunisten, als politisch und militärisch stärkste Kraft des Widerstandes auch bei den Alliierten respektiert, die alte Rechnung begleichen. Wie 1793, 1848 oder 1871 wurde dieser Klassenkampf mit derselben rücksichtslosen Erbitterung geführt, die für die innenpolitischen Kämpfe und Bürgerkriege in Frankreich so charakteristisch ist. Für Zigtausende von französischen Bürgern, denen zu Recht und oft auch zu Unrecht der Vorwurf der Zusammenarbeit mit den Deutschen gemacht wurde, wurden die ersten Monate nach der Befreiung zur blutigen Bartholomäusnacht.

Ungezählte und ungesühnte Morde wurden nicht nur an denjenigen Franzosen begangen, die tatsächlich mit der Besatzungsmacht

---

(105) Bezeichnung für die mit der Besatzungsmacht zusammenarbeitenden Franzosen
(106) Vgl. dazu die Schilderung von Alexander Werth a.a.O. S. 31

zusammengearbeitet hatten, sondern auch an denjenigen, deren Schuld oft nur darin bestand, daß sie teils zurückhaltend gegenüber den Widerstandsgruppen, teils durch höflich korrekte Haltung gegenüber den deutschen Militärbehörden, sich als »schlechte Franzosen« erwiesen hatten. Daß, wie immer in solchen Zeiten der Willkür und Gesetzlosigkeit, auch Mißgunst und Neid sich des Mittels der Denunziation bedienten, um persönliche Rechnungen zu begleichen, sei nur am Rande vermerkt. Es war ja in Deutschland nach 1945 nicht anders, als plötzlich neben echten und mutigen Widerstandskämpfern gegen den Nationalsozialismus auch viele zwielichtige selbsternannte Antifaschisten auftraten, die um des persönlichen Vorteils willen, ob Haus, Wohnung oder sonstiges Eigentum, gerne bereit waren, ihre Nachbarn unter irgendwelchen Vorwänden bei den Besatzungsmächten als gefährliche Nazis anzuklagen.

Waren diejenigen französischen Bürger, die sich, aus welchen Gründen auch immer, zur Zusammenarbeit mit den Deutschen entschlossen hatten, durchweg Verräter Frankreichs?

Die nach Kriegsende geführten Prozesse, an der Spitze die Verhandlung gegen den Staatspräsidenten Pétain und den Ministerpräsidenten Laval, waren politische Verfahren, die einem politischen Zweck dienten. Sie wurden zwar nach den äußeren Regeln bürgerlicher Justiz geführt, aber das Urteil stand schon vorher fest — Hochverrat —, selbst wenn er nicht schlüssig zu beweisen war. Gerechtfertigt schienen diese »Schauprozesse«, weil sie in den Augen des französischen Nationalismus zur Reinigung Frankreichs und zur Wiederherstellung der nationalen Ehre notwendig waren. War also die Anpassung an die Machtverhältnisse, um den Interessen des Volkes damit zu dienen, unfranzösisch, unpatriotisch, ein Verbrechen?

Und wie stand es mit den Tausenden junger französischer Faschisten und belgischen Rexisten, die sich zum Dienst in der deutschen Wehrmacht meldeten und mit vielen anderen ausländischen Soldaten in der Waffen-SS sozusagen den Kern einer künftigen europäischen Armee gebildet hatten? In Hitlers und Himmlers Gedanken sollten sie als künftige Kampftruppe der arischen Rasse ganz Europa vor dem »asiatischen Bolschewismus und der jüdischen Weltgefahr« schützen. In Wirklichkeit waren viele dieser jungen Menschen ganz sicher Idealisten, vom Sumpf der Korruption und den Skandalen des französischen Parlamentarismus angewidert. Sie wurden, ohne es zu wissen, Opfer einer Ideologie und Propaganda, die doch nur dem imperialistischen Ziel der Vorherrschaft des

Nationalsozialismus in Europa diente. Konnte man sie allesamt als Verräter bezeichnen?

Galt das auch für diejenigen, die in die Dienste des Siegers traten, um Kämpfe und Abenteuer zu erleben, wie es auch in früheren Generationen junge Menschen getan hatten? Wahrscheinlich hatte es in ihren Augen gar keinen großen Unterschied zwischen den ausländischen Einheiten der Waffen-SS und der französischen Fremdenlegion gegeben.

Wenn in den 60er Jahren in den westlichen Staaten sich Hunderttausende junger Menschen plötzlich für die Persönlichkeit und Lehre Mao Tse Tungs begeisterten und Politiker des »Befreiungskampfes« wie Ho Chi Minh, Fidel Castro und Che Guevara, die kein Blutvergießen scheuten, auf Demonstrationszügen hochleben ließen, so taten sie das, weil diese Diktatoren ihnen als fortschrittlicher Gegenpol gegen die Formen des Verfalls und der Korruption in der Demokratie erschienen. Wer will es da jungen Franzosen von 1940 bis 1942 verdenken, daß sie sich für die Diktatoren ihrer Tage, Mussolini, Hitler und Stalin interessierten?

Befehl und Gehorsam, Kampf und Opfer für eine neue gerechte soziale Ordnung, Schluß mit endlosen Debatten und Abstimmungen! Die Parolen waren gleich, die Figuren waren auswechselbar.

In Deutschland können wir die Lage der französischen Kollaborateure jener Jahre besser verstehen, wenn wir selbst unsere Haltung zu den Besatzungsmächten in den ersten Nachkriegsjahren überprüfen. Das Bekenntnis zu den von den Westmächten wieder eingesetzten Idealen der Demokratie nach europäischem und amerikanischem Muster war die einfache und rasch zu vollziehende Wendung. Schwerer, und deshalb im Vergleich treffender, hatten es die Bürger in der sowjetischen Besatzungszone in Mitteldeutschland. Eine große Zahl vor allem auch junger Menschen war im Bemühen um eine objektive Neuorientierung durchaus bereit, über die Greuel, die sich beim Einmarsch sowjetischer Truppen in Ostdeutschland und Mitteldeutschland ereignet hatten, hinwegzusehen. Sie waren bereit, die geistigen Grundlagen der klassischen kommunistischen Lehre sowie die Lebensbedingungen der von der bolschewistischen Partei geformten Sowjetgesellschaft unvoreingenommen zu studieren und prüfen, ob dies nicht ein besserer Weg zum Aufbau eines neuen Deutschlands sei als die Restaurierung der Grundlagen der Weimarer Republik.

Es bedurfte für sie mancher Jahre, bis sie den menschenverachtenden, egoistischen Charakter dieses auf Macht, Zwang und Propaganda gegründeten Funktionärssystems erkannten, das den idealistischen Vorstellungen naiver Kommunisten so ganz und gar nicht entsprach.

So, wie diese jungen Menschen enttäuscht einsehen mußten, daß das von der nationalsozialistischen Presse gezeichnete Bild der Sowjetunion im Kern durchaus zutreffend gewesen war, mußten auch die französischen Faschisten erkennen, daß ihre sozialistische und liberale Presse mit der Beurteilung Hitlers und der Warnung vor seinem humanitätsfeindlichen Rassismus doch recht gehabt hatte.

2. ES GAB KEIN ZWEITES VERSAILLES!

Im Juni 1940 unterschrieb eine französische Regierung die Kapitulation der französischen Streitkräfte vor der deutschen Wehrmacht, aber der Staat blieb trotz schwerer Krisen erhalten, und die neue Regierung im nicht besetzten Teil Frankreichs war in vieler Hinsicht souverän in ihren Entscheidungen. Sie grenzte an zwei neutrale Staaten, die Schweiz und Spanien. Sie unterhielt weiter politische und wirtschaftliche Beziehungen zu den anderen Staaten in Europa und Übersee und blieb im Besitz ihres Kolonialreiches. Natürlich war der Verhandlungsspielraum gegenüber Deutschland begrenzt, da der Sieger den besetzten Teil Frankreichs und die Hauptstadt Paris als Pfand und Druckmittel nutzen konnte. Aber es gab offizielle Beziehungen zwischen den beiden Staaten bis 1942. Vom Herbst dieses Jahres bis zur Befreiung des Landes durch die amerikanischen und britischen Truppen 1944 war Frankreich kein souveräner Staat, sondern stand völlig unter der Gewalt der deutschen Besatzungsmacht.

Deutschlands Lage 1945 war nicht damit zu vergleichen. Die Wehrmacht hatte eine totale Niederlage erlitten, und für das Reich hatte der Krieg mit einer völligen Katastrophe geendet, militärisch, politisch, wirtschaftlich. Feindliche Truppen hatten das ganze Reich besetzt, nach der Unterzeichnung der Kapitulation wurde sogar die Regierung verhaftet und unter Anklage gestellt — die Souveränität des Staates war damit aufgehoben worden und wurde im Namen des deutschen Volkes, das von diesem Auftrag gar nichts wußte, auf Befehl der verbündeten Regierungen von den Militärgouverneuren ausgeübt.

Frankreich unterhielt also nach 1945 keine offiziellen Beziehungen mehr zum Deutschen Reich, weil das Reich, das zwar auch nach der

Kapitulation weiter bestand und bis heute völkerrechtlich fortbesteht, faktisch nicht mehr existierte.

Was die alte Frage der Rivalität betraf, hatte der Krieg mehrere eindeutige Antworten gegeben.

1. Großdeutschland hatte sich Frankreich gegenüber als stärker erwiesen, seiner militärischen und wirtschaftlichen Kraft war der Nachbar im 20. Jahrhundert nicht mehr gewachsen.

2. Auf den Höhepunkt der Macht war der Sturz Deutschlands in die Katastrophe gefolgt, die jegliche politische Aktivität, die das französische Volk als Bedrohung seiner Stellung in Europa empfinden konnte, für unabsehbare Zeit unmöglich machte.

3. Das Schicksal Deutschlands wurde von 1945 ab in den folgenden Jahren nicht mehr von den französischen und britischen, sondern vor allem von den Interessen der USA und der Sowjetunion bestimmt. Deutschland blieb auch nach der Kapitulation eines der Zentren der Weltpolitik, aber diesmal als Objekt der Politik der Großmächte.

4. Wenn es in Zukunft überhaupt noch eine Rivalität zwischen Frankreich und Deutschland geben sollte, würde sie der Kontrolle der Großmächte unterliegen, die beiden Staaten die Grenzen einer Auseinandersetzung vorschreiben würden.

Jedermann in Frankreich wußte es: Frankreich gehörte mit zu den Gewinnern des Krieges gegen Deutschland, aber nicht zu den Siegern, die die Geschichte Europas und der Welt von nun an bestimmen würden. Die Tatsache, daß die anderen Mächte aus verschiedenen Gründen dem Drängen der französischen Regierung stattgaben, man möge sie an der Besetzung Deutschlands und Österreichs beteiligen, änderte nichts an dieser Tatsache. Frankreich konnte in seinen Besatzungszonen die Rolle des Siegers spielen und bei den internationalen Konferenzen mitreden, aber nicht wie nach 1918 ein entscheidendes Machtwort bei den Beratungen über Deutschland sprechen.

Die ersten politischen Kontakte der französischen Besatzungsbehörden mit deutschen Politikern verliefen strikt nach dem Grundsatz — der Überlegene ordnet an, der Unterlegene gehorcht. Aber die deutschen »Befehlsempfänger« wußten schon 1946 sehr gut um die Grenzen französischer Macht in Deutschland, und die Beziehungen wurden mit davon geprägt, daß die Besatzungsbehörden in Deutschland und die Deutschlandfachleute in Paris sich darüber im klaren waren, daß die Deutschen dies wußten und als eigentliche Sieger eben nur die Amerikaner und Russen respektierten.

Einstweilen konnte das der französischen Politik gleichgültig sein. Die Hauptsache war, dafür zu sorgen, daß man die politischen Vorstellungen der französischen Deutschlandpolitik verwirklichen konnte.

Was wollte, was konnte Frankreich erreichen? Mit der Möglichkeit der Ausübung unbeschränkter Macht in den Besatzungszonen war zunächst schon vor der Festsetzung über die von Deutschland zu leistenden Reparationen eine Entnahme von Sachleistungen und Beschlagnahmungen als Entschädigung für die durch Krieg und deutsche Besatzung erlittenen Verluste vorgenommen worden. Langfristig strebte die erste Nachkriegsregierung de Gaulle und die ihr folgenden französischen Regierungen die folgenden Ziele an: Wirtschaftliche und politische Angliederung der Saar an Frankreich; Abtrennung des linksrheinischen Gebietes von Deutschland; Wirtschaftliche Kontrolle des Ruhrgebietes und Ausbeutung der Kohlevorkommen für die französische Industrie; Unterstützung polnischer Forderungen nach der Odergrenze; Aufteilung des zwischen Rhein und Oder liegenden Rumpfdeutschland in mehrere Staaten.

War eine solche Politik notwendig, lag sie im Interesse der französischen Bevölkerung? Im Unterschied zu 1919 brauchte man diesmal eine künftige deutsche Revanchepolitik nicht mehr zu befürchten, da alle Alliierten nach dem hart erkämpften Sieg zumindest in einem Punkt einig waren: ein Gegner, der sich als so stark erwiesen hatte, daß er ohne den Kriegseintritt der USA Europa beherrscht und die UdSSR zumindest in eine militärische Pattsituation hätte zwingen können, mußte auf Dauer überwacht und ein Wiederaufleben seiner Rüstungsproduktion und Neuaufbau der Streitkräfte unter allen Umständen verhindert werden.

Drei weitere Faktoren kamen hinzu, die das französische Sicherheitsbedürfnis befriedigen mußten.

Erstens die sich aus der Praxis der sowjetischen Besatzungspolitik schon 1946 abzeichnende Dreiteilung Deutschlands, das heißt, die nach der völkerrechtswidrigen Vertreibung der Bevölkerung aus Ostdeutschland vorgenommene Annexion Ostpreußens, Pommerns und Schlesiens in das Staatsgebiet der Sowjetunion beziehungsweise Polens sowie die unter dem Deckmantel der Demokratisierung immer intensiver betriebene Umwandlung Mitteldeutschlands in einen sowjetischen Satellitenstaat.

Zweitens die Entwicklung der atomaren Waffen, die einen großen Krieg in Europa bis heute unmöglich gemacht haben.

Drittens die Tatsache, daß nach der erschütternden Niederlage der deutschen Bevölkerung in allen Besatzungszonen jegliches Interesse an einer imperialistischen, über die Volkstumsgrenzen hinausgreifenden Politik gründlich vergangen war.

Eine zusätzliche konventionelle Sicherung Frankreichs vor einer »deutschen Gefahr« lag in der Fortsetzung des Militärbündnisses mit der Sowjetunion und in dem Abschluß eines neuen langfristigen Bündnisvertrages (1946) mit Großbritannien gegen Deutschland. Das war noch einmal eine Einkreisung Deutschlands, entsprechend der »Sicherheitspolitik« der Vergangenheit, die Einkreisung eines zerstörten, geteilten und besetzten Landes, dessen Bevölkerung so sehr mit dem Kampf um das Überleben beschäftigt war, daß sie diese politischen Maßnahmen gar nicht bemerkte. Wer in Frankreich auch nach der Unterzeichnung der Locarnoverträge vor 20 Jahren bei dem Grundsatz geblieben war, Sicherheit gegenüber Deutschland könne es nur im Bündnis mit anderen Staaten gegen Deutschland und nicht in Zusammenarbeit mit dem Nachbarn geben, durfte diesmal völlig zufrieden sein. Nachbarschaftliche Beziehungen zwischen den Völkern gab es nicht mehr, und es hatte den Anschein, als ob die Deutschen für unabsehbar lange Zeit nicht mehr als die gleichberechtigten Erben des frühmittelalterlichen fränkisch-europäischen Großreiches mit den Franzosen würden verkehren können. Dem französischen Nationalismus konnte es recht sein — Stärkung der eigenen Position in West- und Mitteleuropa auf der Grundlage ständiger Schwäche und Ohnmacht des Rivalen. Bereits 1948 äußerten einige französische Politiker und Presseorgane die Sorge, daß Frankreich wieder, wie nach 1918, von den westlichen Verbündeten um seinen vollen Anteil am Sieg gebracht und die Deutschen wieder einmal zu milde behandelt würden, da sich bereits nach den ersten Auseinandersetzungen zwischen Washington und Moskau und den Ereignissen in Griechenland (107) und Prag (108) abzeichnete, daß eine politische Konsoli-

---

(107) 1945—1947 Bürgerkrieg in Griechenland — Kampf einer von der Sowjetunion unterstützten kommunistischen Armee (General Markos) gegen die königliche Regierung

(108) Kommunistischer Staatsstreich 1948, Absetzung der demokratisch gewählten Regierung Benesch

dierung und Stärkung der wirtschaftlichen Kraft der drei westlichen Besatzungszonen Deutschlands als Schutz gegen den sowjetischen Expansionismus dringend erforderlich war. Die USA und Großbritannien sahen und bestimmten die Entwicklung in Mitteleuropa vom Standpunkt der Weltpolitik aus, dem die verengte nationale Betrachtungsweise der französischen Politik nicht folgen konnte.

Wie sollte Frankreich auf diese neue Deutschlandpolitik seiner westlichen Verbündeten reagieren?

Der Journalist und Schriftsteller Raymond Cartier beschrieb die Wirkung dieser neuen Entwicklung als Folge des »Kalten Krieges« folgendermaßen: *„Die erste Neugruppierung Deutschlands, die Bizone, erfüllte Frankreich mit Angst. Sie bedeutete das Ende der Phantastereien von einer Abtrennung des Rheinlandes und der Ruhr, von einer politischen Zerstückelung, von einer Rückkehr zu den deutschen Staaten des Westfälischen Friedens. (s. Anhang Nr. 22) Der französische Minderwertigkeitskomplex, dazu bestimmt, unter der prächtigen Verkleidung des Gaullismus, so viele Jahre lang weiterzudauern, beherrschte das Verhalten einer Nation, für die er rasch seine Daseinsberechtigung verlor. Die Wirkung überlebte die Ursache, es war das ewige Mißverständnis."* (109)

Es wäre wohl auch zuviel verlangt gewesen, diese nüchterne Betrachtung der politischen Entwicklung schon wenige Jahre nach dem Krieg vorzunehmen. Der französische Durchschnittsbürger mußte die Position seines Landes und seiner Nation gegenüber Deutschland damals noch anders sehen, und Gegnerschaft und »Bestrafung des Feindes« waren für ihn selbstverständliche Forderungen. Deutschland hatte Frankreich beherrscht, ausgebeutet, es waren Untaten gegenüber der Bevölkerung verübt worden.

Der Ruf nach Rache, der das bewegliche französische Temperament auch des friedfertigen Bürgers schnell entzünden konnte, beherrschte auch 1948/49 immer noch die Gemüter von Millionen.

Es konnte noch nicht die Zeit des Ausgleiches und der Versöhnung sein, denn in jenen Jahren gab es ja in beiden Ländern noch kein breites, besonnenes Publikum, das diesen Krieg von 1939 bis 1945 sachlich in die Gesamtgeschichte französisch-deutscher Auseinandersetzungen einordnen konnte. Wer hätte in Frankreich nach dem gerade erlebten und erlittenen eigenen Schicksal an die früheren Verwüstungen deutscher Länder durch französische Heere im 17.

---

(109) Raymond Cartier „Nach dem 2. Weltkrieg", S. 208, München 1971

und 18. Jahrhundert, an die Untaten französischer Besatzungstruppen in Deutschland zur Zeit Napoleons I. oder an die französische Besetzung des Rheinlandes und des Ruhrgebietes erinnern wollen? Sollte man mit gleichem Maß messen und gemessen werden und das Urteil darüber, wer wem den meisten Schaden zugefügt hatte, der Geschichte überlassen?

Die Wunden waren noch zu frisch, und der empfindliche französische Nationalstolz war zu sehr getroffen worden, daß man zugunsten des besiegten Feindes solche historischen Gesichtspunkte heranziehen oder sich gar von ihm vortragen lassen wollte.

Das Wort de Gaulles *„dreimal in einhundert Jahren hat Deutschland Frankreich angegriffen",* das die Tatsachen vergröberte und verfälschte, fand daher ein williges Gehör. Dazu muß man noch den nachhaltigen Eindruck rechnen, den der schreckliche nationalsozialistische Rassenwahn und der daraus folgende Völkermord, zu dem Hitler willige Helfer gefunden hatte, bei den auf ihre kulturelle und zivilisatorische Sendung stolzen französischen Bürgern hervorrief, als immer mehr schreckliche Einzelheiten über diese Verbrechen in den Vernichtungslagern der SS bekannt wurden. Ein planmäßig vorbereiteter Mord an Millionen von Menschen im 20. Jahrhundert, nur wegen ihrer Rassenzugehörigkeit, mit Gründlichkeit organisiert und ausgeführt — es ist nur zu verständlich, daß sich auch bei sehr liberalen, deutscher Kunst und Kultur zugeneigten Franzosen Zweifel regten — sind die Deutschen nicht doch allesamt Barbaren?

Erst viel später begann man zu verstehen, daß die überwältigende Mehrheit des deutschen Volkes tatsächlich nichts von diesen grauenhaften Exzessen gewußt hatte und sie auch niemals gebilligt hätte. Erst als die französische Bevölkerung angesichts der Ereignisse in Osteuropa, des Schicksals der in die Sowjetunion repatriierten Menschen russischer und nichtrussischer Nationalität und der neuen stalinistischen Schauprozesse in Prag und den anderen Ostblockstaaten erfuhr, in welche politische und geistige Sklaverei eine moderne Diktatur ein ganzes Volk zu zwingen vermag, wuchs wieder die Grundlage für eine spätere französisch-deutsche Annäherung auf der Ebene gegenseitiger Achtung.

Es gab noch einen anderen Grund, warum der Nationalstolz der Franzosen im ersten Nachkriegsjahrzehnt die Beibehaltung der Position Frankreichs als Siegermacht einfach brauchte.

Die Nation wurde bereits von neuen schweren Schlägen, die ihr

Selbstbewußtsein erschütterte, getroffen. Der drohende Verlust erst einzelner Kolonien, dann des gesamten Kolonialreiches in Asien und Afrika, die langen, schweren und kostspieligen Kriege, mit denen man diesen Schrumpfungsprozeß von einer Großmacht zur Macht mittleren Ranges aufzuhalten versuchte, waren eine weit schlimmere Hypothek als die wirtschaftlichen Schwierigkeiten der Umstellung nach dem Sieg von 1918. Daß man in dieser Krisenzeit, als die französische Machtstellung in Übersee abzubröckeln begann, wenigstens Deutschland gegenüber als Sieger auftreten konnte, war immerhin noch etwas.

Es ist auch nur zu verständlich, daß die nationalen Politiker, die noch in der bisherigen Sicht der europäischen Politik befangen waren, über den Rückgewinn Elsaß-Lothringens hinaus doch noch einige territorialen und wirtschaftlichen Gewinne heimbringen wollten. Aber das war eben unvergleichlich schwerer als nach dem Ersten Weltkrieg. Britische und nicht französische Truppen standen im Ruhrgebiet, und die USA und die Sowjetunion redeten ein gewichtiges Wort mit, was die Zukunft des Ruhrgebietes betraf.

Frankreich hatte zwar in der gemäß dem Ruhrstatut von 1948 eingerichteten Kontrollbehörde Sitz und Stimme erhalten sowie einen durch alle Siegermächte garantierten Anspruch auf große Kohlen-, Koks- und Stahllieferungen, aber das war in den Augen des französischen Nationalismus eben doch nur ein kleiner Erfolg, verglichen mit den Rechten und Möglichkeiten, die der Versailler Vertrag Frankreich gegenüber Deutschland eingeräumt hatte. Eine separatistische Bewegung im Rheinland und in der Pfalz ließ sich diesmal nicht organisieren, man hätte die Gründung eines von Deutschland abgetrennten Rheinstaates auch nicht mehr zwingend mit besonderen Sicherheitsbedürfnissen begründen können. Selbst kleineren Wünschen nach Grenzkorrekturen zugunsten Frankreichs standen die westlichen Verbündeten ohne rechtes Verständnis und Wohlwollen gegenüber.

Der Außenminister Bidault hatte beispielsweise auf der Außenministerkonferenz in London 1948 nach seinem Antrag auf eine Internationalisierung der Ruhr noch die Forderung vorgetragen, daß Frankreich bei der geplanten Annexion der Stadt Kehl auf die Zustimmung der Verbündeten rechne. Diese rechtsrheinische deutsche Stadt müsse einfach zu Frankreich gehören, weil sie doch als eine Art Brückenkopf Straßburg direkt gegenüber liege. Das waren letzte Anklänge an eine naiv-unbekümmerte Machtpolitik wie zur Zeit Ludwigs XIV, die allenfalls der sowjetische Diktator Stalin wohlwollend amüsiert zur Kenntnis nahm, weil ihm diese französische Haltung als nützlich erschien.

Sehr drastisch und für französische Ohren nicht gerade angenehm war dann auch die Stellungnahme einer halboffiziellen amerikanischen Zeitung, die Raymond Cartier in seinen Betrachtungen erwähnt. *„Der einzige Knochen, den wir (das heißt die USA) den Franzosen hinwerfen konnten, war der wirtschaftliche Anschluß der Saar."* (110)

Mit dem Beginn des Koreakrieges und dem darauf folgenden Höhepunkt des *»Kalten Krieges«* in Europa, mußte sich aber auch für die französische Politik der Stellenwert Deutschlands entscheidend ändern, man mochte das gern sehen oder nicht. (111) Deutschlands westlicher Teil wurde als künftiger Verbündeter im Atlantikpakt unentbehrlich, gerade weil ein Ende des Koreakrieges noch nicht abzusehen war und die USA dort im Fernen Osten und Frankreich in Indochina und Algerien gebunden waren und ein großer Teil der britischen Truppen und Flotte ebenfalls noch in den Kolonien stationiert war. Welcher Vorteil ergab sich andererseits aus dieser Entwicklung?

Wenn es immer noch um das französische Sicherheitsbedürfnis gegenüber der deutschen Nation oder, besser gesagt, vor ihrem Rüstungs- und Menschenpotential ging, so waren diese Bindungen Deutschlands an Westeuropa die beste Garantie, zudem sie, vor allem, was die Montanunion und später die EWG betraf, in starkem Maße den wirtschaftlichen Interessen Frankreichs entgegenkamen. Diese beiden Aspekte hatte auch der französische Gründer und Förderer der Montanunion, Jean Monnet, beabsichtigt.

Aber dieser allmähliche, von den französischen Bürgern gar nicht so bewußt wahrgenommene Übergang von der Besatzungspolitik zur Zusammenarbeit mit dem neuen westdeutschen Teilstaat, der sich aus dem Zwang der außenpolitischen Umstände ergeben hatte, schloß letzten Endes auch die Möglichkeit einer Annexion des Saargebietes aus. Eine genaue Schilderung der Einzelheiten dieser französischen Saarpolitik nach 1945 würden den Rahmen unserer Betrachtung zu sehr ausweiten. Wäre es wirklich ein Gewinn für Frankreich gewesen, wenn es mit dem letzten Versuch über eine *»Europäisierung«* der Saar sein Ziel doch noch durchgesetzt hätte, langfristig den französischen Einfluß bis zur wirtschaftlichen Integration in die Republik Frankreich zu vergrößern?

---

(110) Cartier a.a.O., S. 210
(111) Cartier a.a.O., S. 288

Eine solche Politik, vordergründig im Namen Europas, indirekt jedoch zur Erreichung der alten nationalistischen Ziele, hätte die spätere Entwicklung der Beziehungen in den 60er Jahren sehr schwer belastet.

3. DER WEG ZUM FRIEDEN UND ZUR VERSTÄNDIGUNG — ANDERS ALS NACH 1919

Von den 60er Jahren an entwickelten sich die französischdeutschen Beziehungen, völlig anders als jemals zuvor, auf mehreren Ebenen in großer Breite.

Zunächst auf offizieller Regierungsebene mit Staatsbesuchen und folgenden häufigeren amtlichen Kontakten und Gesprächen, auch im Rahmen der Europapolitik. Diese Entwicklung förderte auch das rasche Anwachsen der gegenseitigen Handelsbeziehungen und die Zusammenarbeit deutscher und französischer Politiker, Gewerkschafter und Jugendorganisationen untereinander und in den verschiedenen europäischen Gremien. Schließlich bildete sich als Folge zahlloser Auslandsreisen deutscher und französischer Bürger ein besseres Verständnis füreinander, aus dem viele persönliche Freundschaften hervorgingen.

Diese wurden noch vertieft, als im folgenden Jahrzehnt die Partnerschaften von Städten und Gemeinden aus beiden Ländern hinzukamen, die durch organisierte Besuche und Veranstaltungen gepflegt und erweitert wurden. Diese Entwicklung, für uns heute völlig normal, vor allem für die junge Generation unserer Staaten, war um 1950 noch unvorstellbar, und es ist notwendig anzumerken, daß sie der Entwicklung vorausgeeilt ist, wenn wir in historischen Dimensionen denken. Die persönlichen Freundschaften und guten Kontakte bestimmen ja nicht grundsätzlich und in jedem Fall die Beziehungen zwischen Deutschland und Frankreich.

Hier spielen, solange wir Nationalstaaten sind und bleiben, eben die übergeordneten subjektiven politischen und wirtschaftlichen Interessen noch die Hauptrolle. Diese Aufgabe der Regierungen, die eigenen Staatsinteressen wahrzunehmen, kann auch in Zukunft nicht auf die Ebene persönlicher Kontakte der Bürger übertragen und durch sie ersetzt werden.

Die ersten »Europäer«, Außenminister Schumann, Jean Monnet und Konrad Adenauer, hatten mit ihrem Plan, langfristig ein vereinigtes Europa zu schaffen, vor allem dem französischen Nationalgefühl noch zuviel zugemutet, das einen solchen Sprung aus der antideutschen Tradition in eine gemeinsame Zukunft nicht wagen konnte und wollte.

Während der ganzen 50er und 60er Jahre blieb in Frankreich in der Parteipolitik, der Presse und der Literatur ein erheblicher Rest von Mißtrauen gegenüber Deutschland erhalten, vor allem auf dem linken und rechten Flügel der Parteien, bei der Armee, bei den nach links tendierenden Intellektuellen. Diese Haltung wurde ganz sicher nicht gemindert durch den erstaunlichen wirtschaftlichen Aufschwung der Bundesrepublik Deutschland und das daraus erwachsende größere Selbstbewußtsein des deutschen Nachbarn, vor allem in der Zeit der größten politischen Stabilität während der Kanzlerschaft Adenauers.

Der Plan einer Vereinigung der französischen Armee mit neuaufzustellenden deutschen Streitkräften in einer europäischen Streitmacht, der Europäischen Verteidigungsgemeinschaft EVG, scheiterte deshalb auch im Juli 1954 an der Ablehnung durch die Nationalversammlung in Paris. Die Mehrheit der Abgeordneten sah darin eine unzumutbare Einschränkung der Souveränität Frankreichs.

Daß nach der kommunistischen Volksarmee in Mitteldeutschland die zweite neue deutsche Armee, die Bundeswehr, dann auf Drängen der USA in der Zeit enger Zusammenarbeit zwischen Bundeskanzler Adenauer und dem USA-Außenminister Dulles in den folgenden Jahren planmäßig ausgebaut wurde, war eine Tatsache, die die französische Politik schließlich akzeptieren mußte. Angesichts der politischen Verhältnisse in Europa konnte diese deutsche Armee, die zur Verteidigung gegen einen Angriff aus dem Osten bestimmt war, ganz sicher keine Bedrohung Frankreichs sein, aber wenn rechtsgerichtete und kommunistische Journalisten und Kommentatoren das so sehen wollten und beschrieben, konnten sie immer noch auf willige Leser rechnen, die solchen Äußerungen Glauben schenkten. Immerhin blieben auch noch französische Streitkräfte neben den britischen und amerikanischen Truppen in der Bundesrepublik Deutschland stationiert, und die Zusammenarbeit französischer und deutscher Soldaten in gemeinsamen Manövern zerstreuten schließlich die Zweifel am Charakter der Bundeswehr. Aber trotz der Integration Deutschlands in die atlantische Gemeinschaft, Europa hin — Europa her, es blieb noch eine zeitlang der alte Erfahrungsgrundsatz lebendig, daß man aus der nun einmal naturgegebenen Rivalität heraus auch Sicherungen für alle Fälle treffen müsse.

Gute Beziehungen zum Nachbarn meines Nachbarn dienen meinem Interesse und geben zusätzliche Sicherheit. Die politischen Reisen des neuen Staatspräsidenten de Gaulle in den 60er Jahren nach Moskau und Warschau, seine Äußerungen Prag gegenüber dienen der Bestätigung und gegenseitigen Versicherung, daß man, bei aller ideologischen Meinungsverschiedenheit, in Erinnerung an die alte Bündnispolitik und den gemeinsamen Kampf gegen Deutschland wieder zusammenstehen werde, wenn eine Bedrohung von Deutschland ausgehen sollte.

Dieses Wort war allerdings eine Frage der Auslegung, die de Gaulle sich nicht von Russen, Polen oder Tschechen vorschreiben lassen wollte und über das er sich auch nicht im einzelnen äußerte. In der französischen Presse, vor allem den radikalen Blättern, wurden solche Gedanken über einen eventuellen deutschen Revanchismus und Neofaschismus jedoch weiter verfolgt und vor allem in Wahlkampfzeiten besonders betont. Wenn eine deutschfeindliche Haltung und eine entsprechende Warnung an die französischen »Patrioten« zusätzliche Wahlstimmen einbrachte, dann wurde eben entsprechend grob argumentiert, und ob die Verfasser und Redner nun selbst an die »deutsche Gefahr« und ein Wiederaufleben des Nationalsozialismus glaubten, spielte dabei überhaupt keine Rolle.

Eine andere Tatsache, daß es im Rahmen der Bestrebungen, gute Kontakte mit Osteuropa zu pflegen, auch dazu kam, daß die Republik Frankreich schon früh auch einige wirtschaftliche, kulturelle und schließlich auch offizielle politische Kontakte zur DDR herstellte, mochte in Westdeutschland übel vermerkt werden, aber hier ging es um die Interessen Frankreichs, und von Paris aus wurden sie anders gesehen als von Bonn. Die Regierung der Bundesrepublik zog es vor, schweigend über diese Dinge hinwegzusehen. Die westdeutsche Bevölkerung mußte gerade nach der ersten Europabegeisterung, die vielen Menschen als Ersatz für das zerstörte Nationalbewußtsein gedient hatte, erst noch lernen, daß trotz der Bekundungen de Gaulles und Adenauers über die feste und dauerhafte Freundschaft des deutschen und französischen Volkes die französische Realpolitik weiterging und in dem Falle Vorrang vor der deutschfranzösischen Zusammenarbeit hatte. In der Tagespolitik mußten sich hier und da notwendigerweise Interessengegensätze zwischen beiden Staaten ergeben.

Diese Schilderung der Gegensätze und Meinungsverschiedenheiten war selbstverständlich auch Gegenstand der Behandlung in der Presse, die so etwas naturgemäß interessanter darstellen konnte als die sachliche Fortentwicklung deutsch-französischer Beziehungen in allen Bereichen. Aufgrund des nationalen Selbstbewußtseins war die französische Presse meist auch wesentlich kritischer und legte sich weniger Zurückhaltung auf als die großen deutschen Tageszeitungen, die alle Töne mieden, die als Rückfall in den deutschen Nationalismus ausgelegt werden konnten.

Eine neue Generation deutscher Politiker und Journalisten mußte angesichts dieser französischen Realpolitik, deren Vertreter auch nicht so vorsichtig zu lavieren und zu taktieren brauchten wie die um die Wiedergewinnung des Vertrauens für Deutschland bemühten Bonner Politiker, erst wieder Verständnis dafür gewinnen, daß »Frankreichs Uhren anders«, in diesem Fall langsamer gingen. Man mußte warten, bis sich Frankreich an die neuen Machtverhältnisse in Europa und der Welt gewöhnte. Vor allem brauchte die Bundesrepublik Geduld, bis die französischen Regierungen schließlich nicht nur mit Worten, sondern auch in der Tat die Gleichrangigkeit und Gleichwertigkeit des westdeutschen Teilstaates akzeptierten.

Die schwere Schädigung des deutschen Nationalbewußtseins durch die Übersteigerung durch Hitlers Ideologie und Imperialismus und die folgende nationale Katastrophe hatten dazu geführt, daß ein großer Teil der mittleren und jüngeren Generationen in Westdeutschland mit der Hinwendung zum materiellen Wiederaufbau gleichzeitig der deutschen Geschichte den Rücken zukehrte und von Nationalgefühl nichts mehr wissen wollte, ja sich sogar genierte, sich in Wort und Tat nach außen zu ihrem Vaterland zu bekennen. Dieser bedenkliche Extremismus als Reaktion auf den Mißbrauch des Patriotismus im Dritten Reich war zwar verständlich, aber in seinen negativen Auswirkungen auch heute noch gar nicht zu übersehen, hatte damals zumindest einen positiven Aspekt, daß er es den Menschen in der Bundesrepublik Deutschland leichter machte, europäisch zu denken und zu empfinden als den Menschen in Frankreich. (s. Anhang Nr. 23)

Dort war es anders, und Präsident de Gaulle sah keine bessere Möglichkeit als an das französische Nationalgefühl und den Nationalstolz zu appellieren, um sein Ziel zu erreichen, Frankreich nach dem Verlust seiner Kolonien und seiner Stellung in der Welt eine neue Grundlage für den Ausbau seiner Position in Europa zu geben. Er mußte die Bürger seines Landes auffordern, Frankreichs Größe wirtschaftlich und militärisch wieder aufzubauen, um so seine Rolle als Führungsmacht in Europa von neuem begründen zu können. Hätte er da einer atomaren Bewaffnung der deutschen Bundeswehr zustimmen können? Konnte er den Eintritt eines weiteren Rivalen, Großbritanniens, in die europäische Gemeinschaft gutheißen? Konnte er seinen Landsleuten die Bundesrepublik als völlig gleichrangigen und Frankreich in jeder Beziehung gleichwertigen Partner präsentieren?

Das bittere Wort zeitgenössischer deutscher Kritiker, de Gaulle habe sich in der Rolle Napoleons IV. gesehen und der Bundesrepublik Deutschland den Status eines an Frankreich assoziierten Rheinbundes zugedacht wie zur Zeit Napoleons I., wurde den politischen Verhältnissen in Europa um 1965 nicht gerecht.

Aus der Sicht des französischen Staatspräsidenten war es in Anbetracht der größeren politischen Geltung Frankreichs in Europa und in der Welt und im Hinblick auf den Qualitätsunterschied der Streitkräfte, den er besonders durch die atomare Rüstung (force de frappe) gefördert hatte, durchaus gerechtfertigt und fair, den Deutschen das Angebot zu machen, sozusagen als Juniorpartner in ein von Frankreich geführtes neues »Europa der Vaterländer« einzutreten. Wenn man bedenkt, daß er als Ministerpräsident unmittelbar nach dem Krieg noch das linke Rheinufer für Frankreich und die Zerstückelung Deutschlands gefordert hatte, so durfte man zwei Jahrzehnte später wohl sagen: mehr konnte er von sich aus und im Namen des französischen nationalen Empfindens damals nicht anbieten. Der Unterschied war noch zu groß. Frankreich war in der Lage, in der europäischen Politik und zum Teil auch noch in der Weltpolitik zu agieren — Deutschland konnte zwar produzieren und exportieren, aber in der großen Politik doch nur reagieren.

4. STAND DER BEZIEHUNGEN UND AUSBLICK

Die heutige deutsch-französische Zusammenarbeit und der gute Stand der nachbarschaftlichen Beziehungen gestatten es zweifellos, von einer neuen Epoche im Leben unserer Völker zu sprechen. Es kann und soll dabei, wie schon gesagt, gar nicht übersehen werden, daß die Rivalität im eigentlichen Sinn, die naturgegebene Konkurrenz nach wie vor besteht und auch weiter bestehen bleiben wird. Auch gute nachbarschaftliche Verhältnisse schließen ja gelegentliche Mißstimmungen durch Meinungsverschiedenheiten oder egoistisches Verhalten niemals aus. Nachbarn lieben sich meistens nicht, gerade weil sie sich kennen, aber sie können Verständnis für die Eigenheiten des anderen entwickeln und hilfsbereit im Fall der Not sein. Die Praxis in der Entwicklung der europäischen Institutionen in Brüssel und Straßburg, die Behandlung von Wirtschafts- und Finanzfragen geben hinreichend gute und auch einige weniger erfreuliche Beispiele.

Aber eine Gefährdung der Beziehungen, die so weit gehen könnte, daß sie den Frieden zwischen unseren Ländern bedroht, scheint heutzutage völlig unmöglich zu sein. Diese wirklich einmütige Auffassung der Bürger in Deutschland und Frankreich sollte nun auch, um das gutnachbarliche Verhältnis noch mehr zu festigen, durch eine gemeinsame Aufarbeitung der Geschichte unserer Völker ergänzt werden, damit durch die Kenntnis des langen und mühevollen Weges bis zur heutigen Situation das Verständnis für die Notwendigkeit künftiger Zusammenarbeit auch durch eine gemeinsame Beurteilung der Vergangenheit und ihrer Lehren für uns vertieft wird.

Wir sollten versuchen, eine breite Übereinstimmung zu erreichen, die wie folgt zusammenzufassen wäre:

1. Der frühe, absolutistische Staat, das Königreich Frankreich, war durch seine eindeutige Überlegenheit, was die politische Einheit, wirtschaftliche Kraft, kulturelle Reife und Bevölkerungszahl betraf, vom Ende des 16. Jahrhunderts an bis 1870 stets zur Ausdehnung nach Osten gegen das schwächere und zersplitterte Römische Reich der deutschen Einzelstaaten geneigt.
   Es war eine Expansion, die sowohl Krieg, Zerstörung und Not als auch in Kriegs- und Friedenszeiten eine gleichzeitige und beständige geistig-kulturelle Ausdehnung bedeutete, die zivilisatorischen Fortschritt und vielfältige wirtschaftliche und geistige Anregung brachte, vor allem dann, wenn sie mit der Immigration und Ansiedlung französischer Bürger in den deutschen Ländern verbunden war, wie zur Zeit der Aufnahme der Hugenotten im Reich.

2. Zugleich mit der Epoche der stärksten Machtentfaltung französischer Politik überall in Deutschland zur Zeit Napoleons I. wurden aber gerade durch das Übermaß des Sieges die liberalen und nationalen Kräfte im fortschrittlichen deutschen Bürgertum geweckt, was zu den ersten Schritten in Richtung auf die Bildung eines deutschen Nationalstaates führte.

Die konservativen deutschen Fürsten konnten diesen Prozeß wohl verlangsamen und schließlich auch, wie es Bismarck gelang, in der politischen Struktur beeinflussen, aber nicht mehr aufhalten.

Bismarck »*der treue Diener des Königs von Preußen*« wurde zum nationalen Heros ganz Deutschlands, es mochte ihm behagen oder nicht.

3. Die Kraft dieser nationalen und liberalen Bewegung, die das ganze Bürgertum und auch große Teile der Arbeiterschaft erfaßte, sah sich, ganz entgegen ihren Erwartungen und ohne ihr Zutun, plötzlich verbunden mit dem wirksamsten und bestgeschulten Kriegsinstrument ihrer Zeit, mit dem preußischen Heer, das sie als konservatives Instrument des preußischen Königs bekämpft hatten und dessen Erfolge sie als Patrioten schließlich bejubelten. Diese preußischen Siege bewirkten von 1864—1871 innerhalb eines Jahrzehnts die plötzliche Umkehrung des Machtverhältnisses zwischen Deutschland und Frankreich.

4. Der plötzliche und in seinen Folgen so nicht vorhersehbare Umschwung in Europa durch den französisch-deutschen Krieg von 1870—1871 war das folgenschwerste Ereignis in der Geschichte der deutsch-französischen Beziehungen im 19. Jahrhundert.

Das Wort König Wilhelms I. von Preußen, des späteren Deutschen Kaisers, nach der Schlacht von Sedan — »*welch eine Wendung durch Gottes Fügung*«, enthält neben der echten naiv frommen Dankbarkeit, die diesem Manne eigen war, und neben dem Gefühl der Freude über den Sieg vor allem auch die ungläubig staunende Erkenntnis, daß durch diese Entscheidung wie durch ein Wunder die Stellung Preußen-Deutschlands in Europa so sehr gestärkt worden war, daß es plötzlich vor Frankreich und Rußland sozusagen an erster Stelle stand.

5. Nach 1871 zeichnete sich immer deutlicher das Übergewicht des vereinigten Deutschlands über Frankreich ab, das bereits 1848 von weitsichtigen britischen, russischen und französischen Politikern befürchtet worden war und das diese aus nationalegoistischen Motiven hatten verhindern wollen. Im Bewußtsein dieser Überlegenheit und der darin liegenden Gefahr, denn die Franzosen vermuteten, daß das Deutsche Reich diese Macht genauso gebrauchen und mißbrauchen würde wie die Bourbonenkönige

und Napoleon I. die Macht Frankreichs, war die Haltung gegenüber Deutschland begründet, 1945 ebenso wie 1919 — das Reich muß wieder verkleinert, aufgeteilt und von den anderen europäischen Mächten, vor allem von Frankreich, kontrolliert werden.

6. Diese Furcht läßt sich vergleichen mit der Furcht- und Abwehrreaktion des deutschen Liberalismus in der ersten Hälfte des 19. Jahrhunderts gegenüber der so ungeheuer stark erscheinenden militärischen Macht des russischen Reiches oder mit der begründeten Furcht der Bürger der westlichen Besatzungszonen Deutschlands um 1948/49 vor einem weiteren Ausgreifen des bolschewistischen Imperialismus nach Westen, was auch für sie den Verlust der Freiheit und der bürgerlichen Existenz bedeutet hätte, die sie damals wieder aufzubauen begonnen hatten.

Solche Betrachtungen des Auf- und Abstieges der Macht, von Expansion und Zeiten der Schwäche könnten wohl auch zu einer Art Aufrechnung führen, was die Zahl der gegeneinander geführten Kriege und das Ausmaß der dabei entstandenen Zerstörungen und durch Kontributionen, Raub und Plünderung erlittenen Schäden angeht. Wer hat im Laufe der Geschichte mehr unter den Angriffen des Nachbarstaates zu leiden gehabt?
Es wäre sinnlos, wenn man einen solchen Nachweis mit exakten Berechnungen zu führen versuchte. Zu leiden hatten ohnehin immer nur die Unschuldigen, die für die Machtpolitik nicht verantwortlich waren. Es wäre noch sinnloser, wenn man bei der Frage nach Kriegsursache und -anlaß für die Zeit von Ludwig XIII. bis 1914 eindeutige Schuldzuweisungen nach dem üblen Muster des § 231 des Versailler Vertrages vornehmen wollte.
Es wäre aber dann nützlich und sinnvoll, wenn man solche Studien unter dem Gesichtspunkt betreibt, die Beweggründe der Verantwortlichen in der jeweiligen Zeit genau kennenzulernen, um sie zu verstehen, ohne sie aus der Sicht unserer Zeit billigen oder verurteilen zu wollen. Auf diese Weise werden wir die Erkenntnis gewinnen, daß beide Völker im Laufe ihrer Entwicklung sowohl was ihre Herrscher und deren Berater als auch die große Zahl eifriger nationalgesinnter Patrioten betrifft, sich gegenseitig aus der naturgegebenen Rivalität und aus übersteigertem nationalistischem Pflichtgefühl viel Leid zugefügt haben.
Die Machtpolitik und Staatsräson der Herrscher und das naiv-patriotische Pflichtgefühl des einzelnen Bürgers waren die Voraus-

setzung dafür, und wenn man das erkennt, kann von einer Kollektivschuld der Franzosen gegenüber den Deutschen oder der Deutschen gegenüber den Franzosen nicht mehr ernsthaft gesprochen werden.

Damit könnte unsere Betrachtung schließen. Sie ist ein Versuch, die Beziehungen unserer Völker abwechselnd aus deutscher und französischer Perspektive zu sehen und eine Einladung an den Leser, noch einmal über den getrennten und schließlich doch wieder gemeinsamen Weg Deutschlands und Frankreichs von der Karolingerzeit bis in die Gegenwart nachzudenken.

Sie bedarf aber noch einer entscheidenden Anmerkung, damit das Wort Deutschland nicht mißverstanden wird. Es ist ganz Deutschland gemeint und nicht nur die nach dem Willen ihrer Gründer *»für eine Zeit des Überganges«* gebildete Bundesrepublik Deutschland.

So, wie seit der großen französischen Revolution die Republik Frankreich die unauflösliche Einheit aller ihrer Departements ist, so ist Deutschland als politisches Vermächtnis der Revolution von 1848/49 und nach dem Willen aller seiner freien Bürger, noch einmal bekräftigt durch die Nationalversammlung von 1919, bis heute der Bund aller deutschen Stämme, die Einheit der ganzen Nation.

Die Epoche des engstirnigen Nationalismus hat in Europa seit dem Ende des Zweiten Weltkrieges allmählich aufgehört, aber, und das hatte Staatspräsident de Gaulle sehr richtig gesehen, die Zeit der Nationalstaaten und mit ihnen das unaufhebbare und unaufgebbare Recht eines Volkes auf staatliche Einheit in freier Selbstbestimmung bleibt.

Deshalb hat die deutsche Nation das Recht, von ihren Nachbarn eine Antwort auf die Frage zu verlangen: Wird es so sein, daß mit der Fortentwicklung der freundschaftlichen Beziehungen schließlich auch die alte französische Tradition schwindet, dem Nachbarn aus Gründen der eigenen Staaträson die staatliche Einheit nicht zuzugestehen?

Es sind private Äußerungen de Gaulles überliefert, daß er sich von solchem Denken noch nicht ganz zu lösen vermochte.

Wird man in Zukunft in Frankreich das Wort französisch-deutsche Freundschaft so verstehen, daß sie mehr ist als die Addition der guten Nachbarschaft mit der Bundesrepublik zu den Beziehungen zwischen Frankreich und der DDR? Die französische Nation, nicht einzelne Politiker und Journalisten, wird darauf eines Tages eine Antwort geben müssen. (s. Anhang Nr. 24)

Das Bemühen des von Kommunisten beherrschten Teiles Deutschlands wird sicherlich auch weiter dahin gehen, sich Frankreich gegenüber als völlig unabhängiger, souveräner und fortschrittlicher Friedensstaat zu präsentieren, um sich damit das Wohlwollen kommunistischer, sozialistischer und vielleicht auch reaktionärer Politiker in Frankreich zu erwerben.

Es dient nach amtlicher »*DDR-Meinung*« „uneigennützig" der Sicherheit Frankreichs, wenn man den Willen zur Einheit der deutschen Nation unterdrückt und bekämpft. Die französische Nation sollte wissen, daß solche Stimmen nicht im Auftrage des deutschen Volkes sprechen und letztlich auch gar nicht an einer wirklichen Verständigung des ganzen deutschen Volkes mit seinen französischen Nachbarn interessiert sind.

Die scheinheilige Besorgnis dieser Feinde Deutschlands und einiger ihrer Anhänger auch in der Bundesrepublik Deutschland, Frankreich könne doch nicht an der Zusammenarbeit mit einem wiedervereinigten Deutschland interessiert sein, dessen Bevölkerungszahl und Produktionskraft größer als in Frankreich sei, zielt bewußt auf einen Rückschritt in der geschichtlichen Entwicklung, von dem nicht Frankreich oder die Deutschen in der „DDR", sondern ein ganz anderer Staat den Vorteil hätte. Von einem wiedervereinigten deutschen Nationalstaat hätte Frankreich eine Bedrohung seiner Identität und Sicherheit nicht zu befürchten. Die französischen Politiker, die in Brüssel und Straßburg mit den Vertretern der Bundesrepublik Deutschland zusammenarbeiten, werden bestätigen, daß der Wille zur Machtpolitik in Deutschland endgültig von der Bereitschaft zur Zusammenarbeit zum Nutzen Europas abgelöst worden ist und diese Bereitschaft überzeugend bewiesen wurde. Wir haben aus dem Verständnis der Franzosen für ihre eigene Geschichte auch gelernt, daß Frankreich, um seine nationale Identität zu wahren, nur in begrenztem Rahmen Zugeständnisse im Bereich seiner Souveränität machen kann. Die Zusammenarbeit braucht darunter nicht zu leiden, in allen wesentlichen Bereichen ergibt sie sich ohnehin durch die Entwicklung der weltpolitischen Lage.

So, wie uns heute der Weg der Geschichte Frankreichs immer verständlicher wird, wird auch ein wiedervereinigtes Deutschland erkennen und anerkennen, daß die Bürger Frankreichs stets zuerst auf ihren Nationalstaat als Grundlage ihrer politischen Existenz blicken und ihrer Aufgabe in Europa nur gerecht werden können, wenn dieses Europa von ihnen ein erfüllbares Maß an Einordnung, aber nicht Unterordnung verlangt.

Genau das gleiche gilt für uns Deutsche. Die Aufgabe, die uns die Arbeit in einem freien *»Europa der Vaterländer«* stellt, könnten wir nicht erfüllen, wenn sie mit der Forderung verbunden wäre, daß wir uns auf die Dauer mit dem nationalen Unglück der Teilung unseres Vaterlandes als Folge des Zweiten Weltkrieges abfinden, möge sie auch zum großen Teil durch eigene Schuld entstanden sein.

Wir wissen, daß die politischen Machtverhältnisse, durch die Gegensätze in der Welt bedingt, eine Wiedervereinigung Deutschlands in seinen nationalen Grenzen in naher Zukunft als nicht möglich erscheinen lassen, aber wir wissen auch, daß der Fortgang der geschichtlichen Entwicklung auf die Dauer kein „unmöglich" kennt. Deshalb ist es für das deutsche Volk wichtig und notwendig zu wissen, daß unser Nachbar Frankreich für dieses große und unaufgebbare Ziel Verständnis hat und wir in naher oder ferner Zukunft auf seine Unterstützung rechnen können.

Erst die Antwort auf diese Frage wird dann eines Tages endgültig darüber entscheiden, ob der heute beschrittene Weg der freundschaftlichen Verständigung und Zusammenarbeit auch in Zukunft zum Segen für beide Völker und zum Nutzen Europas werden wird.

Daß das objektive nationale Interesse Frankreichs eine positive Antwort auf die Frage nach der Einheit Deutschlands nicht nur ermöglicht, sondern geradezu notwendig macht, mögen die Worte des französischen Außenmininsters, des Grafen Tocqueville beweisen, die bald nach 1849 unter dem Eindruck der beginnenden Epoche der Nationalstaaten geschrieben wurden, aber von ihrer Weitsicht und Bedeutung bis heute nichts verloren haben:

„Liegt es im Interesse Frankreichs, daß das Band des Deutschen Bundes sich festigt oder daß es sich lockert? Sollen wir wünschen, daß Deutschland zu einer in gewisser Hinsicht einheitlichen Nation wird oder daß es eine lose zusammengefaßte Gesellschaft von uneinigen Völkern und Fürsten bleibt?

Nach einer alten Tradition unserer Diplomaten ist es unsere Aufgabe, dahin zu streben, daß die Spaltung Deutschlands in eine große Anzahl unabhängiger Mächte aufrechterhalten bleibt. Das mußte in der Tat unser offenkundiges Ziel sein, solange hinter Deutschland nur Polen und das halb barbarische Rußland standen. Aber gilt das heute noch?

Die Antwort auf die Frage hängt von der Beantwortung einer anderen ab. Welche Gefahr bedeutet heute Rußland für die Unabhängigkeit Europas? Für mich, der ich glaube, daß unser Westen früher

oder später unter das Joch oder wenigstens unter den unmittelba-
ren und unwiderstehlichen Einfluß des Zaren zu geraten droht, ist
es klar, daß unser oberstes Interesse darin besteht, den Bund zwi-
schen den deutschen Völkern zu begünstigen, um durch ihn einen
Schutz gegen Rußland zu gewinnen.
Die Weltlage hat sich gewandelt: Wir müssen unsere früheren
Grundsätze ändern und nicht davor zurückscheuen, unsere Nach-
barn stark zu machen, damit sie imstande sind, eines Tages zusam-
men mit uns den gemeinsamen Feind zurückzuschlagen." (112)

---

(112) Aus den Erinnerungen des Grafen Tocqueville (Juni—Okt. 1849 frz. Außenminister)

VERZEICHNIS DER ZITIERTEN LITERATUR UND WEITERE LITERATURHINWEISE

Abetz, Otto — Das offene Problem, Köln 1951

Bickler, Hermann — Ein besonderes Land, Lindhorst 1978

Blum, Leon — Auswahl aus dem Werk, Wien 1970

Brentano , Lujo — Elsässer Erinnerungen, Berlin 1912

Curtius, Ernst Robert — Die französische Kultur, Berlin 1930

D'Abernon, Edgar Vincent — Memoiren, Leipzig 1930

Dehio, Ludwig — Gleichgewicht oder Hegemonie, Krefeld 1948

Erdmann, Dietrich — Aufzeichnungen Stresemanns (Geschichte in Wissenschaft und Unterricht, Heft 6 Jg. 1955)

Ernst, Robert — Rechenschaftsbericht eines Elsässers, Berlin 1954

Haller, Johannes — Die Epochen der deutschen Geschichte, Stuttgart 1950

Haller, Johannes — 1000 Jahre deutsch-französische Beziehungen, Stuttgart 1930

Hartig, Paul — Die französische Revolution, Stuttgart 1978

Hillgruber, Andreas — Deutschlands Rolle in der Vorgeschichte der beiden Weltkriege, Göttingen 1971

Höltje, Christian — Die Weimarer Republik und das Ostlocarnoproblem, Würzburg 1958

Horne, Alistair — Über die Maas, über Schelde und Rhein, Zürich 1969

Kettenacker, Lothar — Nationalsozialistische Volkstumspolitik im Elsaß, Stuttgart 1973

Lansing, Robert — Die Versailler Friedensverhandlungen — Erinnerungen, Berlin 1921

Luther, Hans — Stresemann und Luther in Locarno, Politische Studien 8. Jg. Heft 3

Mann Golo — Deutsche Geschichte des 19. und 20. Jahrhunderts, Frankfurt 1966

Meinck, Gerhard — Hitler und die deutsche Aufrüstung, Wiesbaden 1959

Meinecke, Friedrich — Weltbürgertum und Nationalstaat, Berlin 1928

Menzel, Wolfgang — Geschichte des französischen Krieges, Stuttgart 1871!

Nitschke, Arthur — Frühe christliche Reiche, Propyläen Weltgesch. Bd. V, 1963

Oncken, Hermann — Die Rheinpolitik Napoleons III. und der Ursprung des Krieges von 1870/71, Berlin 1926

Pringet de, Pierre — Die Kollaboration, Tübingen 1981

von Raumer, Kurt — Die Zerstörung der Pfalz von 1689, Bad Neustadt/Saale 1982

Rehm, Max — Straßburgs geistige Luft um die letzte Jahrhundertwende, Neustadt-Saale 1981

Reiner, Ludwig — In Europa gehen die Lichter aus, München 1954

Rheinbaben, Werner von — Von Versailles zur Freiheit, Hamburg 1927

Ritter, Gerhard — Staatskunst und Kriegshandwerk, München 1960

Ritter, Gerhard — Europa und die deutsche Frage, München 1954

Rothenberger, Karl-Heinz — Die elsaß-lothringische Heimat- und Autonomiebewegung zwischen beiden Weltkriegen, Bern/Frankfurt 1976

Rovan, Joseph — 1945—1985 — Von der Aussöhnung zur Europa Union (Dokumente — Zeitschrift für den deutsch-französischen Dialog) 41. Jg. Okt.

Schieder, Wolfgang — Friedensappell Benedikts XV, Wiesbaden 1950

Schnabel, Franz — Deutsche Geschichte im 19. Jahrhundert, Freiburg 1929

Speer, Albert — Erinnerungen, Berling 1969

Stieve, Friedrich — Wendepunkte europäischer Geschichte, Leipzig 1940

Taege, Herbert — Wo ist Kain? Enthüllungen und Dokumente zum Komplex Tulle und Oradour, Lindhorst 1981

Tocqueville de, Alexis — Erinnerungen, Stuttgart 1962

Weber, Max — Gesammelte politische Schriften, Tübingen 1971

Weckmann, André — Wir halten den Finger in den Wind. Merian Heft XXXIII I C (Straßburg und das Elsaß)

Werth, Alexander — Der zögernde Nachbar Frankreich, Düsseldorf 1957

Ziegler, Wilhelm — Versailles, Hamburg 1933

Anhang — Dokumentation

Nr. 1

329 DIE GRÜNDE FÜR DIE ANNEXION ELSASS-LOTHRINGENS

Aus der Rede Bismarcks vor dem Reichstag am 2. Mai 1871.

. . . Ich bleibe dabei, die Deutschen in ihrer Einstimmigkeit wollten den Frieden. Ebenso einstimmig aber waren sie, als der Krieg uns aufgedrängt wurde, als wir gezwungen wurden, zu unserer Verteidigung zur Wehr zu greifen, wenn Gott uns den Sieg in diesem Kriege, den wir mannhaft zu führen entschlossen waren, verleihen sollte, nach Bürgschaften zu suchen, welche eine Wiederholung eines ähnlichen Krieges unwahrscheinlicher und die Abwehr, wenn er dennoch eintreten sollte, leichter machen. Jedermann erinnerte sich, daß unter unseren Vätern seit dreihundert Jahren wohl schwerlich eine Generation gewesen ist, die nicht gezwungen war, den Degen gegen Frankreich zu ziehen, und jedermann sagte sich, daß, wenn bei früheren Gelegenheiten, so Deutschland zu den Siegern über Frankreich gehörte, die Möglichkeit versäumt worden war, Deutschland einen besseren Schutz gegen Westen zu geben, dies darin lag, daß wir den Sieg in Gemeinschaft mit Bundesgenossen erfochten hatten, deren Interessen eben nicht die unsrigen waren. Jedermann war entschlossen, wenn wir jetzt, selbständig und rein auf unser Schwert und unser eigenes Recht gestützt, den Sieg erkämpften, mit vollem Ernste dahin zu wirken, daß unseren Kindern eine gesicherte Zukunft hinterlassen wird.

Die Kriege mit Frankreich hatten im Laufe der Jahrhunderte, da sie vermöge der Zerrissenheit Deutschlands fast stets zu unserem Nachteile ausfielen, eine geographisch-militärische Grenzbildung geschaffen, welche an sich für Frankreich voller Versuchung, für Deutschland voller Bedrohung war . . .

Der Keil, den die Ecke des Elsaß bei Weißenburg in Deutschland hineinschob, trennte Süddeutschland wirksamer als die politische Mainlinie von Norddeutschland, und es gehörte der hohe Grad von Entschlossenheit, von nationaler Begeisterung und Hingebung bei unseren süddeutschen Bundesgenossen dazu, um ungeachtet dieser naheliegenden Gefahr, der sie bei einer geschickten Führung des

Feldzugs von seiten Frankreichs ausgesetzt waren, keinen Augenblick anzustehen, in der Gefahr Norddeutschlands die ihrige zu sehen und frisch zuzugreifen, um mit uns gemeinschaftlich vorzugehen. Daß Frankreich in dieser überlegenen Stellung, in dieser vorgeschobenen Bastion, welche Straßburg gegen Deutschland bildete, der Versuchung zu erliegen jeder Zeit bereit war, sobald innere Verhältnisse eine Ableitung nach außen nützlich machten, das haben wir Jahrzehnte hindurch gesehen . . .

Die Frage, wie Bürgschaften dagegen zu gewinnen seien — territorialer Natur mußten sie sein, die Garantien der auswärtigen Mächte konnten uns nicht viel helfen, denn solche Garantien haben zu meinem Bedauern mitunter nachträglich eigentümlich abschwächende Deklarationen erhalten . . . Es wurde nach anderen Auskunftsmitteln gesucht, es wurde uns vielfach vorgeschlagen, wir möchten uns mit den Kriegskosten und mit der Schleifung der französischen Festungen in Elsaß und Lothringen begnügen. Ich habe dem immer widerstanden, indem ich dieses Mittel für ein unpraktisches im Interesse der Erhaltung des Friedens ansehe. Es ist die Konstituierung einer Servitut auf fremdem Grund und Boden, einer sehr drückenden und beschwerlichen Last für das Souveränitäts-, für das Unabhängigkeitsgefühl desjenigen, den sie trifft. Die Abtretung der Festungen wird kaum schwerer empfunden als das Gebot des Auslandes, innerhalb des Gebietes der eigenen Souveränität nicht bauen zu dürfen . . .

Ein anderes Mittel wäre gewesen — und das wurde auch von Einwohnern von Elsaß und Lothringen befürwortet — einen neutralen Staat, ähnlich wie Belgien und die Schweiz, an jener Stelle zu errichten. Es wäre dann eine Kette von neutralen Staaten hergestellt gewesen von der Nordsee bis an die Schweizer Alpen . . . Frankreich hätte einen schützenden Gürtel gegen uns bekommen, wir aber wären, so lange unsere Flotte der französischen nicht gewachsen ist, zur See nicht gedeckt gewesen. Es war dies ein Grund, aber nur in zweiter Linie. Der erste Grund ist der, daß die Neutralität überhaupt nur haltbar ist, wenn die Bevölkerung entschlossen ist, sich eine unabhängige neutrale Stellung zu wahren und für die Erhaltung ihrer Neutralität zur Not mit Waffengewalt einzutreten . . .

Diese Voraussetzung wäre bei den neu zu bildenden Neutralen, Elsaß und Lothringen, in der nächsten Zeit nicht zugetroffen, sondern es ist zu erwarten, daß die starken französischen Elemente, welche im Lande noch lange zurückbleiben werden, die mit ihren Interessen, Sympathien und Erinnerungen an Frankreich hängen, diesen neutralen Staat, welcher immer sein Souverän sein möchte, bei einem neuen französisch-deutschen Kriege bestimmt haben würden, sich Frankreich wieder anzuschließen, und die Neutralität wäre eben nur ein für uns schädliches, für Frankreich nützliches Trugbild gewesen. Es blieb daher nichts anderes übrig, als diese Landesstriche mit ihren starken Festungen vollständig in deutsche Gewalt zu bringen, um sie selbst als ein starkes Glacis Deutschlands gegen Frankreich zu verteidigen, und um den Ausgangspunkt etwaiger französischer Angriffe um eine Anzahl von Tagesmärschen weiter zurückzulegen, wenn Frankreich entweder bei eigener Erstarkung oder im Besitz von Bundesgenossen uns den Handschuh wieder hinwerfen sollte.

Der Verwirklichung dieses Gedankens, der Befriedigung dieses unabweisbaren Bedürfnisses zu unserer Sicherheit stand in erster Linie die Abneigung der Einwohner selbst, von Frankreich getrennt zu werden, entgegen . . . Tatsache ist, daß diese Abneigung vorhanden war und daß es unsere Pflicht ist, sie mit Geduld zu überwinden. Wir haben meines Erachtens viele Mittel dazu; wir Deutsche haben im ganzen die Gewohnheit, wohlwollender, mitunter etwas ungeschickter, aber auf die Dauer kommt es doch heraus, wohlwollender und menschlicher zu regieren als es die französischen Staatsmänner tun; es ist das ein Vorzug des deutschen Wesens, der in dem deutschen Herzen der Elsässer bald anheimeln und erkennbar werden wird. Wir sind außerdem imstande, den Bewohnern einen viel höheren Grad von kommunaler und individueller Freiheit zu bewilligen, als die französischen Einrichtungen und Traditionen dies je vermochten . . .

Nr. 2

Aus Moltkes Aufsatz „DIE WESTLICHE GRENZFRAGE", 1841

„Endlich ist es dem Minister Thiers gelungen, einen Krieg gegen das Ausland einzuleiten, und obgleich der Ausbruch desselben durch die Weisheit des französischen Königs gehemmt wurde, so hat doch dieser Vorgang die Nachbarn und vor allem Deutschland in eine lebhafte Bewegung bringen müssen. Das Kriegsgeschrei in Frankreich war lauter denn je, und es stimmten darin Männer der verschiedensten Parteien überein.

. . . Man hörte wohl Einreden, es sei jetzt nicht an der Zeit, dem ganzen bewaffneten Europa gegenüber wieder an Eroberungen zu denken, aber gegen das Recht und die Moral erhob sich keine Stimme. Daß Frankreich wirklich ein Recht auf das linke Rheinufer habe und daß der Rhein seine natürliche Grenze sei, wurde überall in Frankreich als bekannt, als etwas, was sich von selbst versteht, angenommen.

. . . Wir glauben, zur Genüge gezeigt zu haben, daß Frankreich nicht den geringsten rechtlichen Anspruch auf die Rheingrenze hat. Aber wir wissen sehr wohl, daß alles, was man den Franzosen darüber sagt, in den Wind geredet ist. Sie wollen nicht hören. Es kommt also nur darauf an, ob Deutschland stark genug ist und bleiben wird, um die widerrechtlichen Ansprüche Frankreichs unter allen Umständen mit Gewalt zurückzuweisen.

Nr. 3

„Die Überlegenheit Frankreichs beruht auf seiner nationalen Einheit; sein Hauptinteresse ist, zu verhindern, daß sich in Europa Körperschaften bilden, die mächtiger als Frankreich selbst werden, indem sie Völker, die heute verschiedenen Herrschaften unterworfen sind, in einem einzigen Staat zusammenballen. Alles, was diesem Einigungsbestreben entgegenwirkt, alles was die Zerspaltung der großen Völker aufrechterhält, ist uns nützlich."

Drouyn de Lhuys
(französischer Bevollmächtigter in London)
in einer persönlichen Niederschrift, 1850

Nr. 4

FRANZÖSISCHE KOMPENSATIONSFORDERUNGEN

a) Telegramm Bismarcks an den Botschafter in Paris, Graf von der Goltz, vom 5. August 1866.

Benedetti teilt soeben folgendes Projekt zu geheimer Konvention mit:
1. Preußen gibt an Frankreich die Grenze von 1814.
2. Preußen erwirkt von Bayern und Hessen-Darmstadt Abtretung aller Gebiete auf dem linken Rheinufer an Frankreich, vorbehaltlich von uns zu gewährender Entschädigungen.
3. Preußen gibt jede Verbindung mit Limburg und Luxemburg und Garnisonrecht in letzterem auf.

Da keine Gegenleistung an Preußen weiter erwähnt, so ist dies die Kompensation für unsere Annexionen.

Dies widerspricht in schroffer Weise allem, was der Kaiser Ihnen wiederholt gesagt. Ich würde nicht die mindeste Hoffnung haben, je des Königs Zustimmung dazu zu erlangen, werde sie aber auch in dieser Ausdehnung nie beantragen. Ich setze Ew. pp. hiervon vorläufig nur zu eigener Orientierung in Kenntnis und behalte mir weitere Mitteilung vor.

b) Telegramm Bismarck an den Botschafter in Paris, Graf von der Goltz, vom 6. August 1866.
Bismarck, G. W., Bd. 6, S. 102

Ew. pp. kennen aus meinem heutigen Telegramm die territorialen Ansprüche Frankreichs. Unterredung mit Benedetti läßt unzweifelhaft, daß auch Abtretung von Mainz beansprucht wird. Im Falle der Ablehnung zwar nicht Krieg, aber doch dauernde Verstimmung angedroht. Benedetti verlangt amtlich Mitteilung an den König. Diese unmögliche Forderung kann uns zwingen, unseren deutschen Gegnern erhebliche Konzessionen zu machen und neue Anlehnung in der Koalition zu suchen, jedenfalls aber würde ihre Festhaltung durch Napoleon das bisherige vertrauensvolle Verhältnis abschneiden und uns in die argwöhnische Defensive gegen Frankreich zurückwerfen. Ich kann Seiner Majestät erst morgen darüber Vortrag halten.

Nr. 5

Aus Unterhaltungen der Kaiserin Eugenie mit dem französischen Diplomaten Paléologue

„Zurückweichen, mit sich reden lassen, wir konnten es nicht; das ganze Land wäre wider uns aufgestanden! . . . Man beschuldigte uns ohnehin schon der Schwäche; ein fürchterliches Wort drang bis zu uns: ‚Die Kandidatur Hohenzollern ist ein sich vorbereitendes Sadowa!' . . . Oh, dieser Name Sadowa! Seit vier Jahren schon waren unsere erbittertsten — orleanistischen, legitimistischen, republikanischen — Gegner nicht müde geworden, ihn uns an den Kopf zu schleudern. Jeden Tag begannen sie mit ihrem abscheulichen Refrain, jeden Tag wühlten sie in unserer Wunde, wie man das Messer in einem Geschwür umwendet. Um das Gespenst von Sadowa immer wieder beschwören zu können, hatten sie ganz Frankreich dazu gebracht, zu glauben, daß wir ihm im Jahre 1866 eine unverzeihliche Schmach zugefügt hätten, eine Schmach, wie sie seit Roßbach (1) nicht mehr dagewesen wäre . . . Dessen müssen Sie sich erinnern, wenn Sie unsere Politik im Juli 1870 beurteilen wollen. Wir konnten das Kaiserreich keinem zweiten Sadowa aussetzen, es hätte das nicht mehr ausgehalten . . .

---

(1) Ruhmlose Niederlage des französischen Heeres im Siebenjährigen Krieg 1757 gegen preußische Kavallerie

Nr. 6

DIE EMSER DEPESCHE (13. Juli 1870)

a) Telegramm des Geheimrats Abeken an Bismarck.

Abeken begleitete den König während seines Kuraufenthalts als Vertreter des Auswärtigen Amtes.

S. M. der König schreibt mir:
„Graf Benedetti fing mich auf der Promenade ab, um auf zuletzt sehr zudringliche Art zu verlangen, ich sollte ihn autorisieren, sofort zu telegraphieren, daß ich für alle Zukunft mich verpflichte, niemals wieder meine Zustimmung zu geben, wenn die Hohenzollern auf ihre Kandidatur zurückkämen. Ich wies ihn, zuletzt etwas ernst, zurück, da man à tout jamais [für alle Zukunft] dergleichen Engagements nicht nehmen dürfe noch könne. Natürlich sagte ich ihm, daß ich noch nichts erhalten hätte und, da er über Paris und Madrid früher benachrichtigt sei als ich, er wohl einsähe, daß mein Gouvernement wiederum außer Spiel sei." S. M. hat seitdem ein Schreiben des Fürsten bekommen. Da S. M. dem Grafen Benedetti gesagt, daß er Nachricht vom Fürsten erwarte, hat Allerhöchstderselbe, mit Rücksicht auf die obige Zumutung, auf des Grafen Eulenburg und meinen Vortrag beschlossen, den Grafen Benedetti nicht mehr zu empfangen, sondern ihm nur durch seinen Adjutanten sagen zu lassen, daß S. M. jetzt vom Fürsten die Bestätigung der Nachricht erhalten, die Benedetti aus Paris schon gehabt, und dem Botschafter nichts weiter zu sagen habe.
S. M. stellt Ew. Exzellenz anheim, ob nicht die neue Forderung Benedettis und ihre Zurückweisung sogleich unseren Gesandten als in der Presse mitgeteilt werden sollte.

b) Bismarcks Redaktion.
Bismarck, G. W., Bd. 6 b, S. 371

Nachdem die Nachrichten von der Entsagung des Prinzen von Hohenzollern der Kaiserlich französischen Regierung von der Königlich spanischen amtlich mitgeteilt worden sind, hat der französische Botschafter in Ems an S. M. den König noch die Forderung gestellt, ihn zu autorisieren, daß er nach Paris telegraphiere, daß S. M. der König sich für alle Zukunft verpflichte, niemals wieder seine Zustimmung zu geben, wenn die Hohenzollern auf ihre Kandidatur zurückkommen sollten.

S. M. hat es darauf abgelehnt, den französischen Botschafter nochmals zu empfangen, und demselben durch den Adjutanten vom Dienst sagen lassen, daß S. M. dem Botschafter nichts weiter mitzuteilen habe.

Nr. 7

Eugen Lemberg: GESCHICHTE DES NATIONALISMUS
IN EUROPA — NATIONALISMUS IN FRANKREICH
NACH 1871

Form und Verlauf dieser Aufgipfelung des Nationalismus zeichnet
auch jetzt wieder Frankreich vor. Hier ist das Erlebnis der Niederlage von 1870/71 entscheidend geworden. Was sich hier vollzieht,
ist die natürliche Reaktion eines zum modernen nationalen Be-
wußtseins erwachten Volkes: es findet sich mit der Niederlage einfach nicht ab.

Diese Niederlage kann nicht im eigenen Versagen begründet sein,
sie ist von außen oder durch Verrat zustande gekommen. An sich
hätte man den Sieg erringen müssen. Es ist dann leicht, einem solchen Volke Verhärtung und Verstocktheit vorzuwerfen. In Wirklichkeit gibt es kaum eine andere Rettung für das in Krise gestürzte
und doch so lebensnotwendige Selbstbewußtsein.

Verschieden sind die Antworten, die die französische Nation auf
ihren Zusammenbruch von 1870 gibt. Zunächst ist überall eine
neue Betonung der zivilisatorischen Mission Frankreichs zu bemer-
ken. Aus dem Zusammenbruch Napoleons I. war dieser Gedanke
zum erstenmal aufgestiegen. Mag Frankreich auch politisch und
militärisch unterlegen sein, es marschiert doch an der Spitze der Zivilisation der Welt, es ist darin die Lehrmeisterin der Völker.

Dann aber wird die Antwort konkreter. Es kann nicht alles so wei-
tergehen wie bisher. Eine Selbstbesinnung, eine Umkehr ist nötig.
Was bisher der französischen Nation, ihrer Politik und ihrem Geist
das Gepräge gab, hat sich als falsch erwiesen: der Individualismus,
der Rationalismus des Aufklärungszeitalters, die Demokratie, die
Ideen der französischen Revolution. Man muß Frankreich aus den
Kraftquellen der Zeit erneuern, in der es alles das noch nicht gegeben hat: zurück also zur großen Epoche des fränkischen, des ritter-
lichen und königlichen Frankreich. Diese Wendung vollzieht eben
Hippolyte Taine mit dem schon erwähnten klassischen Werk über
die Ursprünge des zeitgenössischen Frankreich.

Eine andere Antwort gibt Paul Déroulède: An der Niederlage ist
die Feigheit des Regimes, der Mangel an patriotischer Leidenschaft
schuld. Die Nation muß zu dieser patriotischen Leidenschaft erzo-
gen werden. So gründet Déroulède 1882 die Patriotenliga, an deren

Spitze die glanzvollsten Namen des damaligen Frankreich zu sehen sind. Er entwickelt in einer Reihe nationaler Feste einen Kult großer Symbole, wie der Jungfrau von Orleans, er propagiert den Revanchegedanken mit allen Mitteln, etwa mit einer verschleierten Statue, die das verlorene Straßburg symbolisiert.

Da die dritte Republik trotz aller Propaganda nicht losschlägt, wird sie als feig kompromittiert. Ein neues Regime muß kommen, ein starker Mann, der den leidenschaftlichen Wunsch der Nation zur Tat zusammenrafft. Im General Boulanger scheinen Déroulède und viele andere diesen Mann gefunden zu haben. 1888 steht er an der Schwelle zur Macht, um 1889 kläglich zu versagen. Er ist doch nicht der Kerl, der bei den Deutschen in der gleichen Situation Adolf Hitler werden sollte.

Eine weitere Antwort auf die Niederlage ist der Ruf nach der Reinigung der irgendwie verfälschten und verderbten Nation. Ein Sündenbock, ein Popanz ist notwendig, auf den sich die Leidenschaft eines in Krise geratenen Volkes konzentrieren kann, die Verkörperung des Bösen, das an allem schuld ist. Und auch hier, wie bei den späteren Deutschen, ist es das fremde Element im eigenen Volke, das diese Rolle übernehmen muß: die Juden. So wird die lange vorher konzipierte Rassenlehre Gobineaus plötzlich ungeheuer populär. Gustave Le Bon, der den Krieg 1870/71 als Militärarzt mitgemacht hat, schreibt seine berühmt gewordene „Psychologie der Massen" und verkündet darin darwinistische Auffassungen. Es gibt Nationen und Rassen von verschiedenen Werten. Die Minderwertigen bedeuten für die Wertvollen eine Gefahr. Diese Klassifizierung der Nationen bringt Vacher de Lapouge in ein System, das für alle künftigen Rassentheorien grundlegend geworden ist. 1886 schreibt Edouard Drumont sein leidenschaftliches Buch „La France juive", das klassische Buch des französischen Antisemitismus. Er sieht die Judenfrage als eine internationale Angelegenheit und verlangt die Bekämpfung der Juden durch alle Völker. Damit ist der Auftakt zur ungeheuren Erregung gegeben, die sich im darauffolgenden Jahrzehnt in der Dreyfus-Affäre entladen und die ganze französische Nation bis in ihre Grundfesten erschüttern sollte.

In diesem französischen Antisemitismus spielt Maurice Barrès eine Rolle, der dem modernen französischen Nationalismus ein neues wesentliches Element hinzufügt, die Mystik. Wir haben seine Grundhaltung in anderen Zusammenhängen gekennzeichnet. In seiner Trilogie „Le Roman de l'energie nationale" (1897—1903) überwindet er seinen leidenschaftlichen Ichkult und setzt die Nation als die dem Ich überlegene nächsthöhere Ordnung absolut. Seine Essays „Scènes et doctrines du nationalisme" (1902) suchen ein theoretisches System des Nationalismus zu entwickeln. Die Erde und die Toten sind die bestimmenden Mächte, denen sich niemand entziehen kann. Ihnen untreu geworden sein, ist die Schuld Frankreichs und die Ursache seiner Niederlage. Aus ihnen muß es erneuert werden.

Damit ist die Richtung auf ein bestimmtes, konservatives Geschichtsbild eingeschlagen, das dann Charles Maurras entwickelt. Das königliche, das katholische Frankreich vor der Revolution ist die Quelle der Erneuerung. Eine Bewegung, die Action Française, soll diese Erneuerung durchführen. Militärische Formationen sollen den verführten und widerstrebenden Teil der Nation, wenn es sein muß mit Gewalt, gewinnen. Der spätere deutsche Nationalsozialismus, der Faschismus, ähnliche Bewegungen des 20. Jahrhunderts sind hier in allen Einzelheiten vorgezeichnet. Symbole und Parolen, die hemmungslose Leidenschaft in der Bekämpfung der Gegner, die Verachtung aller bisher geltenden Spielregeln des Liberalismus und seiner Gesellschaft sind für diese Bewegung so kennzeichnend wie für alle jene anderen Bewegungen, die um die Jahrhundertwende gegen den Liberalismus aufmarschieren. Wer verkennt, daß die Entwicklung des deutschen Nationalismus diesem französischen Nationalismus bis in viele Einzelheiten entspricht?

Nr. 8

HISTORISCHE GRÜNDE FÜR DIE GEWINNUNG GUT BE-
FESTIGTER GRENZEN

*Aus dem Erlaß Bismarcks an den Botschafter in London, Graf von
Bernstorff, vom 21. August 1870.*

... Wir stehen heute im Felde gegen den 12. oder 15. Überfall und
Eroberungskrieg, den Frankreich seit 200 Jahren gegen Deutschland ausführt. 1814 und 1815 suchte man Bürgschaften gegen Wiederholung dieser Friedensstörungen in der schonenden Behandlung Frankreichs. Die Gefahr liegt aber in der unheilbaren Herrsch-
sucht und Anmaßung, welche dem französischen Volkscharakter
eigen ist und sich von jedem Herrscher des Landes zum Angriff auf
friedliche Nachbarstaaten mißbrauen läßt. Gegen dieses Übel liegt
unser Schutz nicht in dem unfruchtbaren Versuche, die Empfindlichkeit der Franzosen momentan abzuschwächen, sondern in der
Gewinnung gut befestigter Grenzen für uns. Wir müssen dem
Druck ein Ende machen, den Frankreich seit zwei Jahrhunderten
auf das ihm schutzlos preisgegebene Süddeutschland ausübt, und
der ein wesentlicher Hebel für die Zerrüttung der deutschen Verhältnisse geworden ist. Frankreich hat sich durch die konsequent
fortgesetzte Aneignung deutschen Landes und aller natürlichen
Schutzwehren desselben in den Stand gesetzt, zu jeder Zeit mit einer verhältnismäßig kleinen Armee in das Herz von Süddeutschland vorzudringen, ehe eine breite Hilfe da sein kann. Seit Ludwig
XIV., unter ihm, unter der Republik, unter dem ersten Kaiserreich
haben sich diese Einfälle immer und immer wiederholt; und das
Gefühl der Unsicherheit, welches sie zurückgelassen, und die
Furcht vor einer Wiederholung dieses Schrecknisses zwingt die
süddeutschen Staaten, den Blick stets auf Frankreich gerichtet zu
halten. Wir können nicht immer auf eine außerordentliche Erhe-
bung des Volkes rechnen und der Nation nicht ansinnen, stets das
Opfer so starker Rüstung zu tragen. Wenn die Entwaffnungstheorie
in England ehrliche Anhänger hat, so müssen dieselben wünschen,
daß die nächsten Nachbarn Frankreichs gegen diesen alleinigen
Friedensstörer Europas mehr als bisher gesichert werden. Daß in
den Franzosen dadurch eine Bitterkeit geweckt werde, kann da-

gegen nicht in Betracht kommen. Diese Bitterkeit wird ganz in demselben Maße stattfinden, wenn sie *ohne* Landabtretung aus dem Kriege herauskommen. Wir haben Österreich, wesentlich mit aus jener Rücksicht, keine Gebietsabtretungen angesonnen, haben wir irgendeinen Dank davon gehabt? Schon unser Sieg bei *Sadowa* hat Bitterkeit in den *Franzosen* geweckt; wieviel mehr wird es unser Sieg über sie selbst tun! Rache für Metz, für Wörth wird auch ohne Landabtretung länger das Kriegsgeschrei bleiben als Revanche für Sadowa und Waterloo! Die einzig richtige Politik ist unter solchen Umständen, einen Feind, den man nicht zum aufrichtigen Freunde gewinnen *kann*, wenigstens etwas unschädlicher zu machen und uns mehr gegen ihn zu sichern, wozu nicht die Schleifung seiner uns bedrohenden Festungen, sondern nur die Abtretung einiger derselben genügt ...

Nr. 9

Rede Viktor Hugos am 1.3.1871 in der französischen Nationalversammlung in Bordeaux, bei der Beratung über den Vorfriedensvertrag von Versailles.

„Von morgen an wird Frankreich nur noch einen Gedanken haben: sich zu sammeln, . . . wieder zu Kräften kommen, die Kinder erziehen; diese Kleinen, die einst groß werden, mit heiligem Zorn nähren; Kanonen schmieden und Bürger heranziehen; eine Volksarmee schaffen, die Wissenschaften zur Unterstützung des Krieges herbeirufen; das preußische Verfahren erforschen, wie Rom das punische Verfahren erforscht hat; sich festigen, sich stärken, sich erneuern, wieder das große Frankreich werden, das Frankreich von 1792, das Frankreich der Idee, das Frankreich des Schwertes. Und dann wird Frankreich eines Tages plötzlich sich erheben zu furchtbarer Größe. Mit einem Sprung wird es Lothringen, wird es das Elsaß wieder an sich reißen! Ist das alles?
Nein und abermals nein! Es wird Trier, Mainz, Köln, Koblenz nehmen, . . . das ganze linke Rheinufer!"

Nr. 10

DER FRANZÖSISCH-RUSSISCHE ZWEIBUND

Stieve, S. 180 ff.

Aus dem Entwurf des Militärabkommens vom August 1892.

Der Text dieses Entwurfs wurde rechtskräftig durch einen Notenaustausch zwischen dem russischen Außenminister Giers und dem französischen Botschafter in Petersburg, Montebello, vom 15./27. Dezember 1892 (russische Note) und vom 23. Dezember 1892/4. Januar 1893 (französische Note).

Frankreich und Rußland, von dem gleichen Wunsche beseelt, den Frieden zu erhalten und kein anderes Ziel verfolgend, als Maßnahmen zu einem Verteidigungskriege vorzubereiten, der durch einen Angriff der Streitkräfte des Dreibundes hervorgerufen werden könnte, haben folgendes vereinbart:

1. Falls Frankreich von Deutschland oder von Italien mit Deutschlands Unterstützung angegriffen wird, wird Rußland alle seine verfügbaren Kräfte für einen Angriff auf Deutschland einsetzen. Falls Rußland von Deutschland oder von Österreich mit Unterstützung Deutschlands angegriffen wird, wird Frankreich alle seine verfügbaren Kräfte zum Kampf gegen Deutschland einsetzen.

2. Falls der Dreibund oder eine der an ihm beteiligten Mächte etwa mobil machen sollten, werden auch Frankreich und Rußland auf die erste Kunde von diesem Ereignis, ohne daß noch besonders eine vorhergehende Verständigung nötig ist, sofort gemeinsam ihre gesamten Streitkräfte mobil machen und so nahe wie möglich an die Grenze werfen.

3. Die gegen Deutschland verfügbaren Streitkräfte werden auf französischer Seite 1 300 000 Mann, auf russischer Seite 700 000 bis 800 000 Mann betragen. Diese Streitkräfte werden mit Nachdruck und aller Schnelligkeit derart vorgehen, daß Deutschland zugleich sowohl nach Osten wie nach Westen hin zu kämpfen hat.

4. Die Generalstäbe der Armeen der beiden Länder werden jederzeit Fühlung miteinander halten, um die Ausführung dieser vorgesehenen Maßnahmen vorzubereiten und zu erleichtern. Sie werden sich schon in Friedenszeiten alles gegenseitig mitteilen, was über die Armeen des Dreibundes zu ihrer Kenntnis gelangt ist und gelangen wird. Es sollen ferner die Mittel und Wege gegenseitiger Benachrichtigung in Kriegszeiten studiert und vorbereitet werden.

5. Frankreich und Rußland werden keinen Separatfrieden schließen.

6. Diese Konvention soll so lange dauern wie der Dreibund.

7. Alle diese Bestimmungen sollen auf das strengste geheimgehalten werden.

Nr. 11

Max Weber: Gesammelte politische Schriften

„Bemerkungen zum Bericht der Kommission der Alliierten und Assozierten Regierungen über die Verantwortlichkeit der Urheber des Krieges" (die sogenannte Professorendenkschrift — Das deutsche Weißbuch über die Schuld am Kriege — 1919; S. 56—58).

„Noch weniger Unklarheit konnte über die Tragweite der russischen Mobilmachung bestehen, hatte doch General Boisdeferre am 18.8.1892, am Tage nach dem Abschluß der französisch-russischen Militärkonvention dem Zaren auseinandergesetzt, daß die Mobilmachung soviel sei, wie die Kriegserklärung. (3. französisches Gelbbuch Nr. 71)
Das Bewußtsein der Bedenklichkeit dieser Maßnahme war es dann wohl auch, wodurch die französische Regierung veranlaßt wurde, die russische Mobilmachung tunlichst lange geheimzuhalten. Noch am 31.7.1914 um 19.00 Uhr Petersburger Zeit erklärte der französische Außenminister dem deutschen Botschafter, „über eine angebliche Totalmobilisierung der russischen Armee und Flotte in keiner Weise unterrichtet zu sein", (Gelbbuch Nr. 147) obwohl der am frühen Morgen in Petersburg öffentlich angeschlagene Befehl doch keinem der dortigen Diplomaten hatte verborgen bleiben können."

Nr. 12

Max Weber: Gesammelte politische Schriften

In einem Artikel zum Thema der „Kriegsschuld", erschienen in der Frankfurter Zeitung am 17.1.1919, äußerte sich Max Weber zum Verhalten der französischen Politik von 1918 und 1919.

„Artikel 2 eines künftigen Kriegsvölkerrechtsstatutes des zu schaffenden Völkerbundes hätte zu lauten: Ein Staat, der bei Kriegsausbruch auf die Anfrage, ob er neutral bleiben werde, keine deutliche Erklärung abgibt, verfällt dem internationalen Verruf. — So verhielt sich Frankreich. Da ihm damals seine Ehre die Innehaltung des nun einmal bestehenden Bündnisses mit Rußland gebot, verbietet ihm jetzt doch wohl die Würde, in der Rolle des unvermutet Überfallenen zu erscheinen."

Nr. 13

KRIEGSZIELE DER KÄMPFENDEN
ABKOMMEN ÜBER KONSTANTINOPEL UND DIE
MEERENGEN:

Russisches Memorandum vom März 1915 (1)

Am 4. März 1915 hat der Minister des Auswärtigen den französischen und englischen Botschaftern eine Denkschrift überreicht, in der Rußlands Wünsche bezüglich der Einverleibung folgender Gebiete als Ergebnis des jetzigen Krieges dargelegt sind: Die Stadt Konstantinopel, die Westküste des Bosporus, des Marmara-Meeres und der Dardanellen, Süd-Thrazien bis zur Linie Enos-Midia, die Küste Kleinasiens zwischen dem Bosporus, dem Flusse Sakaria und einem später zu bestimmenden Punkte des Golfes von Ismid; die Inseln des Marmara-Meeres und die Inseln Imbros und Tenedos. Die Sonderrechte Frankreichs und Englands in den Grenzen der erwähnten Gebiete würden unangetastet bleiben.

Sowohl die französische wie die englische Regierung haben ihr Einverständnis mit der Befriedigung unserer Wünsche ausgesprochen
. . .

VERSPRECHUNGEN DER ALLIIERTEN AN ITALIEN

Aus dem Vertrage Italiens mit den Verbandsmächten vom 26.IV.1915.

§ 4 Bei dem kommenden Friedensschluß soll Italien erhalten: Das Gebiet des Trentino, ganz Süd-Tirol bis zu seiner natürlichen geographischen Grenze, als welche der Brenner anzusehen ist; Stadt und Gebiet von Triest, die Grafschaften Görz und Gradiska; ganz Istrien . . .

§ 5 In gleicher Weise erhält Italien die Provinz Dalmatien in ihrer jetzigen Gestalt . . .

§ 7 . . . Italien wird das Recht in Aussicht gestellt, die äußeren Beziehungen Albaniens zu leiten . . .

§8 Italien erhält zu vollem Eigentum alle von ihm jetzt besetzten Inseln des Dodekanes . . .

---

(1) Vgl. Dok. 77.

KRIEGSZIELPROGRAMM DEUTSCHER WIRTSCHAFTS-VERBÄNDE

Aus einer Petition von sechs Wirtschaftsverbänden (2) *an den Reichskanzler vom 20.V.1915.*

... Neben der Forderung eines Kolonialreiches, das den vielseitigen wirtschaftlichen Interessen Deutschlands voll genügt, neben der Sicherung unserer zoll- und handelspolitischen Zukunft und der Erlangung einer ausreichenden, in zweckmäßiger Form gewährten Kriegsentschädigung sehen sie [die unterzeichneten sechs Wirtschaftsverbände] das Hauptziel des uns aufgedrängten Kampfes in einer Sicherung und Verbesserung der europäischen Daseinsgrundlage des Deutschen Reiches nach folgenden Richtungen: Belgien muß ... militär- und zollpolitisch, sowie hinsichtlich des Münz-, Bank- und Postwesens, der deutschen Reichsgesetzgebung unterstellt werden. Eisenbahnen und Wasserstraßen sind unserem Verkehrswesen einzugliedern. Im übrigen müssen Regierung und Verwaltung des Landes ... so geführt werden, daß die Bewohner keinen Einfluß auf die politischen Geschicke des Deutschen Reiches erlangen.
Was Frankreich anbetrifft, so muß ... der Besitz des an Belgien grenzenden Küstengebietes bis etwa zur Somme und damit der Ausweg zum Atlantischen Ozean als eine Lebensfrage für unsere künftige Seegeltung betrachtet werden. Das hierbei mit zu erwerbende Hinterland muß so bemessen werden, daß wirtschaftlich und strategisch die volle Ausnutzung der gewonnenen Kanalhäfen gesichert ist. Jeder weitere französische Landerwerb hat, abgesehen von der notwendigen Angliederung der Erzgebiete von Briey, ausschließlich nach militärstrategischen Erwägungen zu geschehen ...
Die Notwendigkeit, auch die gesunde landwirtschaftliche Grundlage unserer Volkswirtschaft zu stärken, eine großangelegte deutsche ländliche Besiedlung sowie die Zurückführung der im Auslande, namentlich in Rußland, lebenden und jetzt entrechteten deutschen Bauern in das deutsche Reichs- und Wirtschaftsgebiet zu ermöglichen und unsere wehrkräftige Volkszahl stark zu erhöhen, fordert eine erhebliche Erweiterung der Reichs- und preußischen Grenzen gegen Osten durch Angliederung mindestens von Teilen der Ostseeprovinzen und der südlich davon liegenden Gebiete unter Berück-

---

(2) Die unterzeichneten Wirtschaftsverbände waren: Bund der Landwirte, Deutscher Bauernbund, Westfälischer Bauernverein, Centralverband deutscher Industrieller, Bund der Industriellen, Reichsdeutscher Mittelstandsverband.

sichtigung des Zieles, unsere östliche deutsche Grenze militärisch verteidigungsfähig zu gestalten . . .

. . . Die Kriegsentschädigung von seiten Rußlands wird in großem Umfange in der Übereignung von Land bestehen müssen . . .

. . . „BIS AN DIE ÄUSSERSTE GRENZE DES ERREICHBAREN" . . .

Aus der vertraulichen Denkschrift deutscher Hochschullehrer und Beamter an Reichskanzler v. Bethmann Hollweg vom 20.VI.1915 (3)

. . . Bis an die äußerste Grenze des Erreichbaren sollen die mit so großen Opfern erzielten militärischen Ergebnisse dieses Krieges ausgenutzt werden. Das ist — wir wiederholen es — der feste Wille des deutschen Volkes . . .

Mit der französischen Gefahr wollen wir, nach Jahrhunderten französischer Bedrohung und nach einem von 1815 bis 1870 und von 1871 bis 1915 während Revanchegeschrei, ein für allemal aufräumen . . .

Dazu ist nach unserer Überzeugung eine durchgreifende Verbesserung unserer ganzen Westfront von Belfort bis zur Küste erforderlich.

Einen Teil der nordfranzösischen Kanalküste müssen wir möglichst erobern, um England gegenüber strategisch gesicherter zu sein und einen besseren Zugang zum Weltmeer zu gewinnen.

Damit das Deutsche Reich durch diese Grenzverschiebung bei räumlicher Bereicherung keine innere Beeinträchtigung erleide, sind besondere Maßnahmen zu treffen . . . Dem von uns übernommenen Teil der Bevölkerung ist durchaus kein Einfluß im Reiche einzuräumen.

Es ist ferner notwendig, Frankreich (und zwar Frankreich unter unseren Gegnern wohl in erster Linie), wie furchtbar es durch eigene

---

(3) Diese sogenannte „Professoreneingabe" wurde am 20. Juni 1915 von einer Versammlung von Professoren, Beamten und Wirtschaftsführern im Berliner Künstlerhaus angenommen. Die Denkschrift war u. a. von 352 Hochschullehrern, 148 Richtern und Rechtsanwälten, 158 Geistlichen, 145 höheren Verwaltungsbeamten, Bürgermeistern und Stadtverordneten, 40 Parlamentariern, 182 Industriellen und Finanzleuten, 18 aktiven Generälen und Admiralen, 52 Landwirten und 252 Künstlern, Schriftstellern und Verlagsbuchhändlern unterzeichnet; insgesamt fand sie 1347 Unterschriften. Der Ursprung der Schrift, die dem Reichskanzler am 8. Juli 1915 übermittelt wurde, geht auf bremische Handelskreise zurück. Bethmann-Hollweg lehnte eine Stellungnahme ab, da er eine ins einzelne gehende Erörterung der Kriegsziele in einem größeren Kreise für verfrüht und schädlich hielt. Die Historiker Hintze, Oncken und Meinecke hatten ihre Unterschriften zurückgezogen (Anm. Michaelis/Schraepler).

Torheit und britische Selbstsucht finanziell auch bereits hat bluten müssen, schonungslos eine hohe Kriegsentschädigung aufzuerlegen . . .

Belgien, das mit so viel edelstem deutschen Blut erworbene, müssen wir, was immer für Gründe auch sonst dagegen sprechen möchten, politisch, militärisch und wirtschaftlich fest in der Hand behalten.

. . . Das Maß der Vorschiebung unserer Ostgrenze wird von der militärischen Lage abhängen und insbesondere auch unter strategischen Gesichtspunkten zu bestimmen sein . . . Als Grenzwall und Grundlage zur Wahrung unseres Volkswachstums fordern wir Siedlungsland von Rußland . . .

. . . wir wollen doch keinen Augenblick vergessen, daß dieser Krieg nach seinem letzten Ursprung der Krieg Englands gegen die weltwirtschaftliche, die See- und Überseegeltung Deutschlands ist.

Dieses Motiv von Englands Krieg und Gegnerschaft gibt uns ihm gegenüber das Kriegsziel. Es heißt: Durchsetzung in der Weltwirtschaft, Durchsetzung der deutschen See- und Überseegeltung gegen England . . .

. . . Weiter gilt es, die rings um den Erdball laufende Kette der maritimen Stützpunkte Englands zu sprengen oder durch entsprechenden Erwerb deutscher Stützpunkte zu erschüttern. Ägypten . . . ist nach Bismarcks Wort das Genick des englischen Weltreichs, es ist die Klammer, mit der England Abend- und Morgenland unter seine Willkür zwingt. Dort ist England in seinem Lebensnerv zu treffen . . .

Was endlich die Kriegsentschädigung anlangt, so wünschen wir natürlich möglichst eine solche, welche die staatlichen Kosten des Krieges ersetzt, den Wiederaufbau in Ostpreußen und im Elsaß ermöglicht, die Bildung eines Pensionsfonds für die Invaliden und Hinterbliebenen gewährleistet, die Privaten für widerrechtliche Verluste entschädigt und die Wiederherstellung und den Ausbau unserer Rüstung gestattet . . .

SPD GEGEN EROBERUNGSPLÄNE

Eingabe des Partei- und Fraktionsvorstandes der Sozialdemokratischen Partei an Reichskanzler v. Bethmann Hollweg vom 25.VI.1915.

. . . Angesichts jener immer deutlicher hervortretenden Bestrebungen, dem Kriege den Charakter eines Eroberungskrieges zu geben, halten wir es für unsere Pflicht, auch an das zu erinnern, was wir in jener Sitzung zum Kriegsbeginn sagten: Wir wollen einen Frieden, der die Freundschaft mit den Nachbarvölkern ermöglicht. Dabei leitete uns in erster Linie das Interesse unseres eigenen Volkes; denn nur ein solcher Frieden trägt die Gewähr einer dauernden Sicherung für uns selbst in sich.

Gerade der Gedanke, daß der Krieg zur Abwehr der Feinde und nicht zum Zwecke einer Eroberung geführt werde, hat die Opferfreudigkeit erweckt, die von aller Welt bewundert wird.

... Schon die Propagandierung der Eroberungspläne peitscht die Gegner Deutschlands zur Fortführung des Kampfes auf und trägt in unheilvoller Weise zur Verlängerung des Krieges bei. Wissen wir doch, daß die in den feindlichen Ländern verkündeten Eroberungspläne auch unsere Widerstandskraft bestärkten.

Jede gewaltsame Antastung der Selbständigkeit und Unabhängigkeit eines Volkes enthält den Keim neuer kriegerischer Verwicklungen, birgt in sich die Voraussetzungen für eine dem Deutschen Reiche gefährliche Koalition von Gegnern ...

Die Behauptung, daß das Deutsche Reich für seine wirtschaftliche Existenz Gebietserwerbungen im Osten und Westen brauche, wird durch den glänzenden wirtschaftlichen Aufschwung widerlegt, den wir innerhalb der bisherigen Reichsgrenzen erlebt haben ...

Jeder Versuch, Belgien zu vergewaltigen, in welcher Form es auch immer sei, würde die Auflösung der Koalition gegen uns, was doch ein Hauptziel sein muß, ganz unmöglich machen. Die Annexion Belgiens würde Deutschland isolieren, die Koalition gegen uns noch verschärfen und erweitern. Nicht noch mehr Feindschaften, sondern mehr Sympathien muß uns der Frieden bringen ...

Eugen Lemberg: GESCHICHTE DES NATIONALISMUS
IN EUROPA — NATIONALISMUS IN DEUTSCHLAND
NACH 1918

Nun kommt 1918 die wirkliche Niederlage der ganzen Nation. Nun vollzieht sich die Entwicklung im gleichen Sinne wie in Frankreich nach 1871.

Auch hier ist die erste Regung, die Niederlage nicht anzuerkennen. Wäre es gerecht zugegangen, wäre nicht Verrat am Werke gewesen, so hätten die Deutschen siegen müssen. Die Dolchstoßlegende ist die Reaktion eines geschlagenen Volkes auf seine Niederlage. Es geht wie in Frankreich nach 1871 und in allen ähnlichen Situationen der Weltgeschichte um die Rettung des Selbstbewußtseins.

Die erste positive Antwort auf die Niederlage ist auch hier der Versuch, den politischen Zusammenbruch durch die Betonung der kulturellen Sendung zu kompensieren. Nie ist so viel von der kulturellen Sendung der Deutschen besonders im Ostraum gesprochen und geschrieben worden, nie so leidenschaftlich der deutsche Kulturbegriff gegen den französischen Zivilisationsbegriff abgegrenzt worden, wie damals nach dem Ersten Weltkrieg.

Eine weitere Antwort ist — wieder wie in Frankreich — der Ruf nach einer Revision der bisherigen Entwicklung. Was könnten die Deutschen nicht alles in der Welt bedeuten, wenn sie sich nicht durch ihre ewige Zwietracht selbst die Möglichkeiten verbauten! Der stereotype Ruf von Völkern, die sich in einer Krise befinden und darum kein ausgeglichenes und ruhiges nationales Selbstbewußtsein haben, ertönt nun auch hier: der Kampfruf gegen die deutsche Zwietracht. Früher war es der Partikularismus der Fürsten und Länder, was Deutschland hinderte, seine ganze Macht zu entfalten. Jetzt sind es die Parteien, die die Rolle der Partikularisten übernehmen und das Hindernis der deutschen Einheit und Größe zu sein scheinen. Stärker als je zuvor erwacht die Sehnsucht nach einer Wiedergeburt durch einheitliche und straffe Führung, der Wunsch nach einheitlichen Symbolen, der Ruf nach dem starken Mann, der das sonst so zerrissene Volk unter einer Fahne einigt. Zunächst ist es Hindenburg, der Symbol und Träger dieser Einheit zu sein scheint.

Aber auch das Verlangen nach Reinigung muß sich bei den Deutschen erheben. Nun war offenbar geworden, wovon vor dem ersten Weltkrieg nur einzelne Mahner und Warner gesprochen hatten: die weit fortgeschrittene innere Zersetzung und Überfremdung der deutschen Nation, die dadurch krank und gefährdet und einer Entfaltung ihrer Eigenart und Macht unfähig geworden schien. Wie überall in ähnlichen Situationen wurde die Niederlage und Krise der Einwirkung fremder Elemente zugeschrieben. Man brauchte einen Sündenbock, einen populären Gegner, einen Popanz. So wurde auch bei den Deutschen nunmehr die Rassenlehre populär wie nie zuvor. Bei allen Völkern Europas war ja nun eine breite, mehr oder weniger wissenschaftliche Literatur mit der Entwicklung und Ausdeutung der Rassenlehre beschäftigt. In Deutschland hatten Richard Wagner und Treitschke in diese Richtung gewiesen. Das Buch von H. Stewart Chamberlain „Die Grundlagen des 19. Jahrhunderts" erlangte nunmehr eine unerhörte Popularität. Das politische und kulturelle Leben in der Weimarer Republik schien die dort entwickelten Thesen zu beweisen. Juden standen überall an führender Stelle. Mochten sie noch so wesentliche Verdienste um die deutsche Wirtschaft und Politik erworben haben, ihre Verdienste wurden nicht anerkannt, das Verderben, die Niederlage, die Zersetzung wurde ihnen zugeschrieben. So konnte der Antisemitismus in Deutschland zu den ungeheuerlichen Auswirkungen führen, die er dann im Nationalsozialismus gezeitigt hat.

Wie in Frankreich, so hat auch unter den Deutschen die Wiedergeburt einer Mystik auf die Niederlage geantwortet. Mehr als anderswo mußten ja die irrationalen Mächte, einmal irgendwo von Menschen wieder verstanden, unter den Deutschen ihre Heimat finden. Jetzt, in der Krise, schienen die Deutschen wieder zu ihren Vertretern und Vorkämpfern in der Welt werden zu sollen. Die Jugendbewegung führte sie mit sich. Sie stieg in die Tiefen der Volksgeschichte, da sie den Staat als mechanisch empfand. Sie erneuerte die Kräfte des Volkstums, des Blutes und des Bodens. In verschiedenen Bereichen vollzog sich das gleiche. Eine religiöse Erneuerung führte das christliche Mittelalter wieder herauf. Der Reichsgedanke schien einer Anknüpfung und Erneuerung wert. Selbst im vorchristlichen Heidentum schienen sich Quellen der sittlichen und politischen Erneuerung zu finden. Das Streben nach Erneuerung und Wiedergeburt war überall lebendig.

. . . Schließlich mußte sich als Antwort auf die Krise von 1918 auch ein bestimmtes Geschichtsbild entwickeln. Das Wesentliche dabei lag nicht so sehr darin, daß man nun die deutschen geschichtlichen Leistungen rühmte, daß alles Wertvolle in der Welt von Deutschen getan und erfunden sein mußte, daß man bestrebt war, die bisherige Verkennung der deutschen Leistungen in der Weltgeschichte zu überwinden, die heranwachsende Generation darauf stolz zu machen.

Kennzeichnender für den neuen Nationalismus ist ein bestimmt umrissenes Geschichtsbild, das nur eine Auswahl von Eigenschaften und Leistungen der Deutschen aus ihrer Geschichte herausschält und durch die Jahrhunderte verfolgt. Bestimmte andere Leistungen fallen dabei aus dem Geschichtsbild heraus, werden unterdrückt, verleugnet, als volksfremd empfunden und bekämpft. Was da vor sich geht, ist eine Verengung des Volksbegriffes, die für eine solche Übersteigerung des Nationalismus überall kennzeichnend ist. Man unterscheidet echte Deutsche und unechte, wie gute Franzosen und solche, die eigentlich nicht dazu gehören.

Nr. 15

Max Weber: WAFFENSTILLSTAND UND FRIEDEN (1)

Die größte, und dabei von dem guten Willen der deutschen Regierung ganz unabhängige Schwierigkeit der Situation dürfte jetzt in folgendem liegen: An Präsident Wilsons Aufrichtigkeit war und ist bei Verständigen in Deutschland kein Zweifel. Es scheint aber, er übersieht folgendes nicht genügend: wird seinem Begehren, daß die deutsche Regierung solche Waffenstillstandsbedingungen annehmen soll, die einen weiteren militärischen Widerstand unmöglich machen, Folge geleistet, so würde damit nicht etwa nur Deutschland, sondern im weitesten Maße *auch er selbst* aus der Reihe der für die Friedensbedingungen maßgebenden Faktoren ausgeschaltet. Seine eigene Stellung als Schiedsrichter der Welt beruhte und beruht darauf und nur darauf, daß die deutsche Militärmacht mindestens so viel bedeutet, daß sie ohne die Mithilfe der amerikanischen Truppen keinesfalls zur Unterwerfung gezwungen werden kann. Würde dies anders, so gewinnen die unzweifelhaft vorhandenen absolut intransigenten Elemente in den Ländern der übrigen feindlichen Staaten die Oberhand und sind in der Lage, den Präsidenten mit höflichem Dank für seine bisherige Hilfe glatt beiseite zu schieben. *Seine Rolle wäre ausgespielt,* es sei denn, daß er sich zum Kriege gegen seine derzeitigen Bundesgenossen entschlösse. Diesen Sachverhalt hätte sich auch die deutsche Regierung gegenwärtig halten sollen. So wünschenswert eine Waffenruhe im Interesse der Vermeidung unnützen Blutvergießens war und ist, so wäre es sicherlich richtiger gewesen, das Waffenstillstandsangebot nicht derart in den Vordergrund der Erörterungen zu rücken, wie es tatsächlich geschehen ist. Friedensverhandlungen konnten und können auch ohne Waffenstillstand stattfinden, falls die Gegner auf Fortsetzung der Schlächterei bestehen.

---

(1) Frankfurter Zeitung vom 27. Oktober 1918

Nr. 16

Max Weber: WELCHES SIND DIE NEUEN AUFGABEN?

Aus einem Artikel „Deutschlands künftige Staatsform", erschienen in der Frankfurter Zeitung, Nov. 1918

1. Klarer Verzicht auf imperialistische Träume und also rein autonomistisches Nationalitätsideal: Sebstbestimmung aller deutschen Gebiete zur Einigung in einem unabhängigen Staat zu *rückhaltlos friedlicher* Pflege unserer Eigenart im Kreise des Völkerbunds. Nicht von uns allein hängt es ja ab, ob *nationaler Pazifismus* unsere dauernde Gesinnung bleiben kann. Werden, wie vor 1870, unserer Einigung (wenn und soweit die Deutschen, insbesondere die Österreicher, sie selbst wollen) Hindernisse bereitet, werden uns *außer* dem Elsaß, über dessen staatliches Schicksal wir, nachdem es dem alten Regime in 50 Jahren *nicht* gelang, dieses kerndeutsche Land uns innerlich zu gewinnen, diesen Frieden, der hoffentlich wenigstens seine Eigenart wahrt, als Schlußurteil eines langen Prozesses ehrlich akzeptieren wollen, deutsche Gebiete im Westen oder gar Osten abgenommen, werden uns über die Entschädigung Belgiens hinaus unter dem Vorwand von Schäden, welche aus der Tatsache des Kriegs als solcher und aus beiderseitigen Handlungen herrühren, Fron- und Schuldpflichten auferlegt, — dann wird, nach einer Epoche von bloßem Ermüdungspazifismus, jeder letzte Arbeiter, der das spürt, Chauvinist werden! Der Völkerhaß ist in Permanenz und die *deutsche Irredenta* mit all den dabei üblichen *revolutionären Mitteln der Selbstbestimmung* flammt auf. Gegen die Fremdherrschaft sind auch die Mittel der Spartakusleute recht, und die deutsche studierende Jugend hätte eine Aufgabe. Der Völkerbund wäre innerlich tot, daran könnten keine „Garantien" etwas ändern. Die englische Politik hätte sich einen Todfeind geschaffen, und Präsident Wilson wäre nicht der Friedensstifter der Welt, sondern der Stifter unendlicher Kämpfe.

Nr. 17

Zitiert nach: Karl Linnebach a.a.O., S. 19

„Ich lehne es ab, unsere Diplomatie von unseren Finanzen abhängig zu machen; ich weiß, daß eine finanzielle Wunde nicht tödlich ist. Wir gehen ganz einfach und ich fühle mich dabei sehr wohl — der dauernden Besetzung des linken Rheinufers entgegen. Mir für meinen Teil würde es weh tun, wenn Deutschland zahlt, denn dann müßten wir das Rheinland räumen und würden den Nutzen unserer Experimente verlieren, die wir unternehmen, um friedlich, aber mit der Waffe in der Hand die Bevölkerung am Ufer des Grenzflusses zu erobern.

Halten Sie es für besser, das Geld einzukassieren oder neues Gebiet zu erobern? Ich für meinen Teil ziehe die Besetzung und die Eroberung dem Geldeintreiben und den Reparationen vor. Daher werden Sie es verstehen, wenn wir eine starke Armee, einen Waffenpatriotismus brauchen, und daß das einzige Mittel, den Versailler Vertrag zu retten, darin besteht, es so zu arrangieren, daß unsere Gegner, die Besiegten, ihn nicht einhalten können."

Äußerungen Poincarés in einer vertraulichen Besprechung am 2.6.7.1922 mit mehreren namhaften französischen Journalisten.
Diese Äußerungen wurden in der Pariser Zeitung „Populaire" veröffentlicht.

Nr. 18

RUHRKAMPF UND REICHSKRISE IM HERBST 1923

NOTE FRANKREICHS UND BELGIENS ÜBER DIE
BESETZUNG DES RUHRGEBIETES VOM 10.1.1923

Auf Grund der von der Reparationskommission festgestellten, von
Deutschland begangenen Nichterfüllung in der Ausführung der
Programme der Reparationskommission hinsichtlich der Lieferung
von Holz und Kohle an Frankreich . . . hat die französische Regierung beschlossen, eine aus Ingenieuren bestehende und mit den er-
forderlichen Vollmachten zur Beaufsichtigung der Tätigkeit des
Kohlensyndikats versehene Kontrollkommission ins Ruhrgebiet zu
entsenden, um . . . alle für die Bezahlung der Reparationen erfor-
derlichen Maßregeln zu ergreifen . . . Die italienische Regierung
hat gleichfalls beschlossen, die italienischen Ingenieure an dieser
Mission teilnehmen zu lassen.
Die französische Regierung legt Wert darauf zu erklären, daß sie
gegenwärtig nicht daran denkt, zu einer militärischen Operation
oder zu einer Besetzung politischer Art zu schreiten. Sie entsendet
einfach ins Ruhrgebiet eine Mission von Ingenieuren und Beamten,
deren Ziel deutlich umschrieben ist. Sie muß dafür sorgen, daß
Deutschland die im Vertrag von Versailles enthaltenen Verpflichtungen achtet. Sie läßt ins Ruhrgebiet nur die zum Schutze der Mission und zur Sicherstellung der Ausführung ihres Auftrages erfor-
derlichen Truppen einrücken . . .
Sollten die Maßregeln der Beamten der Mission und die Unterbringung der sie begleitenden Truppen durch irgendein Mannöver be-
hindert oder in Frage gestellt werden und sollten die örtlichen Behörden durch ihre Tätigkeit oder durch ihre Untätigkeit irgendwelche Verwirrung im materiellen Leben oder in der Wirtschaft des
Gebietes herbeiführen, so würden alle für erforderlich erachteten
Zwangs- und Strafmaßregeln unverzüglich ergriffen werden . . .

Nr. 19

DIE SICHERHEITSVERTRÄGE

Vertrag zwischen Frankreich und Großbritannien, unterzeichnet in Versailles am 28. Juni 1919

In der Erwägung, daß Gefahr vorliegt, daß die Bestimmungen über das linke Rheinufer in dem am heutigen Tage in Versailles unterzeichneten Friedensvertrage der Französischen Republik nicht unmittelbar angemessene Sicherheit und angemessenen Schutz bieten;

In der Erwägung, daß Seine Britische Majestät, vorbehaltlich der Zustimmung des Parlaments und in der Voraussetzung, daß die Vereinigten Staaten von Amerika eine entsprechende Verpflichtung eingehen, von dem Wunsche geleitet ist, sich zu verpflichten, die französische Regierung im Fall eines nicht herausgeforderten Angriffs Deutschlands gegen Frankreich zu unterstützen,

(haben der Präsident der Französischen Republik und Seine Britische Majestät beschlossen, einen Vertrag zu schließen und zu diesem Zweck ihre Hauptunterhändler zu Bevollmächtigten ernannt, die über folgende Bestimmungen übereingekommen sind):

Artikel 1

Falls die folgenden Bestimmungen über das linke Rheinufer in dem am 28. Juni 1919 in Versailles durch das Britische Reich, die Regierung der Französischen Republik und die Vereinigten Staaten von Amerika außer anderen Mächten unterzeichneten Friedensvertrag mit Deutschland:

Art. 42. — Es ist Deutschland untersagt, auf dem linken Ufer des Rheines und auf dem rechten westlich einer 50 km östlich des Stromes verlaufenden Linie Befestigungen beizubehalten oder anzulegen.

Art. 43. — Ebenso ist in der im Artikel 42 bezeichneten Zone die ständige oder zeitweise Unterhaltung oder Ansammlung von Streitkräften untersagt. Das gleiche gilt für jedwede militärischen Übungen und die Beibehaltung aller materiellen Vorkehrungen für die Mobilmachung.

Art. 44. — Jeder etwaige Verstoß Deutschlands gegen die Bestimmungen der Artikel 42 und 43 gilt als eine feindliche Handlung gegen die Signatarmächte des gegenwärtigen Vertrages und als Versuch einer Störung des Weltfriedens.

Frankreich nicht unmittelbar angemessene Sicherheit und angemessenen Schutz sichern sollten, willigt Großbritannien ein, Frankreich im Falle jedweder nicht herausgeforderten, von Deutschland gegen dasselbe gerichteten Angriffshandlung sofort zu Hilfe zu kommen.

Artikel 2

Der vorliegende Vertrag, dessen Fassung den Ausdrücken des am gleichen Tage und zum gleichen Zweck zwischen der Französischen Republik und den Vereinigten Staaten von Amerika abgeschlossenen Vertrages enspricht, von dem eine Ausfertigung beiliegt, tritt erst in dem Augenblick in Kraft, wo letzterer ratifiziert wird. (1)

(H. Oncken, Die französischen Dokumente zur Sicherheitsfrage 1919—1923, Berlin 1924)

Bündnisvertrag zwischen Frankreich und Polen
vom 19. Februar 1921

Die polnische Regierung und die französische Regierung, gleichermaßen besorgt, durch die Aufrechterhaltung der Verträge, die gemeinsam unterzeichnet worden sind oder die später entsprechend anerkannt werden, den Friedenszustand in Europa, die Sicherheit und die Verteidigung ihres Gebietes, ebenso wie ihre wechselseitigen politischen und wirtschaftlichen Interessen zu wahren, sind wie folgt übereingekommen:

1. Um ihre friedlichen Bestrebungen zu koordinieren, verpflichten sich die beiden Regierungen, sich über alle Fragen der auswärtigen Politik, die die beiden Staaten interessieren und die sich auf die Regelung der internationalen Beziehungen beziehen, im Geiste der Verträge und gemäß dem Völkerbundpakt zu verständigen.

---

(1) Da der amerikanische Senat den Versailler Vertrag nicht annahm, trat auch dieser Garantievertrag nie in Kraft. Frankreich fühlte sich vielmehr von seinen Verbündeten in Stich gelassen und vertrat von nun an den Standpunkt, daß es allein für seine Sicherheit sorgen müsse. Es suchte, wie die Sanktions- und Ruhrpolitik zeigt, sich dafür besondere Garantien und Pfänder zu verschaffen.

2. Da die wirtschaftliche Wiederaufrichtung die Vorbedingung der Wiederherstellung der internationalen Ordnung und des Friedens in Europa ist, werden sich die beiden Regierungen, was das betrifft, hinsichtlich einer solidarischen Aktion und einer wechselseitigen Unterstützung verständigen.

Sie werden sich bemühen, ihre wirtschaftlichen Beziehungen zu entwickeln; besondere Vereinbarungen und ein Handelsabkommen werden zu diesem Zwecke geschlossen werden.

3. Wenn, entgegen den Vermutungen der beiden vertragschließenden Staaten, diese beiden oder einer von ihnen sich ohne Herausforderung von ihrer Seite angegriffen sehen, werden die beiden Regierungen sich hinsichtlich der Verteidigung ihres Territoriums und des Schutzes ihrer legitimen Interessen in den in der Präambel dargelegten Grenzen verständigen.

Nr. 20

Aus dem Vorwort zur
„VERFASSUNG DES DEUTSCHEN REICHES"
(den Schülern und Schülerinnen zur Schulentlassung)

S. 4—5. Der Geist nationaler Einheit beseelt die Verfassung der deutschen Republik; und jede Gefahr, die diese Verfassung bedroht, bedroht zugleich die deutsche Einheit. Ob wir Preußen oder Bayern, Schwaben oder Sachsen sind, — daß wir uns in erster Linie und vor allem als Deutsche fühlen, das ist das Entscheidende für unser politisches Schicksal. Als Deutsche fühlen sich auch unsere Volksgenossen in Österreich. (1) Ihnen hat der Machtspruch der feindlichen Sieger die ersehnte Vereinigung mit dem deutschen Vaterlande versagt; aber wenn die deutsche Demokratie sich erhält und entfaltet, wird sich zusammenfinden, was national zusammengehört.

---

(1) Anmerkung des Verf. Damit waren 1919 auch die österreichischen Staatsbürger deutscher Nationalität im Sudetenland, Böhmen und Mähren gemeint.

Nr. 21

ZWISCHEN VERNUNFT UND RESSENTIMENT —
DEUTSCH-FRANZÖSISCHE POLITIK IM SCHATTEN VON
ZWEI KRIEGEN

Rene Cheval (ehemaliger Leiter der Kulturabteilung der frz. Botschaft in Bonn)

„Während die Linke zögernd und widerwillig ein Ende der Rückzugspolitik gegenüber Hitlers Gewaltstreichen ins Auge fassen muß, wird auch die sonst Deutschland gegenüber so mißtrauische Rechte unsicher. Im spanischen Bürgerkrieg hatte sie ja für Franco Partei ergriffen, stand also auf der Seite der Achsenmächte. Die parafaschistische Rechte (croix de feu und jeunesses patriotes) fühlt sich in ihrem Antikommunismus, Antisemitismus und Antiparlamentarismus von Hitler ermuntert. Sie bewundert die Ordnung, die in Deutschland herrscht, die strenge Disziplin, das Führerprinzip, den Sinn für Paraden und große Kundgebungen wie bei den Olympischen Spielen oder den Parteitagen in Nürnberg. Wenn es auch übertrieben wäre, außer bei extremen Gruppen von einem Hitler-Kult zu sprechen, so neigen die Konservativen dazu, in Hitlers Regime nicht nur negative Züge wahrzunehmen.‟

Nr. 22

INTERVIEW DE GAULLES VOM 9.9.45

Richard Thilenius: „Die Teilung Deutschlands".

Die französischen Wünsche und Argumente wurden bald nach der Potsdamer Konferenz, am 9. September 1945, von de Gaulle in einem Interview mit den Londoner „Times" ausführlich dargelegt. Es hieß darin:

„Gemäß den Beschlüssen von Potsdam wurde Deutschland im Osten, nicht aber im Westen amputiert. Der Strom der deutschen Vitalität richtet sich damit nach Westen. Eines Tages könnte sich auch die deutsche Aggressivität gegen Westen wenden. Deshalb muß im Westen eine Regelung gefunden werden, die ein Gegengewicht zu jener im Osten darstellt. Die Schlüsselzonen sind das Rheinland und das Ruhrgebiet. Für jede sollte eine Sonderregelung ausgearbeitet werden. Das Rheinland, das heißt das linke Rheinufer, stellt ein Grenzland dar, das Köln einschließt und sich bis zur Schweizer Grenze ausdehnt ... Die militärische Sicherheit Frankreichs, Belgiens, Hollands und Großbritanniens erfordert die Unterstellung des Rheinlands unter ihre gemeinsame strategische und politische Kontrolle. Sie erfordert, daß es ein für allemal vom deutschen Staat in solcher Weise abgetrennt wird, daß seine Bewohner wissen, daß ihre Zukunft nicht in Deutschland liegt. Die Aufgabe des Rheinlands durch Frankreich war das Vorspiel zu diesem Kriege."

Für das Ruhrgebiet forderte de Gaulle eine Internationalisierung durch ein gemeinschaftliches Kontrollregime. In einer Rundfunkansprache am 23. September sprach er von einer dauernden militärischen Besetzung Deutschlands entlang der Rheinlinie durch die Franzosen. Diese Ausführungen des französischen Staatschefs wurden in der Folgezeit in einer Fülle von Erklärungen, der Regierung oder verantwortlicher Politiker weitergeführt, ergänzt und präzisiert. Besonders der Außenminister Bidault, der später auf der Berliner Außenministerkonferenz vom Januar 1954 den Sowjets gegenüber in der Rolle des Anwalts der Wiedervereinigung Deutschlands auftrat, machte sich damals zum Fürsprecher der französischen Teilungspolitik. Immer wieder trat dabei auch das Argument der Oder-Neiße-Grenze in Erscheinung. Am 12. Dezember 1945 forderte er vor dem Außenpolitischen Ausschuß der Nationalversammlung als Voraussetzung der Zustimmung zu einer deutschen Zentralverwaltung, daß Ruhrgebiet und Rheinland ‚in gleicher Weise von Deutschland abgetrennt' würden, wie das mit den Gebieten jenseits der Oder und Neiße geschehen sei. Das hätte also deren Abtrennung und vorläufige Unterstellung unter französische oder internationale Verwaltung bedeutet.

Vor der Nationalversammlung erklärte Bidault am 17. Januar 1946, der Deutschland aufzuerlegende Friede werde im Westen nicht milder sein als an der Ostgrenze, im Rheinland und Ruhrgebiet müsse Deutschland sein Kriegspotential und das Sprungbrett für einen Angriff entzogen werden.

Weiter sagte Bidault: „Die Sicherheit Europas und der Welt verlangt, daß Deutschland endgültig seines Kriegspotentials beraubt wird, das in den Anlagen und Rohstoffen des rheinisch-westfälischen Gebietes besteht. Hinsichtlich des Ruhrgebiets, Europas riesiger Schatzkammer, ist die französische Regierung der Meinung, daß es als politisches Gebilde zu betrachten ist, das von Deutschland unabhängig ist und politisch wie wirtschaftlich einer internationalen Herrschaft unterstellt werden muß ... Frankreich kann nicht zugestehen, daß eine deutsche zentrale Macht aufkommt und unmittelbar vor seinen Toren herrscht ... Man hält uns vor ‚Wie soll Deutschland ohne das Ruhrgebiet leben?' Diese Frage zeugt nicht von politischer Weisheit. Auch ein aufgeteiltes Deutschland kann leben."

FRANKREICH GEGEN DEUTSCHE EINHEIT

Abgesehen von ihren Forderungen nach Abtrennung bzw. Internationalisierung oder dauernder Besetzung von Rheinland, Ruhr und Saar wandten sich die französischen Politiker allgemein gegen die Wiedererrichtung eines einheitlichen deutschen Kernstaates, der dann am Ende seine Kompetenzansprüche auch auf die ‚Sicherheitszone' im Westen hätte erstrecken können. Von dieser Überlegung nahmen die Pläne zur Föderalisierung Deutschlands ihren Ausgang, die eine zivilisiertere Spielart der früheren Zerstückelungspläne darstellten und später noch einen gewissen, wenn auch bescheidenen Niederschlag in den Beratungen über das westdeutsche Grundgesetz und im verfassungsrechtlichen Aufbau der Bundesrepublik selbst finden sollten. Als Beispiel solcher Überlegungen kann der Plan gelten, den der spätere Botschafter und Oberkommissar in Bonn, François-Poncet, im Mai 1946 im Pariser ‚Figaro‘ veröffentlichte. Er sah die Bildung von sechs streng voneinander getrennten deutschen Teilstaaten vor. Das Rheinland sollte einen weiteren Teilstaat mit noch schärferer Trennung von den übrigen darstellen und von einer eigenen, in Köln oder Koblenz einzusetzenden Regierung verwaltet werden. Am 23. Juni 1946 schrieb François-Poncet zum gleichen Thema im ‚Figaro‘: „Deutschland wieder von Berlin her zu zentralisieren, hieße alle Lehren der Erfahrung herausfordern und würde einem rachsüchtigen Deutschland wieder zur Macht verhelfen . . . Die Aufteilung Deutschlands in verschiedene Staaten darf nicht künstlich und willkürlich vorgenommen werden . . . Dieses Volk ist nur in dem Maße wertvoll, als es weiß, was man von ihm verlangt, was man ihm befiehlt und welche Aussichten man ihm eröffnet.

‚SCHLUND DER DEUTSCHEN EINHEIT‘

Als typisch kann in diesem Zusammenhang auch eine Äußerung des Staatssekretärs für Deutschland im französischen Außenministerium, Pierre Schneiter, in einer Rede in Koblenz am 8. September 1946 gelten: „Die rheinischen Gefilde kannten Wohlergehen und Frieden im Rahmen der Freiheiten, die Geschichte und Geographie ihnen zuteil werden ließen. Ihr Unglück, wie auch das unsere, kamen aus dem tyrannischen Zugriff Berlins und von dem Verlust der ererbten Rechte im Schlund der deutschen Einheit."
Ähnlich sagte der Botschafter in Washington, Henri Bonnet, in einer Erklärung am 30. September 1946: „Frankreichs scharfe Opposition gegen die Bildung einer deutschen Einheit hat ihren Grund in dem tiefen Streben des französischen Volkes nach einem dauernden Frieden."
Noch weiter ging General König in einem Interview mit der amerikanischen Agentur UP am 8. Dezember 1946. Er sagte: „Jene Deutschen, die eine verhängnisvolle Einheit des Deutschen Reichs wiederhergestellt sehen wollen, früher oder später, sind Pangermanisten, nicht Demokraten, selbst wenn sie guten Glaubens sind."
„Müssen wir uns also mit einem geeinten Deutschland abfinden?, fragten am 4. Februar 1947 Paul-Boncour, nachdem er festgestellt hatte, daß die ‚ideale‘ Lösung eines wie zur Zeit des Westfälischen Friedens in Kleinstaaten aufgeteilten Deutschland veralten und unausführbar sei. Die französische Regierung war entschlossen, sich mit dieser deutschen Einheit, in der sie die größte Gefahr für die Sicherheit Frankreichs sah, nicht abzufinden.

Nr. 23

ÜBER DEUTSCHLAND

Mme de Staël (1813)

„In der Literatur wie in der Politik haben die Deutschen zu viel Achtung vor dem Auslande und nicht genug nationale Vorurteile. Selbstverleugnung und Achtung vor anderen sind eine Tugend bei den Individuen, — der Patriotismus der Nationen aber muß egoistisch sein. Der anmaßende Stolz der Engländer ist ihrer politischen Stellung nicht wenig nützlich, die gute Meinung, welche die Franzosen von sich selbst hegen, hat stets sehr viel zu ihrem Einflusse auf Europa beigetragen, der edle Stolz der Spanier hat dieselben ihrer Zeit zu Herren eines Teiles des Welt gemacht."

Nr. 24

Auszüge aus einem Vortrag von Henri Froment-Meurice, 1982 bis 1983 französischer Botschafter in Bonn, bei den 2. Europäischen Gesprächen der Politischen Akademie der Konrad-Adenauer-Stiftung in Cadenabbia. (1984)

Ich glaube, wenn ein Franzose vor den Einheimischen in Deutschland von der Wiedervereinigung ernst spricht, und ich betone die Worte ernst spricht, muß er in die Geschichte zurückblicken und an die Geschichte der anderen erinnern. Die ganze Geschichte Frankreichs könnte seit dem Ende des Reiches Karls des Großen sehr gut beschrieben werden als ein Kampf, die deutsche Geschichte zu verhindern und die Deutschen in einem Stand zu lassen, den ich multipolar nennen würde. . . .
Die Tatsache, daß die Niederlage Frankreichs durch Preußen von der Ausrufung des Deutschen Reiches zugunsten Preußens begleitet worden war und dieses auch noch im Spiegelsaal von Versailles geschah, Schauplatz französischer Grandeur, hat das französische Bewußtsein sehr stark geprägt. Die deutsche Einheit schien die Folge des Sturzes Frankreichs zu sein. Unter diesen Umständen war es ziemlich natürlich, daß daraus viele Franzosen den Schluß zogen, es sei Frankreichs Grandeur mit der deutschen Einheit unvereinbar. Dazu kommt auch, daß für eine große Mehrheit der Franzosen Deutschland die Verantwortung für die zwei Weltkriege trägt. Deshalb ziehen sie auch den Schluß, wenn Deutschland nicht vereinigt gewesen wäre, hätten diese Kriege nicht stattgefunden. Nach jedem dieser Weltkriege gab es deswegen immer Franzosen, die den Sieg Frankreichs ausnutzen wollten, um das Wiederauftauchen der deutschen Gefahr zu verhindern, eine Gefahr, die in einem zu starken Deutschland besteht. Zu stark, weil vereinigt. Und so wird folglich ein vereinigtes Deutschland von den Franzosen immer als zu stark empfunden werden. Oder: ist es möglich für die Franzosen zu erkennen, daß Deutschland, obwohl vereinigt, nicht als zu stark betrachtet werden kann? Und in diesem Fall, unter welchen Bedingungen? Hier liegt die ganze Frage. Die vom Versailler Vertrag gegebene Antwort war, daß man ein vereinigtes Deutschland hinnehmen könne, aber unter der Bedingung, daß es nicht zu stark sei. . . .

Nun tauchte in den Jahren, die dem Untergang des Dritten Reiches folgten, ein erstrangiges Phänomen auf, das die Gegebenheiten der traditionellen europäischen Politik und besonders der französischen Politik, vollkommen veränderte. Das sowjetische Faktum hat das deutsche ersetzt. Die sowjetische Vorherrschaft über Osteuropa bis zur Elbelinie hat das Bild von Europa vollkommen umgedreht.
. . .

Wenn man den Franzosen heute einfache Fragen stellen würde: Ziehen Sie es vor, daß Deutschland in zwei Staaten — die Bundesrepublik Deutschland und die DDR — geteilt bleibt oder daß es in einem einzigen Staat vereinigt sein wird?, kann ich mir sehr gut vorstellen, daß die Mehrheit der Antworten für die Aufrechterhaltung der Teilung wäre. Wenn man aber präzisere Fragen stellen würde, schließe ich nicht aus, daß eine Mehrheit sich zugunsten eines wiedervereinigten Deutschland aussprechen würde, aber unter gewissen Bedingungen, die diese Wiedervereinigung für Deutschlands Nachbarn und für den Frieden in Europa gefahrlos und damit annehmbar machen würde.

1. Als erstes muß man erkennen, daß die heutige Lage Deutschlands anomal ist. Die Teilung Deutschlands ist weder Folge des freigeäußerten Willens des deutschen Volkes noch Folge eines von den rechtmäßigen Vertretern des deutschen Volkes frei angenommenen Friedensvertrages.

2. Wie jedes Volk hat das deutsche Volk ein Recht auf Selbstbestimmung. Die Pflicht der drei Westmächte, die die Verantwortlichkeit für das gesamte Deutschland behielten, ist es, dieses Recht zu verteidigen. Die französische Regierung hat sich mehrmals zu diesem Punkt offiziell geäußert. . . .

Für uns ist die deutsche Frage nicht gelöst. Sie bleibt eine offene Frage. Wir beobachten eine Tendenz in der Bundesrepublik zur Entwicklung des Dialogs über die deutsche nationale Frage. Die ganze Problematik besteht darin, diesem Dialog einen positiven Sinn zu geben. Meiner Meinung nach bedeutet positiv alles, was der Freiheit und der Sicherheit dient. Die Freiheit ist besonders der der Ostdeutschen, die wir zusammen gewinnen wollen. Die Sicherheit ist besonders die der Westdeutschen und des gesamten Westens, die wir nicht verlieren dürfen.

Nachweis der im Anhang enthaltenen Auszüge, Dokumente und Quellen

Nr. 1
Annexion Elsaß-Lothringens — Bismarck, Ges. Werke, Bd. 11, S. 164 ff., entnommen aus: Geschichte in Quellen, Bd. IV, Hrsg. G. Schönbrunn, München 1980

Nr. 2
Helmuth von Moltke — Die westliche Grenzfrage 1841 —, Ausgew. Werke Bd. 3, S. 260 f. Berlin 1925

Nr. 3
Niederschrift des frz. Bevollmächtigten Drouyn de Lhuys in London, 1850 — enthalten in: de Guichen „Les grandes Questions Europeennes et la Diplomatie des Puissances sous le seconde Republique Francaise", 1925 I S. 272, entnommen aus: Die Deutsche Frage 1848/49, Quellenhefte für den Geschichtsunterricht, Hrsg. H. Seifert, Verlag Klett, Stuttgart

Nr. 4
Französische Kompensationsforderungen — Bismarck, Ges. Werke Bd. 6, S. 101, entnommen aus: Gesch. in Quellen s. Nr. 1

Nr. 5
Aus Unterhaltungen der Kaiserin Eugenie mit dem französischen Diplomaten Paléologue — in: Jochen Dittrich „Bismarck, Frankreich und die spanische Thronkandidatur der Hohenzollern", München 1962, S. 104 f.

Nr. 6
Die Emser Depesche — Bismarck, Ges. Werke Bd. 6 b, S. 369, entnommen aus: Gesch. in Quellen s. Nr. 1

Nr. 7
Nationalismus in Frankreich nach 1871 — Eugen Lemberg „Geschichte des Nationalismus in Europa", Stuttgart 1950, S. 282—285

Nr. 8
Gründe für die Gewinnung gut befestigter Grenzen — Bismarck, Ges. Werke, Bd. 6 b, S. 454 f. entnommen aus: Gesch. in Quellen s. Nr. 1

Nr. 9
Rede Victor Hugos in Bordeaux — Karl Linnebach „Deutsche und französische Okkupationsmethoden" in: Rheinische Schicksalsfragen, Hrsg. Prof. Rühlmann, Berlin 1925, Heft 3, S. 9—12

Nr. 10
Der französisch-russische Zweibund — Friedrich Stieve „Deutschland und Europa 1890—1918, Berlin 1928, S. 180 ff.

Nr. 11
Bemerkungen zum Bericht der Kommission der Alliierten und assoziierten Regierungen — Max Weber „Ges. polit. Schriften, Tübingen 1971, S. 577

Nr. 12
Artikel zum Thema der Kriegsschuld — Max Weber, s. Nr. 11, S. 492

Nr. 13
Kriegsziele der Kämpfenden — Michaelis-Schraepler „Ursachen und Folgen", Berlin 1959, Bd. I Nr. 186—189, S. 348—363 f.

Nr. 14
Nationalismus in Deutschland nach 1918 — Eugen Lemberg, s. Nr. 7, S. 286—288

Nr. 15
Waffenstillstand und Frieden — Max Weber, s. Nr. 11, S. 446

Nr. 16
Welches sind die neuen Aufgaben? — Max Weber s. Nr. 11, S. 455/56

Nr. 17
Äußerungen Poincarés über das linke Rheinufer — Karl Linnebach s. Nr. 9, S. 19

Nr. 18
Ruhrkampf und Reichskrise im Herbst 1923 — Schultheß, Geschichtskalender, Jahrgang 1923, S. 5 f.

Nr. 19
Die Sicherheitsverträge — entnommen aus: „Deutschland und die Großen Mächte 1918—1932", Quellen- und Arbeitshefte für den Geschichtsunterricht, Hrsg. L. Zimmermann, Klett Stuttgart Nr. 4222, S. 38—39

Nr. 20
Aus dem Vorwort zur „Verfassung des Deutschen Reiches" 11.8.1919 (Ausgabe für Schüler und Schülerinnen zur Schulentlassung)

Nr. 21
„Zwischen Vernunft und Ressentiment" — René Cheval, entnommen aus „Dokumente", Zeitschrift für den deutsch-französischen Dialog und internationale Zusammenarbeit, Heft 4, Jahrgänge 39, 1983

Nr. 22
Stimmen gegen die Einheit Deutschlands — Richard Thilenius „Die Teilung Deutschlands" Hamburg 1957, S. 130—132

Nr. 23
Über Deutschland — der Patriotismus muß egoistisch sein — Madame de Staël (1813), Leipzig 1882, Bd. I, S. 33

Nr. 24
Für uns Franzosen ist die deutsche Frage nicht gelöst — Henri Froment-Meurice (Vortrag), Zeitungsartkel FAZ, 17.12.1983

Nr. 25
Das Interesse Frankreichs (am Schluß des Hauptteiles) — aus den Erinnerungen des Grafen Tocqueville, — zitiert nach „Rheinische Schicksalsfragen" S. 8, s. Nr. 9

Aus dem Verlagsprogramm des ASKANIA-Verlages

Verlagsmitteilungen

Die Problematik des deutsch-französischen Verständnisses verdichtet sich geistig, geographisch und geschichtlich im Grenzland Elsaß-Lothringen.

Es gehört zu den Grundlinien der Arbeit des ASKANIA-Verlages, diese Problematik der Geschichte für die Gegenwart bewußt zu machen und damit zunächst der Versöhnung und schließlich der Verständigung der beiden Herzvölker Europas zu dienen.

Neben dem vorliegenden Band von Günter Ullrich

DAS ENDE EINER RIVALITÄT?

sind im ASKANIA-Verlag eine Reihe weiterer Alsatica erschienen, die sich allesamt um die Verständigung zwischen Deutschen und Franzosen bemühen — eine Verständigung durch Wahrheit, nicht durch Indoktrination.

Der Verlag empfiehlt diese Werke — freibleibend — als Zusatz- und Ergänzungslektüre:

Hermann Bickler: EIN BESONDERES LAND
— Erinnerungen und Betrachtungen eines Lothringers —

Walter Hotz: DASS DER GEIST NICHT STERBEN KANN
— Gesichte, Berichte, Gedanken der Kriegsjahre —

Sadi Schneid: SS-BEUTEDEUTSCHER
— Weg und Wandlung eines Elsässers —

Herbert Taege: WO IST KAIN?
— Enthüllungen und Dokumente zum Komplex TULLE + ORADOUR —

Herbert Taege: WO IST ABEL?
— Weitere Enthüllungen und Dokumente zum Komplex TULLE + ORADOUR

Bitte fordern Sie Prospektmaterial an bei der
ASKANIA-Verlagsgesellschaft mbH., Postfach 17, 3067 Lindhorst.